佐々木晶二

災害立法政策論

東日本大震災時以降に発出又は制定された
超法規的通知及び法律の分析を通じて

学術選書
270
行政法

信山社

はしがき

　本書は、著者が筑波大学理工情報生命学術院システム情報工学研究群（博士課程後期）社会工学学位プログラムに在籍中に提出し博士（社会工学）を授与された博士論文「「東日本大震災以降に発出された生命・財産に関係する法律及び超法規的通知の実態及び今後の改善のあり方に関する研究」を基にまとめたものである。

　博士論文の性格から、本書においても、東日本大震災の際の法改正や新規立法などの事実を収集整理するだけでなく、法改正等が実現した事項、しなかった事項についての要因分析や例外的に実現したもの、実現しなかった事項の特殊事情、さらにはそれを改善するための具体的な立法案までを提案している。

　一方で、近年の災害の頻発状況を踏まえると、本書で収集整理した「東日本大震災の際の超法規的通知や臨時的措置としての法改正等」、「東日本大震災の際に国会又は地方議会で議論したものの実現しなかった法改正等」、「東日本大震災の後に恒久的な措置としての法改正等が実現したものとそれ以外」、といった東日本大震災の際の様々な措置とその後の動き自体が、今後の大災害発生後の復興政策として極めて重要と考えるにいたった。

　このため、望むらくは、読者には、全体を通読いただきたいが、大災害発生直後の国及び地方公共団体の職員、さらには災害復興法制に関係する学識経験者にとって特に重要な法制度に関係する内容について、以下、列記することとする。

1) 東日本大震災の際に発出された超法規的通知を一覧で整理した表2-2（14頁）及び表2-3（16頁）
2) 超法規的通知でその後に恒久化対応したものなどを整理した表2-4（21頁）
3) 東日本大震災の際の復旧・復興のための法改正等とその後の恒久化対応を整理した表2-9（42頁）
4) 東日本大震災時に国会に提出されたものの未成立となった法案を整理した表3-1（63頁）
5) 東日本大震災の際に国会の議事のなかで法改正等が提案された事項を整

理した表 3-3（70 頁）
6) 東日本大震災の津波被災県・市町村の議会において提案された法改正等を整理した表 3-5（78 頁）
7) 東日本大震災前後で整備された国の代行制度を整理した表 4-1（92 頁）
8) 東日本大震災後に超法規的通知に関する訴訟案件を整理した表 4-4（101 頁）
9) 東日本大震災の際の弔慰金条例の改正状況及び改正漏れを整理した表 4-18（140 頁）
10) 東日本大震災前後における内閣総理大臣の調整権限を整理した表 5-1（159 頁）
11) 東日本大震災復興特別区域法に基づく規制緩和措置の実績を整理した表 5-10（180 頁）

大災害に直面した際など、今後、緊急に東日本大震災において執られた措置やその後の改善状況を把握するには、上記の 11 の点を確認するだけで、基本的に、土地と空間に関する法改正等は網羅していると考える。

なお、本書の基となった博士論文については、筑波大学有田智一先生に親身にご指導をいただいた。併せて、都市計画法制度ついてこれまで指導をいただいた建設省、国土交通省の先輩の故山本繁太郎氏、今も都市計画制度、災害法制についてご指導をいただいている原田保夫氏、さらに、後輩ながらいつも都市計画に関する刺激をいただいている樺島徹氏に感謝申しあげる。

本書が、東日本大震災時及びそれ以降の土地・空間に関係する災害・復興制度について包括的な情報提供となり、また、今後の災害・復興法制のための的確な立法政策につながることを期待する。

2025 年 2 月

佐々木晶二

目　次

はしがき（*iii*）

1 はじめに …………………………………………………………… 3
1-1 本書のポイント ………………………………………………… 3
1-2 本書における用語の定義 ……………………………………… 4
1-2-1 災害対策を論じる前提となる期間区分の定義（4）
1-2-2 法律名の略称（6）

2 超法規的通知と法制定の実態分析 …………………………… 9
2-1 第2章の目的 ……………………………………………………… 9
2-2 緊急事態期 ……………………………………………………… 9
2-2-1 緊急事態期に実施された法制定等（9）
2-2-2 その後の恒久化対応としての法制定（21）
2-2-3 S評価手法からみた超法規的通知の発出及び恒久化対応の評価（23）
2-3 応急期 …………………………………………………………… 30
2-3-1 応急期に実施された法制定等（30）
2-3-2 その後の恒久化対応としての法制定（32）
2-3-3 S評価手法からみた応急期の法制定とその後の恒久的対応の評価（32）
2-4 復旧・復興期 …………………………………………………… 40
2-4-1 復旧・復興期に実施された法制定等（40）
2-4-2 その後の恒久化対応としての法制定（46）
2-4-3 S評価手法からみた復旧・復興期の法制定とその後の恒久的対応の評価（51）
2-5 第2章の小括 …………………………………………………… 57

3 国会等で議論になったにも関わらず法制定が実現しなかった事項の実態分析 …………………………………………………… 61
3-1 第3章の目的 …………………………………………………… 61
3-2 東日本大震災時に議論になったにも関わらず法制定等が行われなかった事項の実態把握 ……………………………… 62

目次

  3-2-1 国会で法案が提出されたものの未成立の事項 (62)
  3-2-2 国会における法制定に向けた議員等からの提案 (69)
  3-2-3 地方議会における議員又は執行機関による法制定等の要望 (76)
 3-3 第3章の小括 84

4 政府組織関係の修正に係る未措置事項の課題及び改善策に関する分析 87

 4-1 政府関係組織の修正に係る未措置事項を分析する視点 87
  4-1-1 政府組織関係の修正に係る論点を先にまとめて論じる必要性 (87)
  4-1-2 本章で論じる項目の整理 (89)
 4-2 国の代行制度（政府組織関係修正タイプ1） 91
  4-2-1 国の代行制度の実態 (91)
  4-2-2 国の代行制度の課題及び改善策 (93)
 4-3 超法規的通知（政府組織関係修正タイプ2） 99
  4-3-1 超法規的通知に関する実態 (99)
  4-3-2 超法規的通知を改善するための視点 (102)
  4-3-3 超法規的通知の改善が必要な項目の抽出 (108)
  4-3-4 超法規的通知の運用改善 (113)
  4-3-5 超法規的通知の恒久的対応としての法制定 (119)
  4-3-6 超法規的通知の改善策のまとめ (131)
  4-3-7 超法規的通知発出の際の事後的な国会手続 (133)
 4-4 条例制定手続の省略特例（政府組織関係修正タイプ3） 138
  4-4-1 東日本大震災の際の災害弔慰金条例及び工場立地法条例の制定状況 (139)
  4-4-2 S評価手法からみた災害弔慰金法及び工場立地法の条例省略の整理 (140)
  4-4-3 条例制定手続省略の視点 (143)
  4-4-4 災害弔慰金条例の制定義務付けの適否 (149)
  4-4-5 工場立地法条例の制定義務付けの適否 (152)
 4-5 第4章の小括 154

5 恒久的な対応などが未措置の事項についての課題及び改善策に関する分析 157

 5-1 第5章の目的 157

目　次

5-2　内閣総理大臣の強い調整権限 ………………………………………… *158*
　　5-2-1　内閣総理大臣の大災害時における調整権限の実態（*158*）
　　5-2-2　内閣総理大臣の調整権限の課題及び改善方針（*160*）
5-3　20年程度の寿命がある簡易住宅 ……………………………………… *164*
　　5-3-1　20年程度の寿命がある簡易住宅の実態（*164*）
　　5-3-2　簡易住宅の課題及び改善策（*167*）
5-4　復興特区法に基づく規制緩和措置 …………………………………… *178*
　　5-4-1　復興特区法に基づく規制緩和措置の実態（*178*）
　　5-4-2　復興特区法に基づく規制緩和措置の改善策（*180*）
5-5　用地取得制度の改善 …………………………………………………… *188*
　　5-5-1　用地取得及び用地取得制度改善の実態（*188*）
　　5-5-2　用地取得制度の改善策（*189*）
5-6　津波被災地の権利制限関係 …………………………………………… *193*
　　5-6-1　建築制限特例法（*193*）
　　5-6-2　二段階仮換地指定通知（*197*）
5-7　財政支出関係 …………………………………………………………… *200*
　　5-7-1　被災者生活再建支援金の増額（*201*）
　　5-7-2　復興交付金計画（*204*）
5-8　災害復旧事業に対する環境影響評価法適用 ………………………… *207*
5-9　第5章の小括 …………………………………………………………… *210*

6　結　　論 …………………………………………………………………… *213*

6-1　これまでに論述した未措置事項の課題及び改善策のまとめ ……… *213*
　　6-1-1　東日本大震災時及びその後の法制定等の包括的実態把握（*213*）
　　6-1-2　S評価手法に基づく実態把握結果の評価（*213*）
　　6-1-3　S評価手法を踏まえた改善策（*220*）
　　6-1-4　S評価手法に基づく改善策の時期・主体などに着目したまとめ（*228*）
6-2　将来の大災害に備えた改善方針立案を的確に行うための条件整備 … *237*
6-3　将来の大災害の際に適切な対応をするための平時からの備え ……… *239*

参　考　文　献（*241*）

災害立法政策論

東日本大震災時以降に発出又は制定された
超法規的通知及び法律の分析を通じて

1 はじめに

1-1 本書のポイント

　東日本大震災の際には、発災直後は、法令の規定に反した運用をしてもかまわないという趣旨を法令を所管する省庁から地方公共団体等に書面で示した「超法規的通知」が多数発出されており、その後、すこし余裕ができた時期以降は、国の省庁が中心となって、東日本大震災で直面した多くの課題に対応して、既存の法律に関する法改正又は新規立法（以下「法制定」という）が実施されている。

　しかし、超法規的通知はもとより、これらの法制定については、現状では、大部分のものが、東日本大震災に特化したもの、いわゆる「臨時的な措置」に止まっていて、今後、発生する可能性が高いと言われている、首都直下地震や南海トラフ巨大地震に適用できる内容にはなっていない。

　この状況は、将来の大規模な自然災害への対応という観点からは、大きな問題である。

　本書では、この問題状況の現状分析を行い、これに対する具体的な改善策を明らかにする。

　具体的には、第1に、東日本大震災時に臨時的措置として実施された、超法規的通知および法制定を包括的に把握する。

　第2に、国会、地方議会で議論になったにもかかわらず、法制定が実施されなかった事項を把握し、その原因を分析する。

　第3に、臨時的措置に止まっていて、将来の大災害に対応できていないものについてはその理由を、議論されただけでそもそも臨時的措置すら講じられなかった理由を明らかにした上で、これらの現状を改善するための具体的な方策を提示する。

　本書は、著者の筑波大学博士論文「東日本大震災以降に発出された生命・財産に関係する法律及び超法規的通知の実態及び今後の改善のあり方に関する研究」[1]の（以下「博士論文」という）主要な分析部分をまとめたものである。ま

た、学術論文特有の語尾については読みやすさのために修正するとともに、一部誤字等の修正を博士論文から行っている。先行研究などを扱った論文紹介など、分析の前提となる基礎資料は、博士論文を参照いただきたい。

博士論文で用いた手法のうち、独自性のある分析手法についてのみ、敷衍する。第1に、超法規的通知、法制定に関係する主体として、
- a）法制定等の決定に中心的役割を果たす主体として、中央省庁（所管省庁・財務省）と国会
- b）法制定等によって影響をうける主体として、地方公共団体、利益団体、住民

を選んで、それぞれの法制定等に対する選好を、公共政策学などの既存の学説の成果を踏まえて、表1-1のとおり、本書では設定する。

第2に、結論を先取りする形になるが、上記の設定に基づいて、東日本大震災の際に発出された超法規的通知、実際に実現した法制定、地方議会などで議論されたにもかかわらず実現しなかった法制定に当てはめると、原則として、
- a）財務省、国会の二者が、法制定等について反対をいったらそれが実現できない「拒否権プレーヤー」となっており、どちらかが反対すると法制定等が実現できないこと
- b）決定者、影響を受ける者の双方が強い関心を示す場合よりは、どちらかが関心が弱い場合の方が法制定等が実現しやすくなっていること

を本書で明らかにする。

第3に、この原則の推定結果に反して、例外と位置付けられる事項、すなわち、「本来は実現しそうなのに実現していない事項」および「実現しそうもないのに現実には実現した事項」については、当然、推計結果を覆した特殊事情があることから、その特殊事情を抽出する。

以上の手法について、本書では「S評価手法」という名称を付けて説明する。

1-2　本書における用語の定義

1-2-1　災害対策を論じる前提となる期間区分の定義

大災害の際の期間区分について、分析の便宜上、本書では、行政実務におけ

---

(1)　筑波大学リポジトリの以下のURL参照。https://tsukuba.repo.nii.ac.jp/records/2005689

1 はじめに

表1-1 政策決定に関係するアクターごとの法制定等への選好

			A 基本的な選好	B 個別の法制定等への関心 ＊ ○は実現方向への関心、○○はその関心が大、×は実現を阻止する方向への関心、××はその関心が大、－は無関心）を意味する
1	決定者	中央省庁 所管省庁	組織存続（権限・予算拡大）	・恒久的な法制定等は○○ ・時期限定の法制定等は一時的な権限拡大なので○
2		財務省	財政規律の維持（予算拡大の抑制）	・財政支出が増える法制定等は××（××の場合には拒否権プレーヤーとなる） ・融資条件の緩和又は支出期間が限定など、財政支出が限定的なら× ・財政支出に関係ない法制定等は無関心－
3		国会	次の選挙での当選	・お金を地元に配る法制定等は○○ ・業界団体が反対するものは××（××の場合には拒否権プレーヤーとなる） ・特定地域に限定した法制定等は、関係議員が減るので関心のレベルは実現する方向、阻止する方向それぞれで下がる（○、×） ・お金に関係しない事項は無関心（－）
4	対象者（臨時的措置は被災地、恒久化対応は全国が対象）	地方公共団体	次の選挙での当選	・地元にお金を配分する又は地元の負担を軽減する法制定等は○○ ・地方公共団体の財政負担が軽減するものや権限が増大するものは○○ ・地元業界団体が反対すると×× ・被災地に限ったもので、被災地復興に役立つと考えるものは、お金の配分や負担の軽減に関わるもの以外でも関心あり（○）
5		利益団体（業界団体）	業界の利益の維持・拡大	・業界の業務範囲や収益構造を侵害する（又は可能性のある）ものは×× ・業界の業務範囲や収益構造を侵害する（又は可能性がある）ものでも、対象限定、時期限定ものだと関心が下がる（×） ・その他は無関心（－）、
6		住民（国民）	受益の最大化（ただし原則的に関心は薄い）	・住民（国民）にメリットがあるものには関心がある（○） ・被災地に限った特例のうち、被災者にお金の配分する又は負担が軽減されるものは○○ ・その他は無関心（－）

表 1-2 災害対策を論じる前提となる期間区分と代表的な法律

	緊急事態期	応急期	復旧・復興期
	被災者を救助する期間（発災から3日〜1週間）	避難所で生活する期間（応急仮設住宅が供給される最大6ヶ月程度まで）	応急仮設住宅で生活し、自宅など恒久的な住宅に移るまでの期間（応急仮設住宅が閉じられる5年程度まで）
一般法	災害対策基本法（第5章第4節応急措置等）	災害対策基本法（第5章第5節被災者の保護）	災害救助法（応急仮設住宅部分）
		災害救助法（応急仮設住宅部分以外）	大規模災害からの復興に関する法律
			被災市街地復興特別措置法
特別法	大規模地震対策特別措置法	災害弔慰金の支給等に関する法律	公営住宅法
		被災者生活再建支援法	公共土木施設災害復旧事業費国庫負担法
			道路法、海岸法、河川法、港湾法、下水道法
			防災のための集団移転促進事業に係る国の財政上の特別措置等に関する法律

（備考）各期における発災後の期間の数値は概ねであり、災害によって異なる。また、災害によっては、それぞれの期が重複している時期も存在する。

る用語法[2]にならって、「緊急事態期」、「応急期」、「復旧・復興期」という用語を表 1-2 の意味で用いる。また、表 1-2 では、各期において代表的な法律を例示する。

1-2-2 法律名の略称

本書では、法律名の略称について、表 1-3 の左列の法律について、右列の略称を用いる。

---

[2] 内閣府防災担当の参事官の担当分野でみてみると、緊急事態期は「災害緊急事態対処担当」「防災デジタル・物資支援担当」、応急期は「避難生活担当、被災者生活再建担当」に、復旧・復興期は「復旧・復興担当」に該当する。その他の参事官所掌分野は、総括担当以外に、災害発生前の災害予防に関する担当となっている。https://www.cao.go.jp/about/meibo.html （最終閲覧2023年12月3日）

1　はじめに

表1-3　本書で引用する法律の略称一覧

法律名	略称
医薬品、医療機器等の品質、有効性及び安全性の確保等に関する法律	薬機法
攻撃事態等における国民の保護のための措置に関する法律	国民保護法
災害対策基本法	災対法
災害弔慰金の支給等に関する法律	災害弔慰金法
所有者不明土地の利用の円滑化等に関する特別措置法	所有者不明土地法
大規模災害からの復興に関する法律	大規模災害復興法
東日本大震災により甚大な被害を受けた市街地における建築制限の特例に関する法律	建築制限特例法
東日本大震災復興基本法	復興基本法
東日本大震災復興特別区域法	復興特区法

（備考）上記法律はあいうえお順で記載している。

2 超法規的通知と法制定の実態分析

2-1 第 2 章の目的

本章では、東日本大震災の際に発出した超法規的通知及び法制定について、その全体像を正確に把握する。その上で、把握できた項目ごとに恒久化対応の有無を整理する。

第1に、法制定の有無については、特に生命・財産に強い関係のある関係省庁（内閣府防災担当、法務省（被災マンション関係のみ）農林水産省、国土交通省を対象とする。以下「関係省庁」という）について、それらのHP及び国会会議録[3]から、東日本大震災の復興に関係するものをすべて抽出している。

第2に、2-2で分析する超法規的通知については、内閣府通知データ（2-2-1(2)で述べる）をベースにして、通知文本体の収集に加えて、国会会議録及び地方議会議事録などから、内閣府通知データから漏れた超法規的通知がないかを確認する。

その上で、1で述べたS評価手法を、把握した法制定等の実態に当てはめて、特殊事情などの分析を行う。

2-2 緊急事態期

2-2-1 緊急事態期に実施された法制定等

(1) 緊急事態期の法制定と超法規的通知の有無

緊急事態期では、国会の審議を経る時間的余裕がないことから、緊急事態期に対応した法制定は行われていない。

---

(3) 国会会議録検索システムを用いて、「東日本大震災」かつ「法改正」で検索を行い、法制定の審議において、「東日本大震災」という用語を用いて説明した法律を抽出した。なお、本書では法改正と新規立法を同時に意味する場合には法制定という用語を用いているが、実際に国会会議録での発言では、法改正と新規立法を区別せずに法改正と用いているのが実態である。このため検索にあたっては「法改正」の用語を用いた。この考え方は、以降の検索において「法改正」という用語を用いた理由において同じである。

その一方で、東日本大震災の際には、既存の法律をそのまま適用することが適切でないと各省庁が判断した場合には、各省庁から、地方公共団体等に対して、「法令に反する運用を許容する」ことを内容とする「超法規的通知」という文書が発出されている。

本節では、緊急事態期に発出された「超法規的通知」を包括的に把握するとともに、東日本大震災以降、当該通知に関係する恒久化対応としての法制定の実態を明らかにする。

(2) 内閣府通知データに基づく超法規的通知の概要

緊急事態期における超法規的通知に関連する資料として、政府が公表しているものとしては、内閣府「東日本大震災に関連した各府省の規制緩和等の状況」（平成24年12月12日作成、以下「内閣府通知データ」という）[4]がある。ただし、この内閣府通知データは、213項目の「通知番号ごとの概要及び通知文の題名」のみが記載されており、これだけでは、通知内容が、法律に反した内容を許容しているのか、その場合にどの法律に反しているのかを確認することができない。

このため、本書においては、内閣府通知データの通知文そのものを収集し[5]、通知文の内容からどの法律のどの条項に反する運用を認めているかについて、通知文ごとに分析を行っている。

以下、内閣府通知データの分析結果を述べる。

第1に、213項目の内閣府通知データのうちには、予算に基づく補助事業（例えば、農産漁村活性化プロジェクト支援交付金など）の要件の緩和に関するものが12本[6]、緊急事態期より後の時期において行われた法制定、例えば、建

---

[4] 以下のURL参照。https://www.cao.go.jp/sasshin/kisei-seido/publication/shinsai.html（最終閲覧2023年12月10日）なお、内閣府通知データには、89％が2011年5月末までに発出されており、大部分が東日本大震災発災直後の対応に関する通知であることから、緊急事態期を扱う2-1で分析を行う。

[5] 通知文自体は、日本災害復興学会のアーカイブで保存されている。以下のURL参照。https://f-gakkai.net/archive-notifications/notification-of-mitigation-in-case-of-the-great-east-japan-earthquake/（最終閲覧2023年12月5日）なお、通知文収集には、神奈川大学法学部教授幸田雅治ほかのご尽力が大きい。

[6] 内閣府通知番号95、123、127、130、132、136、137、138、139、140、143、144がその内訳である。なお、内閣府通知番号とは、内閣府通知データの一番左の列の番号をいう。以下同じ。

築制限特例法などの法制定の内容を紹介するだけの通知が 10 本[7] 存在する。これらの合計 22 本の通知は、そもそも法令の運用自体に関係がないので、最初に、検討の対象から除外する。

第 2 に、残った通知 191 本について、通知文の内容と前提となる法律の規定を比較検討して分析すると、前提となる法律との関係を分析すると、以下の 5 つに区分できる。

① 政省令告示の改正によって対応しているもの
② 前提となる法律の条文の規定ぶりに解釈の余地があり、柔軟な法解釈を示しているもの
③ 前提となる法律に各省庁大臣等が許認可によって法律の内容を緩和する規定が存在し、その許認可について柔軟な基準を示して対応しているもの
④ 法令上の文言に反する運用を認めるもの
⑤ 法律に反する運用をしても行政処分を猶予することを認めるもの

このうち、④⑤の 2 つの分類に属する通知（表 2-1 の列 D、列 E）が、法令に反する運用を許容する、いわゆる「超法規的通知」に該当する。

第 3 に、内閣府通知データを、その発出された目的から分析すると、以下の 6 つに区分できる。

a) 期限延長
b) 書類の簡素化
c) 生命に直接関係のある法令上の制限の緩和
d) 健康に関係のある法令上の制限の緩和（上の生命に直接関係のあるもの以外）
e) 財産権に直接関係のある法令上の制限の緩和
f) その他法令上の制限の緩和

以上の 2 つの視点からクロス集計した結果は、表 2-1 のとおりである。

---

[7] 内閣府通知番号 105、106、109、110、111、112、115、117、118、191 の通知がその内訳である。

表 2-1 内閣通知データに基づく各省庁から発出された通知

		A ①政省令告示改正	B ②法令運用の明確化	C ③国の許認可等国自ら行う行為の基準見直し	D ④法令上の文言に反する運用を認めるもの	E ⑤行政処分の猶予を認めるもの	F 合計
1	a) 期限延長	17	13	2	0	0	32
2	b) 書類の簡素化	7	24	2	9	0	42
3	c) 生命に直接関係ある法令上の制限の緩和	0	2	0	5	0	7
4	d) 健康に関係ある法令上の制限の緩和（上記c）以外)	6	8	0	4	9	27
5	e) 財産権に直接関係ある法令上の制限の緩和	2	9	0	1	0	12
6	f) その他の法令上の制限の緩和	14	42	13	5		74
7	合計	46	98	17	24	9	194

（備考）内閣府通知データで予算補助事業の要件緩和、法制定の内容自体の通知を除外した191本のうち、内閣府通知番号99、135、156は、2つの内容を含んでいることから、記載した数値の合計が194になっている。

(3) 内閣府通知データに基づく超法規的通知の背景

表2-1のような内容で、超法規的通知が発出された背景は以下のとおりである[8]。

a)の「期限延長」については、上記列Dの④と列Eの⑤に該当するものはゼロである。「期限」は、被災者全般の権利行使などの期間に影響し被災者に周知しないと意味がないことから、通知という通常と異なる手法ではなく、対外的に明確に示すことが可能な、政省令改正や告示などの通常の方法を採用せ

---

[8] 佐々木晶二「震災緩和通知の法的検討」日本災害復興学会論文集第16号（2020）掲載、以下「佐々木（2020）」という。の14頁-15頁参照。

ざるをえなかったためである。

　行2のb)の「書類の簡素化」を内容とするものでは、列Dの④に該当するものが、行3のc)から行6のf)に比べ相対的に多い。申請書類の変更は、上記の期限などと異なり、広く周知しなくとも、申請を行う者が申請の窓口で相談した際に具体の指導が可能なこと、また、申請書類の内容については、原則、省令レベルで規定されていることから申請書類を通知で簡素化することに抵抗が少なかったことなどが理由として考えられる。

　行3のc)の「生命に直接関係する法令上の制限を緩和するもの」は、医療、薬事関係を対象としており、本来は、超法規的通知の発出に慎重であることが想定されるが、災害時における切迫性・必要性を反映して、一定数の列Dの④対応が存在する。

　行4のd)の「これ以外の健康に関係する法令上の制限を緩和するもの」は社会保障関係の徴収の特例や食品表示関係が中心であり、特例に伴う悪影響が大きくないことから、多く用いられている。なお、食品表示関係はすべて⑤に該当する。

　行3のe)の「財産権に直接関係する法令上の制限を緩和するもの」は、その制限の強度が高く、緩和に伴って、財産に損傷を与えるという意味で被災者へのマイナスの影響も大きいことから、主に列Aの①から列Cの③の既存方式で対応している。その、例外として、列Dの④に該当するものが一本（通知番号203の「損壊家屋等の取扱」）存在する。

　行6のf)の「その他の法令上の制限を緩和するもの」については、内容も多様であることから、列Aの①から列Dの④まで多様な対応がされている。

(4) 超法規的通知の個別の内容

　表2-1で「法令上の文言に反する運用をみとめるもの」に分類された通知について、個別の通知文の文面と関係法令を確認して、具体的に対応する法令及び具体的に文言に反する運用を整理したものが、表2-2である。

　表2-2の読み方としては、列Aが内閣通知データに記載されている番号、列Bが通知を発出した省庁名、列Cが内閣通知データに記載されている通知名である。列Dは、筆者が通知文を読み込んで、通知において特例的に従わなくてもいいと述べている、その前提となる法令の規定を記載している。列Eは、通知文で列Dで述べた平時に適用される法令について、具体的にどのよ

表 2-2 法令上の文言に反する運用を認める通知

	A	B	C	D	E	F
	通知番号	省庁名	通知名	前提となる法令	法令の文言に反する内容	発出目的分野
1	128	農林水産省	獣医師免許申請手続	獣医師法施行規則第1条（免許申請必要書類）	明文の規定なしに省略を認める。	簡素化
2	168	国土交通省	海技免状、船舶検査、雇入契約等の申請手続き等の取扱い	船員法第37条（雇入契約成立の届出）、第50条（船員手帳の受有）特殊貨物船舶運送規則第1条の2の2（貨物移送の資料提出）、第15条の2の3（固定貨物のばら積みの確認）	船員法第37条、57条の届出を明文の根拠なしに事後的の対応を認める。また、特殊貨物船舶運送規則について、明文の規定なしに省略を認める。	その他簡素化
3	169	国土交通省	福島原発沖における船舶の航行	船舶安全法第9条第1項（船舶安全法施行規則第5条で定められた沿海区域のみの航行を認める検査済証交付）	福島第一原発沖での沿海区域外での航行を、明文の規定なしに認める。	その他
4	171	国土交通省	救助のための航空機の運航	航空法第79条（空港以外の場所での離着陸の許可）、第81条（低空飛行の許可）、第89条（物資投下の届出）	航空法第79条、第81条、第89条について、明文の規定なしに事後で足りるとする。	その他
5	174	国土交通省	漂流物に関する注意喚起	船舶安全法第9条第1項（船舶安全法施行規則第5条で定められた沿海区域のみの航行を認める検査済証交付）	漂流物が多い場合には、沿海区域外での航行を、明文の規定なしに認める。	その他
6	186	国土交通省	船員手帳、雇入契約及び船員の未払い賃金の立替払い等の申請手続き	船員法施行規則第33条（再交付に戸籍謄本等が必要）	明文の規定なく必要書類の簡素化を認める。	簡素化
7	203	環境省・国土交通省等	損傷家屋等の撤去等に関する指針	民法206条（所有権）	所有者の承諾なしに私有地の立入、損壊家屋等の撤去を認める。	財産権
8	6	警察庁	高齢者講習証明書を亡先した者による運転免許証の更新申請の受理	道路交通法施行規則第20条第2項第一号（住所変更の際には、住民票の写しその他住所を確かめるに足りる書類の提示が必要）	必要書類を省略する施行規則上の根拠がないにもかかわらず、免許再交付の際に住所変更を可能とする。	簡素化
9	43	財務省	救援物資に関する関税免税に関する書類省略の特例措置	関税定率法施行令第20条第1項及び第2項（寄贈物品の免税手続のための書類が必要）	海外からの救援物資について、必要書類を省略する施行令上の根拠がないにもかかわらず、省略を可能とする。	簡素化
10	54	文部科学省	被災地域の児童生徒等の就学機会の確保	義務教育諸学校の教科用図書の無償措置に関する法律施行規則第1条（転学後に使用する教科書が異なる場合に教科書の無償供与）	法律施行規則に該当しないものの、転学した生徒が従前の教科書を毀損した場合にも無償供与を認める。	その他
11	56	文部科学省	復旧工事に係る埋蔵文化財に関する文化財保護法の規定の適用	文化財保護法第94条（国の機関等による発掘の事前通知）、第96条（土地所有者等による遺跡発見の届出）、第97条（国の機関等による遺跡発見に伴う通知）	第94条及び第97条に基づく国の機関等からの通知、第96条の土地所有者等からの届出を、省略する法律上の規定が存在しないにもかかわらず、それが可能とする。	その他

2 超法規的通知と法制定の実態分析

12	64	厚生労働省	被災者に係る被保険者証等の提示	国民健康保険法第36条第3項及び施行規則第24条の4（療養の給付には被保険者証の提示が必要）	被保険者証提示を災害時に除外する厚生労働省令は策定されていないにもかかわらず被保険証の提示を不要とする。	簡素化
13	68	厚生労働省	社会福祉施設における緊急的対応について	介護保険法第37条第3項（介護サービス申請には被保険者証の添付が必要）	法令上の根拠なしに、被保険証の提示なしに介護サービス利用を認める。	簡素化
14	71	厚生労働省	墓地、埋葬等に関する法律に基づく埋火葬許可の特例措置	墓地、埋葬等に関する法律第5条及び第14条（市町村の許可を受けないと、埋葬、火葬はできない。）	法第5条の許可ではない特例許可証、さらに特例許可証なしに埋葬等を認める。	生命
15	75	厚生労働省	救援物資の取扱い	食品衛生法第27条（食品等を輸入する場合の厚生労働大臣への届出が必要）	厚生労働大臣への届出について、救援物資であれば明文の規定なしに不要とする。	健康
16	77	厚生労働省	被災に伴う保険診療関係等の扱い	薬機法第49条（正当な理由なく薬局は処方箋なしに医薬品販売不可）、保険薬局及び保険薬剤師療養担当規則第3条（処方箋確認義務）	明文上の規定なしに処方箋確認を不要とする。	簡素化
17	79	厚生労働省	医師等の医療関係職種の免許申請等に係る取扱い	医師法施行規則第1条の3（医師免許申請に試験合格証が必要）、栄養士法施行規則第1条（栄養士免許申請に合格証書が必要）	合格証の写しなどの書類の明文の規定なしに不要とする。	簡素化
18	80	厚生労働省	被災者に係る利用料等の取扱い	指定居宅サービス等の事業の人員、設備及び運営に関する基準第20条（訪問介護の利用料受領）	明文の規定なしに利用料を猶予する。	健康
19	82	厚生労働省	病院又は診療所間での医薬品及医療機器の融通	薬機法第24条（許可なく医薬品の販売、授与ができない）、第39条の3（届け出なく医療機器を販売、授与ができない）	明文の規定なしに病院等相互での医薬品、医療機器の融通を認める。	生命
20	83	厚生労働省	介護サービス事務所の人員基準等の数扱い	指定居宅サービス等の事業の人員、設備及び運営に関する基準（省令）第5条等の人員基準	明文の規定なく人員基準の柔軟な取扱を認める。	健康
21	84	厚生労働省	被災に伴う医療法等の取扱い	医療法第7条（病院等開設の事前許可）、第27条（構造設備の事前検査）	病院等の開設にあたって、明文の規定なしに、事後の許可等で足りるとする。	生命
22	88	厚生労働省	被災に伴う薬事法等の取扱い	薬機法第10条、法施行規則第16条（薬局の再開、薬剤師等の変更の許可）、法第38条（店舗販売業への準用）	被災地での薬局の再開等にあたって、法律の明文規定なしに許可を不要とする。	生命
23	103	厚生労働省	応急仮設注宅のグループホーム等に係る共同生活住居への活用について	障害者自立支援法第30条第1項第二号等に基づく基準省令（グループホーム等の人員、設備基準）	明文の規定なく、人員、設備基準の柔軟な取扱を認める。	健康
24	120	厚生労働省	被災に伴う医療法等の取扱い	医療法第7条（病院等開設の事前許可）、第27条（構造設備の事前検査）	病院等の開設にあたって、明文の規定なしに、事後の許可等で足りるとする。	生命

表 2-3　行政処分の猶予を認める通知

	A	B	C	D	E	F
	通知番号	省庁名	通知名	前提となる法令	法令の文言に反する内容	発出目的分野
1	24	消費者庁・農林水産省	JAS法に基づく品質表示義準の経過措置の運用	農林物資の規格化及び品質表示の適正化に関する法律に基づく品質表示基準（現在は食品表示法第4条第1項に基づく食品表示基準）	品質表示基準改正に対応していなくても、明文の規定なしに、旧JAS法に基づく行政処分を猶予する。	健康
2	25	消費者庁・農林水産省	容器入り飲料水（ミネラルウォーター類)］に係るJAS法の運用	農林物資の規格化及び品質表示の適正化に関する法律に基づく品質表示基準（現在は食品表示法第4条第1項に基づく食品表示基準）	原産国等の表示がなくても、明文の規定なしに、旧JAS法に基づく行政処分を猶予する。	健康
3	26	消費者庁・農林水産省	加工食品に係るJAS法の運用	農林物資の規格化及び品質表示の適正化に関する法律に基づく品質表示基準（現在は食品表示法第4条第1項に基づく食品表示基準）	軽微な記載の違いについて、明文の規定なしに、旧JAS法に基づく行政処分を猶予する。	健康
4	126	農林水産省	震災地域におけるJAS法の運用	農林物資の規格化及び品質表示の適正化に関する法律に基づく品質表示基準（現在は食品表示法第4条第1項に基づく食品表示基準）	震災地域で販売される飲食料品について、明文の規定なしに、旧JAS法に基づく行政処分を猶予する。	健康
5	19	消費者庁	震災地域における食品衛生法の運用	食品衛生法第19条第2項（基準に合う表示のない器具、容器包装の販売のための陳列等の禁止）	食品衛生法第19条第1項の基準に合わない表示がなされていても、第60条に基づく都道府県知事の行政処分を猶予する。	健康
6	20	消費者庁	製造所固有記号の表示の運用	食品衛生法施行規則第21条第1項（現在は食品表示法第4条第1項に基づく食品表示基準）（製造所固有番号の表示義務）	製造所固有番号が非表示でも、第60条に基づく都道府県知事の行政処分を猶予する。	健康
7	21	消費者庁	食品衛生法に基づく表示基準の経過措置の運用	食品衛生法施行規則改正（加工デンプンを添加物として取扱）	加工デンプンを添加物として表示しなくても、第60条に基づく都道府県知事の行政処分を猶予する。	健康
8	22	消費者庁	容器入り飲料水（ミネラルウォーター類）に係る食品衛生法の運用	食品衛生法施行規則第21条第1項（現在は食品表示法第4条第1項に基づく食品表示基準）（殺菌の有無等の表示）	殺菌の有無等を表示しなくても、第60条に基づく都道府県知事の行政処分を猶予する。	健康
9	23	消費者庁	食品衛生法に基づく表示基準の運用	食品衛生法第19条第2項（基準に合う表示のない器具、容器包装の販売のための陳列等の禁止）食品衛生法施行規則第21条第1項（現在は食品表示法第4条第1項に基づく食品表示基準）（製造所固有番号の表示義務）	食品衛生法第19条第1項の基準に合わない調味料の表示、製造所の表示に対して、第60条に基づく都道府県知事の行政処分を猶予する。	健康

うな対応をしていいと述べているかを記載し、最後の列Fは、表2-1の行で整理している通知文の目的分野を記載している。

このうち、列Bの省庁別でみると、行1から行7までの太枠で囲った項目が関係省庁関係であり、その中では国土交通省関係の通知が多い。

関係省庁以外では、厚生労働省関係が表2-1のとおり多くなっている。

列Fの目的分野別でみると、行7の財産権に関するものと、行14、行19、行21、行22、行24の5本の通知が生命に関するものは、その発出目的からいって国民に対する権利侵害の程度が大きいことから、特に、注目される。

また、表2-1でカウントした「行政処分の猶予を認めるもの」の個別通知は、表2-3のとおりである。

「行政処分の猶予を認めるもの」も、表2-2で示したものと同様に、法令の適用について、特別の運用を認めるものだが、表2-2のグループのように行政主体による許可や届出などの手続き規定が平時の仕組みに存在しないことから、表2-2のように具体的な許可等の手続きについての特例を述べるのではなく、違法な運用を現場で行っても、それに対して行政処分を講じなくてもよいという内容の通知を発出したものである。

以上の説明のとおり、表2-2と表2-3は、通知文の内容が、平時での法令の規定の違いから通知文の内容に差が出ているのであって、平時の法令に従った運用をしなくてもいいという「超法規的措置」を運用上認めるという意味では、同じ性格のものである。

列Aから列Fまでの項目の内容は表2-2の説明と同じである。

列Aの省庁別にみると、行4以外は消費者庁に関連するものであり、いずれも、食品に関連する表示に関するものであることが特徴である。

(5) 内閣府通知データ以外の超法規的通知の発掘結果

2023年1月時点で、筆者が把握した、超法規的通知の発出及び通知文の大部分が省庁のホームページから削除されている。

これは、もともと、省庁が、超法規的通知が例外的なものであり、積極的に公表など位置付けるものではないと考えているからである。

これを踏まえると、そもそも、2013年に公表された内閣府通知データにも、実際は発出されたものの、掲載されていないものがある可能性がある。このため、次に、内閣府通知データ以外の超法規的通知の存否について追加的に調査

を行った。

　最初に、内閣府リスト以外の超法規的通知については、国会会議録から「東日本大震災」と「超法規」という用語を含む発言を、国会会議録検索システムを用いて収集したが、政府府側の答弁から、超法規的通知の発出は確認できなかった。

　次に、地方議会の議事においても、地方議会議事録を用いて、「東日本大震災」と「超法規」という単語を含む発言を包括的に収集し、その結果、実際に「超法規」という言葉を用いた議事は5件あったものの、超法規的措置そのものを扱ったものではなく、超法規的通知の発出を確認できなかった(9)。

　以上のとおり、国会、地方議会の議事録からは、超法規的通知の発出は確認できなかった。

　最後に、東日本大震災以降の法制定で災害時に特別の権限を付与するための法改正が実現された事項（法改正をするぐらいなので、東日本大震災時には、超法規的通知を発出せざるをえないような事態になっていた可能性がある）、戦争事態を前提にした国民保護法の特例規定に規定されている項目（戦争事態に必要な事項は、東日本大震災時に超法規的通知を発出した可能性がある）を個別に関係する省庁などに確認した結果、内閣通知データには掲載されていない超法規的通知として、

　　a)「道路管理権限のない道路への道路啓開を許容する道路啓開通知（国土交通省所管）」（以下「道路啓開通知」という）
　　b)「外国人医師の医療行為を認める医師法特例通知7F（厚生労働省所管）」（以下「外国人医師通知」という）

の2本を発見することができた。

以下、2本の通知文の全文を掲載する。

事務連絡
平成23年3月12日

各地方整備局路政課担当官殿
北海道関発局建設行政課担当官殿
沖縄総合事務局建設行政課担当官殿

路政課

---

(9)　詳細は博士論文2-2-1(4)参照。

国道・防災課
環境課全課

道路管理上の支障となる工作物等の処理について

　標記については、東北地方整備局路政課より照会があったところであるが、下記の事項に留意して対応されたい。

記

1. 平成23年（2011年）東北地方太平洋沖地震による災害を受けた工作物又は物件で道路管理上の支障となるもの（以下「工作物等」という）の除去その他の処理に際しては、当該工作物等が道路上に存在し、現に道路の維持・修繕を行う必要が生じているときは、道路法第42条を適用することができるものと考えられること。ただし、以下の点に留意の上、本条による処理を行うことができることとすること。

イ　あらかじめ当該工作物等の所有者の同意を得ること（所有者等の所在が不明であるため、あらかじめ同意を得ることが困難な場合を除く。）。
ロ　上記の同意を得る際には、損失の補償を行わないことにつき了解を得るよう努めること。
ハ　当該工作物等の所有者等の所在が不明であり、当該工作物等の中に有価物等が残存する場合には、当該市町村職員、警察官等の立ち会いを求め、できる限り回収するよう努めること。

2. 速やかな除去が困難な船舶等が道路の交通の支障となっている場合については、次のように、道路法第68条の規定による道路区域外の土地の一時使用の活用が考えられること。

イ　将来的に災害対策基本法第64条等に基づく市町村等による応急公用負担による処理が考えられるため、市町村等との連携を図りつつ、当該船舶等を道路区域外の土地に一時的に移動させること。
ロ　当該船舶等の一時的な移動が困難である場合においては、道路交通を確保するため、道路区域外の土地を一時的に使用すること。

> 事務連絡
> 平成23年3月14日
>
> 岩手県、宮城県、福島県医療主管課御中
>
> 厚生労働省医政局医事課
>
> 外国の医師免許を有する者の医療行為の取扱いについて
>
> 　今回の東北地方太平洋沖地震に係る医療行為の中で、外国人の医療資格を有する者が我が国において医療活動を行うことに対する当課の考えは下記のとおりであるので、御了知の上、現地の実情を踏まえ、適宜対処するとともに、関係者への周知方お願いする。
>
> 　　　　　　　　　　　　　記
>
> 　医療法上、外国の医師資格を有する者であっても、我が国内において医療行為を行うためには、我が国の医師国家資格を合格し、厚生労働大臣の免許を受けなければならないこととされている（医師法第2条、第17条）。
> 　しかしながら、医師法は今回のような緊急事態を想定しているものではなく、こうした事態の下では被災者に対し必要最小限の医療行為を行うことは、刑法第35条に規定する正当業務行為として違法性が阻却され得るものと考える。

(6) 超法規的通知の実態のまとめ

　以上をまとめると、超法規的通知として発出されたものとして、以下のものが抽出できた。

　① 内閣通知データのうち、法令上の文言に反する運用を認める通知24本
　② 内閣通知データのうち、行政処分を猶予する通知9本
　③ 道路啓開通知1本
　④ 外国人医師通知1本

　これ以降、緊急事態期における超法規的通知として以上の①から④までの計35本の通知を対象に分析を進める。

2 超法規的通知と法制定の実態分析

表2-4 緊急事態期の超法規的通知と恒久化対応状況

	A	B
	東日本大震災時の通知	東日本大震災以降の法改正における特例規定
1	内閣府通知データ71	災対法86条の5：埋葬法の特例
2	内閣府通知データ120	災対法86条の3：臨時の医療施設に対する医療法の特例（地方公共団体が設置する医療施設のみ対応、民間施設は未対応）
3		災対法86条の2：避難所、応急仮設住宅に対する消防法の特例
4		災対法第78条の2：国による都道府県の応急措置の代行
5		災対法第86条の5　廃棄物処理に関する廃棄物処理法の特例
6		港湾法第55条の3の3　国土交通大臣による緊急確保航路内の物件収用
7		海岸法第23条　災害時における海岸管理者による土地使用、物件収用
8		海上交通安全法第33条　災害時における海上保安庁長官による船舶の航行制限、退去の命令
9		災対法第76条の6　災害時における道路管理者による車両の移動
10	道路啓開通知	道路法17条第7項第1号：国土交通大臣による都道府県道等に対する道路啓開の代行

（備考）斜線は、東日本大震災以降に、列Bに記載した緊急事態期に対応した法制定が行われたものの、東日本大震災時には超法規的通知が確認できていないことを意味する。

2-2-2　その後の恒久化対応としての法制定

(1) 超法規的通知の恒久化対応の状況

超法規的通知のうち、その後法制定が措置されたものは、表2-4の通りである。

列Aで示すとおり、超法規的通知の発出が確認されたもので、それ以降に恒久的な対応として法制定が行われた項目はわずか3件しか存在しない。よって、32本（35本マイナス3本）は法制定の対応がとられていない。

一方で、行3から行9の7つの項目は、いずれも、東日本大震災時には超法規的通知が発出されていない項目にもかかわらず、緊急事態期の対応として、その後に法改正が行われたものである。

21

列Bの法制定が行われた事項からみると、行1から行5、行9は、内閣府防災担当が所管する法改正であり、行6、7、8と行10は、国土交通省所管の法改正である。表2-2、表2-3の列Bの所管省庁と比較してみると、あきらかに、緊急事態期に対応した法制定については、内閣府防災担当と国土交通省が積極的であることが確認できる。

(2) 超法規的通知の恒久化対応の背景

(1)で述べたとおり、東日本大震災の際に発出された超法規的通知について、本来は、法改正などの措置が講じられることが期待されるにもかかわらず、多くの事項で法改正などの恒久的な対応がとられなかった。その原因としては、筆者が2013年災対法改正の立案作業を行った際（これによって、表2-4の行1、行2の事項の恒久的な対応措置がとられた）の経験によれば、各省庁の反応は以下のとおりであった。

① 超法規的通知を発出した事項を含めて、内閣府防災担当からは、緊急事態期における特例措置を包括的に各省庁に照会したものの、各省庁からは、「将来の災害の特定が難しいという理由から、具体的な法制定は必要がない」との回答があったため、多くの項目が法制定が行われなかった。

② 国民保護法に規定されている特例については、内閣府防災担当から「災害時における対応が必要かどうか」を、法律を所管している省庁と調整した。しかし、「国民保護法に規定されている感染症対応は、戦争事態でウィルス攻撃などを想定しているので、災害時には不要である」と内閣官房及び厚生労働省から主張された。また、「外国人医療関係者の特例、外国医薬品の輸入特例は、被災地外からの応援措置で対応可能である」と厚生労働省から主張された。以上の結果、国民保護法関係の特例について、立法化はできなかった。

ただし、①の将来の災害が事前に想定しにくいという理由は、災害に対応する立法に共通することであって立法化を否定する理由にはならない。もし、その理屈が立つのであれば、表2-4行1及び行2の法改正も実現できなかったことになる。

②の理由についても、大規模な自然災害時には衛生上の問題から感染症のリスクも高まること、外国人医師関係者の特例などは、2-2-1(5)で示したとお

り、実際に超法規的通知が発出され、外国人医師が活動した実態もあることから、十分な説得力を持っていない。

以上のとおり、筆者の経験からは、超法規的通知に関する恒久的な対応に向けた法改正には各省庁の消極的な姿勢が存在する。

個別の通知ごとの法制定への取組を客観的に分析するため、超法規的通知とそれ以降の法制定の対応について、関係する各主体の選好を踏まえた、既に述べた、S評価手法に基づいて実現の難易度を推定し、それと実際の実現結果との評価を行って、全体的な傾向及び特殊事情の分析を進める。

2-2-3　S評価手法からみた超法規的通知の発出及び恒久化対応の評価

(1) 超法規的通知に関するアジェンダ設定状況

S評価手法の最初の分析ステップは「アジェンダ設定」である。

政策が実現するためには、公共政策学の理論、特に、「政策の窓」理論[10]によれば、立案主体において、政策課題としての設定、すなわち「アジェンダ設定」ができないと、そもそも政策実現のプロセスが始まらないとされている。そこで、「アジェン設定」がまずできるかどうかが、政策実現の最初の関門である。

この「アジェンダ設定」ができるかどうかは、一般的にいえば、「立案主体がその政策を重要なものと認識しているか」、である。これを大規模な自然災害に当てはめてみると、自然災害に対する問題意識は発生直後は急激に高まるものの、時間の経過とともに、減少していく。

そして、その難易の区切りとしては、東日本大震災の際には、地震発生から3年間は大規模災害復興法や災対法など大規模な改正が実施されたものの、それ以降はそのような法改正が存在しないことから、「発生から3年」を区切りとして、それ以前であれば、「アジェンダ設定」は容易であり、それ以降は困難であるという基準が設定する。

では、この「アジェンダ設定」の難易度の基準である「3年」を、超法規的

---

(10) 石橋章市朗ほか『公共政策学』(ミネルヴァ書房、2018) 139頁-141頁、宮川公男『政策科学入門（第2版）』(東洋経済新報社、2002) 211頁-226頁、佐藤慶一『政策情報論』(共立出版、2019) 126頁-128頁、秋吉貴雄『入門公共政策学』(中央公論新社、2019) 61頁-62頁参照。

表 2-5 超法規的通知についての S 評価手法による評価結果

		A	B	C	D	E	F	G	H	I	J	k	L
		アジェンダ設定	決定者			対象者（臨時的措置は被災地、恒久化対応は全国）			関心の強さ（記号の数）		決定者・対象者の関心の分類	成立・未成立	S評価手法の説明能力
			中央省庁		国会	地方公共団体	利益団体（業界団体）	住民（国民）	決定者	対象者			
			所管省庁	財務省									
1	超法規的通知の発出	□	○	-	-	○	-（外国人医師等は×）	-	1	1	Ⅳ	○	○
2	埋葬法特例	□	○○	-	-	-	-	-	2	0	Ⅳ	○	○
3	医療施設設置特例（地方公共団体設置病院）	□	○○	-	-	-	-	-	2	0	Ⅳ	○	○
4	医療施設設置特例（民間設置病院）		○○	-	-	-	-	-	2	0	Ⅳ	×	×↓
5	道路啓開代行特例	△	○○	-	-	-	-	-	2	0	Ⅳ	○	○
6	損壊家屋等の撤去特例		○○	-	-	-	-	-	2	0	Ⅳ	×	×↓
7	薬機法特例		○○	-	-	-	-	-	2	0	Ⅳ	×	×↓
8	外国人医師特例		○○	-	-	××	××	××	4	4	Ⅰ	×	○

（備考）列 A のうち、□は東日本大震災の発災後 3 年以内で提案されたこと、△は 3 年よりのちに提案されたこと、空欄はアジェンタ設定がされていないことを意味する。列 L の×↓は、S 評価手法では実現すると推定されたのに対して、実際は実現しなかったことを意味している。濃いグレーのセルは拒否権プレーヤーを意味している。

通知の発出とそれに関連する法改正に適用した結果が、表 2-5[11] の列 A である。「□」はアジェンダ設定が容易と判断され、実際にアジェンダ設定ができたもの、「△」はアジェンダ設定が困難な 3 年より時間は経過したものの、アジェンダ設定ができたものを意味する。

なお、列 A の空欄は、現在にいたるまでアジェンダ設定ができていないこと（結果として法制定等が未実現であること）を意味している。

これを見ると、行 5 の道路啓開代行特例の法制定は、例外的にアジェンダ設

---

[11] 表 2-5 の対象となる項目を行ごとに説明すると、超法規的通知の発出そのもの（行 1）と、超法規的通知 35 本のうち、生命又は財産に係る目的分野である 7 本（行 2 から行 8）である。

定が困難にもかかわらず、その法制定が実現しているのに対して、その他の法制定は、東日本大震災の発生から3年以内のアジェンダ設定が容易な時期に国会に提案されていることがわかる。

(2) 超法規的通知に関係する項目についての各主体の関心分析

S評価手法の二番目の分析ステップは、決定者、対象者(以下まとめて述べるときには「関係者」という)ごとの関心が、賛成か、反対か、また、その関心が大きいか、小さいかの評価である。

決定者、対象者の関心の内容や大小がどのように政策の実現性に関係するかというと、原則は、以下のとおりである。

① 法制定の決定主体である国会の反対が大きい場合には実現しない可能性が極めて高いこと、別の言葉で言えば、国会は拒否権プレーヤーであること。その際、国会が拒否権プレーヤーになるのは、国会議員の再選に不可欠な業界団体が強く反対する案件であること。

② 立案主体である中央省庁のなかでは、所管省庁は法制定等はそもそも権限拡大等につながり成立に向けて関心がある。そのうち、特に、臨時的なものではなく、恒久的な法制定等については、実現に向けて大きい関心を持つこと。

③ 中央省庁のうち、財政規律を重んじる財務省が財政支出を増やすと考えた場合には実現阻止の方向で大きな関心を持ち、さらに、関連する予算案成立を阻止する権限を有する財務省は拒否権プレーヤーとなること。逆に、所管省庁以外の財務省以外の省庁は、直接の所掌ではないので他省庁の案件に強く反対することはないこと。

④ 決定者、対象者それぞれが強く賛成した場合には、実現可能性は高まりそうだが、逆に、その案の内容調整の時間がかかってしまうこと。その意味では、決定者、対象者のいずれかが反対ではなく、かつ、それほど関心が大きくない案件の方がスムーズに成立すること。

以上の評価基準を当てはめる前提として、次に、個々の事項ごとに、関係者の関心の大小及び内容の分析を進める。その当てはめの基準は表1-1であり、その当てはめの結果は、表2-5の列B〜列Gである。以下、個別事項ごとの当てはめについて説明する。

行1の超法規的通知については、決定者側のうち、第一に、通知を発出した

各省庁にとっては、臨時的なものであることから、成立に向けての弱い関心（これを以下「○」で示す）である。第二に、財務省は財政に関係がないこと、また、国会もお金に関係する話ではないことから、いずれも無関心である（関心がない場合には、以下「－」で示す）。

超法規的通知で影響を受ける対象者側として、第一に、地方公共団体は、被災地に役立つものなので関心があるものの、お金に関係しない事項なので、弱いプラスの関心である。第二に、利益団体は、外国人医師通知のみ、業界の業務範囲や収益構造に影響するので関心があるが、対象限定、時期限定であるので、弱いマイナスの関心（これを以下「×」で示す）となる。住民は、お金に関係ないので無関心である。

行2から行7の項目については、決定者のうち、第一に、法改正を実施しようとする各省庁は、恒久的な対応によって持続的に権限拡張となることから、プラスの強い関心を持つ（以下、これを「○○」で示す）。第二に、財務省は財政支出に関係しないので、国会もお金に関係しないので無関心である。

対象者については、第一に、地方公共団体はお金に関係せず、また、地元の業界団体も関係なので、無関心である。第二に、利益団体は、業界の業務や収益構造に影響しないので無関心である。なお、行4と行7は一見すると業界の業務内容に関係しそうだが、いずれも既存の医師会、薬剤師会のメンバーが活動する場合の手続簡素化を内容としており、既存の団体の利益を害するものではないので無関心と整理される。第三に、住民はお金に関係しないので、いずれも無関心となる。

以上の整理に比較して、行8の外国人医師特例は大きく異なる。

所管省庁としては、法改正を実施すれば恒久的な権限拡張となることから、プラスの強い関心を持つ。財務省は財政支出に関係しないので無関心である。住民もお金に関係ないので無関心である。ここまでは上のグループと同じである。

最も異なるのは、対象者の一つである利益団体の関心である。具体的には、利益団体である医師会は、業務独占である医師分野に外国人医師が参入すれば業務範囲及び収益構造への侵害となることから、実現阻止の方向での大きな関心を持つ（以下、実現阻止の方向での大きな関心を「××」で示す）。そして、この利益団体のマイナスの大きな関心は、利益団体は選挙支援機能を持つことから、地方レベルでは地方公共団体がマイナスの大きい関心を、国レベルでは国

表2-6 決定者・対象者の関心の大小による区分

			A	B
			決定者である国の関心	
			○又は×3以上	○又は×3未満
1	対象者の関心	○又は×3以上	Ⅰ	Ⅱ
2		○又は×3未満	Ⅲ	Ⅳ

会が大きい関心を持つ。そして、国会は最終的な決定者であることから「拒否権プレーヤー」(以下、拒否権プレーヤーの場合にはセルを濃いグレーで塗りつぶす)であり、この主体が強く反対することから、実現性は極めて低くなる。

(3) 超法規的通知に関係する項目の総合評価と実態との食い違い分析

S評価手法の3番目の分析ステップは、各関心のプラス・マイナスの大きさを集計することである。

具体的には、立案・決定主体側についた、○又は×の数、法制定等の対象者側について○又は×の数をそれぞれカウントする。その結果は、表2-5の列HとIに数字で記載している。

さらに、先に述べたとおり、立案・決定者と対象者の双方が関心が高い場合には、内容調整に時間がかかるため実現しにくいことから、その指標として、決定者、対象者の関心の数ごとに表2-6の基準に基づいて、ⅠからⅣにその評価結果を示す。

この評価結果は、表2-5の列Jに示す。繰り返しになるが、この評価結果からは、Ⅰに分類された項目は実現が難しく、Ⅱ、Ⅲ、Ⅳに分類された項目が実現が容易と評価される。

以上の3つのステップの結果、拒否権プレーヤーの有無と各主体の関心の大

きさの評価（表2-5の列J）を総合すると、表2-5の超法規的通知及びそれに関連する項目である行1から行8までの8項目は以下のとおり、評価される。
① アジェンダ設定は、行5の道路啓開代行に関する道路法改正が、3年経過後にアジェンダ設定されたという、成立に向けてのマイナス評価となること。
② 拒否権プレーヤーについては、行8の外国人医師特例に関する法改正が対象となり、極めて実現が困難だと推定されること。
③ 各主体の関心の強度からすると、行1から行7までは、表2-5の列Jに示すとおり、Ⅳグループなので実現が容易と推定されるのに対して、行8の外国人医師特例は、関心の強度からしても調整が難しく実現が難しいと推定されること。

一方で、これらの項目が実際に実現したかどうか、成立したかどうかを示したのが、表2-5の列Kである。

行1の超法規的通知は現実に発出され、また、表2-4で示したとおり、事後の法改正としては、行2の埋葬法特例、行3の医療施設設置特例（地方公共団体設置病院）、行5の道路啓開代行特例の3つが実現しており、行4の医療施設立地特例（民間設置病院）、行6の損壊家屋等の撤去特例、行7の薬機法特例が法改正が実現していない。

以上のS評価手法による実現性の評価と実際の法改正等の実現性との関係の整合性をチェックすると、表2-5の列Lのとおりとなる。具体的に説明すると以下のとおりである。
① 行1の超法規的通知の発出、行2の埋葬法特例、行3の医療施設設置特例（地方公共団体設置病院）は、S評価手法で関係者の関心の強弱からみて、実現容易と推定され、実際にも実現していること（このグループは、S評価手法の推計結果と現実の法制定等が合致していることから、表2-5列Lにおいて「〇」と記載している）
② 行8の外国人医師特例については、S評価手法でも実現が難しいと推定され、現実にも法改正が実現していないので、これもS評価手法の推計結果と現実の法改正の結果が合致している（よって、行8列Lには「〇」を記載している）。
③ これに対して、行4の医療施設設置特例（民間設置病院）、行6の損壊家屋等の撤去特例、行7の薬機法特例は、S評価手法の推計結果として

2 超法規的通知と法制定の実態分析

は、実現が容易と推定したにもかかわらず、実現していない（この容易と推計されたにもかかわらず、現実には実現しなかった項目を「×↓」と記載する）。
④ （緊急事態期の超法規的通知及びそれに関連する法改正の事項では該当する項目はなかったものの、S評価手法では実現困難と推計されにもかかわらず、現実に実現した項目については、以下、「×↑」と記載する。）

以上の分析を踏まえると、S評価基準という客観的な指標での実現の難易度分析から、推計結果に合致して現実にも実現した事項と、推計結果に反してた事項が明確に区分できる。そして、S評価手法での推計結果と異なる結果となった項目については、さらに、その結果となった特殊事情が存在すると想定される。

そこで、S評価手法の分析の最後に、この特殊事情の抽出を行う。

(4) S評価手法の推定結果と実績が異なった事項の特殊事情
① アジェンダ設定に関する特殊事情

アジェンダ設定の観点からは、行5の道路啓開特例が、2020年という東日本大震災発災から9年後という、アジェンダ設定が難しくなっている時点で法制定されている。この特例創設は、歩行者利便増進道路制度という道路を民間開放する制度創設のための道路法改正に目立たぬ形で入れ込んで成立させている。この他の政策目的に入れ込んで実現させたという点が、5の道路啓開特例の特殊事情である。

② 各主体の関心の推定に関する特殊事情

行6の損壊家屋等の撤去特例については、表2-2の行7で示したとおり、超法規的通知が発出された段階では、担当省庁が環境省、国土交通省のほか法務省、警察庁など多くの省庁に関わっていた。この、具体的な所管省庁が当初から明確でなかったことが事後的な法改正の阻害要因になった。この所管省庁が確定していなかったことが、S評価手法によれば実現性が高いと推定されたにもかかわらず、実現できなかった特殊事情である。

これに対して、行3の民間医療施設の設置を被災地に円滑に設置するための医療法の特例及び行7の薬局の開設等を被災地に円滑に設置するための薬機法の特例については、政策立案及び決定にあたっての障害となる特殊事情が確認できない。所管省庁の対応に関する懈怠の可能性も否定できない。

以上、緊急事態期における超法規的通知及びそれに関連する法制定の現状把握及びS評価手法に基づく実現性の評価、さらに、S評価手法の推計結果と異なる事項における特殊事情の抽出を行った。
　同様の作業を、応急期、復旧・復興期と、東日本大震災の発生後の時間軸に従って述べていく。

2-3 応　急　期

2-3-1　応急期に実施された法制定等

(1) 応急期に実施された法制定の状況

　応急期は、表1-2で示したとおり、被災者が避難生活をしている時期であって、応急仮設住宅などのハード整備が始まり避難生活が終了するまでの期間である。このため、対象となる法制定等は、金銭支払いなどに関係するものが中心となる。
　対象となる法制定について、代表的な応急期の法律である災害弔慰金法及び被災者生活再建支援金に加え、関係する省庁のホームページ及び博士論文参考資料Ⅰに示した国会会議録分析から、関係する省庁における2011年の応急期の成立した法制定の議論を抽出すると、表2-8の濃いグレーのセルの項目（行4列A、行5列B、行6列B、行8列B）のとおりである。
　また、薄いグレーのセルの部分（行1から行4の列B、行7列B、行9から行11の列B）は2-3-2で述べる。
　なお、表2-7の行10の漁船損害等補償法は他の法律に比べ大きく趣旨は異なるが、生命・財産に関係する法制定等を抽出するにあたって、関係省庁の範囲を設定し、機械的に国会議事録等から把握したため、農林水産省所管の当該法律がリストアップされたものである。
　表2-7の濃いグレーのセル（行4列A、行5、行6、行7の列B）で明らかなとおり、応急期においては、法改正の手続きを行う時間的余裕があることから、多くの法制定が実施されている。また、東日本大震災に対応した応急期の法制定については、原則として、東日本大震災だけでなく、その後の災害にも対応できる恒久的対応として法制定を行った。
　その例外としては、表2-7の行4列Aに記載している、「災害弔慰金法に基づく災害援護資金の金利特例のための法改正」のみが、東日本大震災のみに適

表2-7 東日本大震災の応急期に対応した法制定とその後の恒久化対応

		A 臨時的措置	B 恒久的対応
1	災対法		2013年：災対法改正（避難所環境整備の基本原則を規定）
2	災害救助法		2013年：災害救助法改正（応援した都道府県への国の立替弁済の規定）
3			2018年：災害救助法改正（市による救助実施規定の創設）
4	災害弔慰金法	2011年：東日本大震災に対処するための特別の財政援助及び助成に関する法律第103条（災害援護資金の償還期間を10年→13年、金利を3％→1.5％に緩和）	2018年：災害弔慰金改正（災害援護資金の金利を条例で緩和）
5			2011年：災害弔慰金改正（弔慰金支払い対象に兄弟姉妹を追加）
6			2011年：災害弔慰金改正（弔慰金の差し押さえ禁止）
7			2019年：災害弔慰金改正（償還期限から10年経過後に市町村が保証債務を放棄可能）
8	被災者生活再建支援法		2011年：被災者生活再建支援金法改正（支援金の差し押さえ禁止）
9			2020年：被災者生活再建支援法改正（支援金の支払い対象に中規模半壊を追加）
10	漁船損害等補償法		2016年：漁船損害等保障法改正（全国単位の保険組合設立を可能に）
11	その他		2021年：自然災害義援金に係る差押禁止等に関する法律制定（自然災害義援金の差し押さえの禁止）

用する形式で、2011年に制定されている。

(2) 応急期に発出された通知の状況

応急期は、緊急事態期と異なり、法改正の対応などの時間的余裕があったことから、超法規的通知の発出は想定しにくい。

念のため、以下に掲げる方法で、応急期の超法規的知の発出の有無について確認した結果、存在しないことを確認している。

① 関係省庁のHPの確認
② 国会会議録における「東日本大震災」と「超法規」の単語による検索
③ 地方議会議事録における「東日本大震災」と「超法規」の単語による検索

2-3-2 その後の恒久化対応としての法制定

東日本大震災の応急時に対応した法制定に加えて、その後に、将来の大災害に備えて行った法制定については、表 2-7 の薄いグレーのセルの内容である。

特に、東日本大震災時の臨時的な対応である、東日本大震災の際の災害援護資金金利特例に関する法制定は、表 2-7 の行 4 列 B に示すとおり、2018 年に、災害弔慰金法を改正して恒久的な対応として、市町村が条例で引き下げ可能として、恒久的な対応措置を講じている。

なお、超法規的通知は応急期では確認できていないので、当然、これに対応した恒久化対応も確認できない。

2-3-3 S 評価手法からみた応急期の法制定とその後の恒久的対応の評価

(1) 応急期の法制定に関するアジェンダ設定

2-2-3(1)と同様に、機械的に 3 年間という期間を設定して、表 2-8 において、国会までの提案の時期が東日本大震災の発災後 3 年以内を「□」とし、それ以降は「△」という記号で、列 A は記載している。

ここで示すとおり、東日本大震災の発災から 3 年というアジェンダ設定が容易な期間に、行 1 (2013 年、以下、この節で、行番号の後の年は法制定年を意味する)、行 2 (2011 年)、行 3 (2011 年)、行 5 (2013 年) の 4 つの法制定が実施された一方で、3 年よりあとのアジェンダ設定が難しい時期においても、行 4 (2018 年)、行 6 (2018 年)、行 7 (2019 年)、行 8 (2020 年)、行 9 (2016 年)、行 10 (2021 年) と 5 つの法制定が実現している。

(2) 応急期の法制定に対する各主体の関心分析

応急期の法制定について、表 1-1 の基準に基づいて、関係する各主体ごとの法制定に対する関心を、具体的な応急期の法制定の内容から機械的に当てはめた結果が、表 2-8 の列 B から列 G である。

以下具体的に述べる。

所管省庁の関心というのは、法制定を提案した省庁の関心のことであり、表 1-1 で示したとおり、組織存続が基本的な選考＝目標であり、権限拡大、予算拡大につながるものに大きな関心をもつ傾向にある。具体的には、法制定を提案した省庁としては、表 1-1 の基準で述べたとおり、臨時的なものは一時的な権限拡張であることから、実現に向けての関心はあるものの小さい関心を持つ

2 超法規的通知と法制定の実態分析

表 2-8 応急期の法制定についての S 評価手法による評価結果

		A	B	C	D	E	F	G	H	I	J	k	L
		アジェンダ設定	決定者			対象者（臨時的措置は被災地、恒久化対応は全国）			関心の強さ（記号の数）		決定者・対象者の関心の分類	成立・未成立	S評価手法の説明能力
			中央省庁		国会	地方公共団体	利益団体（業界団体）	住民（国民）	決定者	対象者			
			所管省庁	財務省									
1	災害弔慰金改正（支払い対象に兄弟姉妹追加）	□	○○	－	－	○○	－	○○	2	4	II	○	○
2	被災者生活再建支援金等改正（差し押さえ禁止）	□	○○	－	－	○○	－	○○	2	4	II	○	○
3	災害援護資金の金利引き下げ（東日本大震災のみ）	□	○	×	－	○○	－	○○	2	4	II	○	○
4	災害援護資金の金利を条例委任	△	○○	×	－	○○	－	○○	3	4	I	○	×↑
5	災害救助法改正（国の立替弁済）	□	○○	－	－	○○	－	－	2	2	IV	○	○
6	災害救助法改正（救助実施市）	△	○○	－	－	○○	－	－	2	2	IV	○	○
7	災害弔慰金改正（市町村の保証債務放棄）	△	○○	×	－	○○	－	－	3	0	III	○	○
8	被災者生活再建支援金改正（中規模半壊を対象）	△	○○	××	○○	○○	－	○○	6	4	I	○	×↑
9	漁船損害等保険改正	△	○○	－	－	○○	－	－	2	0	IV	○	○
10	自然災害義援金差し押さえ禁止	△	○○	－	－	○○	－	○○	2	4	II	○	○

（備考）列Aのうち、□は東日本大震災の発災後3年以内で提案されたこと、△は3年よりのちに提案されたこと。列Lの×↓は、S評価手法では実現すると推定されたのに対して、実際は実現しなかったことを意味している。濃いグレーのセルは拒否権プレーヤーを意味している。

（「○」で表示している）のに対して、恒久的な法制定は継続的な権限拡張となることから、実現に向けて大きな関心（「○○」で表示している）を持つ。

表2-8の項目についてこの基準を具体的に当てはめると、行3の災害援護資金の金利の引き下げのみが東日本大震災に特化した法制定であるので、所管省庁の関心は小さい（表2-8の列Bで「○」と記載している）。これに対して、残りの行1、行2、行4から行10の9項目の法制定は、いずれの恒久的な法制定であることから関心省庁の関心は大きい（表2-8の列Bで「○○」と記載している）ということになる。

財務省は、表1-1の基準でも述べたとおり、財政規律を維持するという基本的な選好を持っており、財政支出の増加につながるかどうかが、関心を持つかどうかの分かれ目である。行1の災害弔慰金の支払い対象の追加は支払い先が増えるだけで支払う額は変わらないこと、行2の被災者生活再建支援金等の差し押さえ禁止は支払ったお金を第三者が差し押さえることを禁止するものであって、国の支払額は変わらないこと、行5の災害救助の費用の立て替え払いも、最終的には被害を受けた被災都道府県が負担するもので国の支出はかわらないこと、行6の災害救助法の主体に市を追加することも国の補助を受ける主体が都道府県に加えて政令指定都市も対象になるだけである。よって、行1、2、5、6は財務省は関心を持たない（表2-8の列Cでは「－」と記載している）。

一方で、行3の災害援護資金の金利引き下げと行4の災害援護資金の金利条例委任は、金利が下がれば本来得られるべき利子の減少という意味で財政負担は増大する。しかし、融資に係るもので、補助金、交付金などに比べると実質的な財政負担規模が小さいので、実現を阻止する方向ではあるものの小さな関心しか持たない。行7の市町村の債務放棄は国の回収できる資金の減少にはつながるものの実態として回収不能に陥っている貸付の放棄であって追加的な財政支出ではないことから、いずれも関心のレベルがさがって、実現を阻止する方向での小さな関心を持つ（表2-8の列Cでは、いずれも「×」と記載している）。

これに対して、行8の被災者生活再建支援金の支給対象に中規模半壊を追加することは、将来発生する大災害の際に当該支援金を支給する対象家屋の増加し自動的にに対する財政支出増になることから、財務省は、財政支出増につながる内容だとして、実現を阻止する方向で、大きい関心を持つことになる。（表2-8の列Cでは「××」と記載している）。また、財務省は予算編成権を通じて同意しないかぎり、財政支出増につながる法案の閣議決定を拒むことができ

2 超法規的通知と法制定の実態分析

るので、この場合には財務省は、いわゆる「拒否権プレーヤー」になる（表2-8で濃いグレーの色をつけている）。

次に国会について述べる。国会は、次の選挙での当選が最大の目標なので、お金を配る法制定には実現方向で強い関心を持つ。表2-8の各項目のうち、行8の被災者生活再建支援金の対象拡大のみが、地元にお金を配る法制定となっているので、この項目のみ、実現する方向で大きい関心をもつ。（表2-8では列Dで「○○」と記載している）。

法制定の対象者のうち、まず、住民（国民）は、受益を最大化するという基本的な選好のもと、表1-1に示したとおり、原則として、自らにメリットがあるものには、弱いながらも関心をもち（「○」と表示している）、その中でも、特に被災者にお金を配分する又は負担が軽減する場合には、大きな関心（「○○」と表示している）を持つ。

具体的に表2-8の項目に当てはめると、行1の災害弔慰金の支払い対象を拡大することは、住民からみると支払いをうける対象が広がると言う意味で、被災者のお金の配分につながり、成立に向けての大きな関心をもつ（「○○」と表示している）。同様に、行2の被災者生活再建支援金の差押禁止、行3の災害援護資金の金利引き下げ、行4の災害援護資金の金利条例委任について、行10の自然災害義援金の差し押さえ禁止も、被災者にとっての負担軽減となることから、成立に向けての大きな関心を持つ（「○○」と表示している）。また、行8の被災者生活再建支援金の対象に中規模半壊を追加する内容についても、住民への支払いを増やすという観点から、大きな関心をもつと整理できる。

これに対して、行5の災害救助法改正による国の立て替え払い、行6の災害救助法の実施主体に政令市を追加、行7の災害弔慰金の市町村保証債務放棄に関しては、直接住民の負担などに関係ないことから、関心を持たない（「－」と表示している）という整理になる。

法制定の対象者のうち、地方公共団体については、次の選挙での当選が基本的目標なので、表1-1で示したとおり、原則として住民の関心に連動する。

具体的には、住民が成立に向けて大きな関心を持つ、即ち、被災者である住民にとってお金の支払い又は負担の軽減に関係あるということで、行1の災害弔慰金の対象拡大、行2の被災者生活再建支援金の差し押さえ禁止、行3の災害援護資金の金利引き下げ、行4の災害援護資金の金利条例委任、行5の被災者生活再建支援金の対象を追加、行10の自然災害義援金差し押さえ禁止につ

いて、地方公共団体は成立に向けての強い関心を持つ（「〇〇」と表示している）。

さらに、住民は関心がなかった行5の災害救助法での国の立替払いや、行6の災害救助法の実施主体に政令市を追加する項目についても、地方公共団体の財政負担の軽減や権限拡大につながることから、成立に向けて大きな関心をもつと整理できる（「〇〇」と表示している）。

これに対して、法制定の対象者のうち、利益団体（業界団体）については、表2-8で掲げた項目については、いずれも特定の業界の利益になる、あるいは不利になる要素は存在しないので、すべての項目について無関心となる（「－」と表示している。)

なお、行9の漁船保険により広域的な保険を創設するもので、直接に対象者である地方公共団体、住民などに影響はないため、住民、地方公共団体とも無関心である（「－」と表示している）。

(3) 応急期における法制定項目の総合評価と実態との食い違い分析

決定者・対象者ごとの関心について、表2-6の基準に従って分類した結果が列Jである。

それぞれの法制定についての決定者、対象者の関心の程度は、(2)に述べたとおりで、これが列Bから列Dと、列Eから列Gに記載されている。それぞれの記号の数（○と×）を示したものが列Hと列Iになる。例えば、行1の災害弔慰金改正による支払い対象に兄弟姉妹を追加した項目についてみると、法制定を決定者する者の関心の数は所管省庁の〇〇だけなので、2になる。これが行1の列Hに記載されている。これに対して、法改正に影響を受ける対象者の関心は、地方公共団体の「〇〇」と、住民（国民）の「〇〇」なので記号の数は合計で4となる。このため、行1列Iの欄に4と記載されている。

これと同じカウントの仕方を行2の被災者生活再建支援金等の改正（差押禁止）から、行10の自然災害義援金差し押さえ禁止まで当てはめた結果が、列Hの決定者、列Iの対象者のそれぞれの関心の強さとなっている。

次に、2-2-3(3)で述べたとおり、決定者と対象者の双方が関心が大きいと様々な利害調整に時間がかかり実現がしにくくなることが想定されることから、表2-6の決定者と対象者の双方とも関心が大きいか、それとも一方、もしくは双方が関心が小さいか、の区分によって、理論的な実現可能性の程度が推

測できる。

　表2-6における決定者と対象者の関心の大小による区分を当てはめたものが列Jである。

　例えば、行1の災害弔慰金改正による支払い対象に兄弟姉妹を追加した項目についてみると、決定者の関心が2で対象者の関心が4なので、表2-6の基準では決定者が○又は×が3未満で、対象者が○又は×が3以上なので、Ⅱの象限になる。この結果が、行1列JにⅡと記載されている。同じ基準で、決定者と対象者の関心の大小の分類について、行2の被災者生活再建支援金等の改正（差押禁止）から、行10の自然災害義援金差し押さえ禁止まで当てはめた結果が、行2から行行10の列Jの記載となっている。この結果から、決定者、対象者とも関心が大きく、本来は実現可能性が低い分類であるⅠに整理された項目として、行4の災害援護資金の金利を条例委任する法改正と、行8の被災者生活再建支援金の対象を中規模半壊まで拡大した法改正があることが注意を要する。

　ここで一旦、S評価手法による推定を離れて実際の法制定の実績を整理すると、列Kのとおりとなる。

　表2-5の緊急事態期での超法規的通知とその後の法制定では、超法規的通知がでたものの法制定が未成立な項目が存在したが、表2-8は、応急期に対応して法制定がされた項目を抽出しているので、当然のことながら法制定はすべて実現しており、列Kでは成立を意味する「○」が行1から行10の列Kのすべての欄に記載されている。

　ここから、ようやく、応急期の法制定に関して、S評価手法による推定と実際の法制定の比較が可能になる。

　その結果、列Lに記載されている。例えば、行1の災害弔慰金改正で支払い対象を兄弟姉妹に追加した法制定については、列Jの推定結果がⅡで、実現が容易なグループに整理され、結果としても列Kに示すとおり、成立しているので、S評価手法と実態が合致している。この結果を行1列Lで「○」という記号で示している。

　行2、行3、行10はいずれも行1の災害弔慰金改正で支払い対象を兄弟姉妹に追加した法改正と列Jの分類が同じⅡであることから、列Lの評価も同じ「○」となっている。

　さらに、行5の災害救助法改正で国の立替弁済を可能とした法制定、行6の

災害救助法改正で救助実施主体に政令指定都市と追加した法制定、行9の漁船損害等保険のための法制定は、それぞれの行の列Hと列Iをみれば明らかなとおり、決定者側、対象者側双方にとって関心が小さいことから、Ⅳの分類に整理される。これも、成立可能性が高い分類であるとともに、実際にも法制定が実現しているので、それぞれの行の列Lにおいて、「〇」が記載されている。

行7の災害弔慰金改正で市町村の保証債務放棄を可能とする改正は、決定者の関心は大きいものの、対象者側の関心が小さいことから、列Jに示すとおり、Ⅲの分類となる。この分類でも、法制定は実現しやすいと推定され、実際にも実現しているので、行7列Lの欄では「〇」が記載されている。

以上のような列Jの分類と現実の法制定が合致した場合と異なり、行4の災害援護資金の金利を条例委任と、行8の被災者生活再建支援金の改正によって中規模半壊を対象にする法制定については、列Jに示すとおり、決定者、対象者とも関心が大きく、実現可能性が低いと推定される。さらに、行8の被災者生活再建支援金改正では財務省が拒否権プレーヤーとなっている。これにもかかわらず、行4、行8とも法制定が実現している。これは、要はS評価手法の推定結果では実現が困難と推定されたにもかかわらず、現実には法制定が実現したという意味で、行4列L、行8列Lには、「〇↑」という記号が記載されている。

(4) S評価手法の推定結果と実績が異なった事項の特殊事情
① アジェンダ設定に関する特殊事情

アジェンダ設定の観点からは、行4の災害援護資金の金利を条例委任する法制定、行6の災害救助法改正で災害救助主体に政令指定都市を追加した法制定、行7の災害弔慰金改正で市町村の保証債務放棄のための法制定、行8の被災者生活再建支援金の対象に中規模半壊を追加する法制定、行10の自然災害義援金の差し押さえ禁止の法改正の5項目が、アジェンダ設定が比較的容易といわれる、災害発生後3年の期間ののちに法制定に繋がっていることから、成立に向けて特殊事情が存在した可能性が高い。

具体的には、行4の災害援護資金の金利条例委任は、地方分権に伴う法改正の一部であり、地方分権改革の枠組みに入れ込むことで、アジェンダ設定が可能となった可能性が高い。

行6の災害救助主体への政令指定都市追加の法制定は、具体的には3-2-3(1)

①で述べるとおり、仙台市長による積極的な要望活動によって実現したという特殊事情がある。

行8の被災者生活再建支援金の対象に中規模半壊を追加したにした改正は、次の②で記述しているとおり、全国知事会が持続的に提言活動を行っていたことによって、政策アジェンダにのった可能性が高い。

なお、行7の市町村の保証債務免除についての災害弔慰金改正と行10の自然災害義援金差し押さえ禁止については、国会会議録、地方議会議事録などの公開された情報によっては、特段の特殊事情を確認できない。

② 各アクターの関心の推定に関する特殊事情

行4の災害援護資金の条例委任、行8の被災者生活再建支援金の対象に中規模半壊を追加する法制定については、(3)に述べたとおり、決定者、対象者の関心の大小からの分類結果によればⅠの分類という実現可能性が低いと評価されたにもかかわらず、実際には法制定が実現している。これについて、個別の事項ごとに、成立を助けた可能性のある特殊事情について述べる。

行4の災害援護資金の金利を条例委任とする事項については、2018年という東日本大震災から7年後という時期であったものの、地方分権の枠組に入れ込んで法制定が実現している。これは、地方分権というテーマによって、決定者、対象者などの各主体間の調整が容易になったと推測される。

行8の被災者生活再建支援金を改正して中規模半壊を対象にした改正は、将来にわたる財政支出の増加につながり、財務省がいわゆる「拒否権プレーヤー」であるとともに、決定者、対象者とも関心が大きく調整に時間がかかるものである。

しかし、2018年に全国知事会が被災者生活再建支援金に関する改善提言をとりまとめ、総理懇談会で全国知事会から総理に提案するなど、地方レベルでの継続的な活動を行った結果、アジェンダ設定が可能となり、中央省庁、国会、地方公共団体間の調整が進んだというのが、推定にかかわらず法制定が実現した特殊事情と想定される。

2-4 復旧・復興期

2-4-1 復旧・復興期に実施された法制定等

(1) 復旧・復興期に実施された法制定

　復旧・復興期は、応急期よりも一層、法律を制定する時間的余裕があることから、緊急的かつ例外的な超法規的通知ではなく、正式の手続きに基づく法制定の対応が実施された。

　関係省庁における復旧・復興期の法制定について、関係省庁 HP 及び博士論文参考資料 I に示した国会議事録から、関係省庁に関する法制定で整理したものの議事を分析から把握した結果は、表 2-9 のとおりである。

　表 2-9 の列 A は、東日本大震災の際に東日本大震災の復興のために特化して整備された法制定を列記している。これに対して、列 B では、東日本大震災の後に、将来の大規模な自然災害に対して適用できる、恒久的な対応として法制定が実施された事項を列記している。

　例えば、行 1 の列 A に記載されている「2011 年：復興基本法（復興の基本理念、復興対策本部の設置等）」は、2011 年という東日本大震災が発生した直後に法制定が実施されたことを意味している。これに対応した行 1 列 B には、「2013 年：大規模災害復興法」が記載されている。これは、行 1 列 A に記載されてている復興の基本方針、復興対策本部等の規定が、2013 年の大規模災害復興法という将来の大規模な自然災害の復興のための法律において、恒久的な措置として、位置付けられているということを意味している。

　同様に、行 2 の復興庁設置法については、東日本大震災の発生の翌年に成立したものの、列 B で「未」と記載されている。これは、復興庁に相当するような恒久的な復興に関する国の行政組織に関する法律は制定されていないということを意味している。

　行 3 から行 36 までの項目は、行 2 と行 3 の間の列 A に記載されているとおり、2012 年に法制定がされた復興特区法に規定された事項である。

　このうち、行 3 から行 19 の項目は、復興推進計画という規制緩和、税制等の措置を定める「復興推進計画」として位置付けられ、行 20 から行 25 は、事業手法の特例措置を定める「復興整備計画」として位置付けられ、行 36 の事項は、復興交付金という国の特別の交付金を被災地に配るための「復興交付金

計画」として位置付けられている。

「復興推進計画」で位置付けられた事項については、列Bの行3から行19に示すとおり、行4の漁業権の特例事項を除き、「未」と記載されており、将来の大災害に備えた恒久化対応は講じられていない。

これに対して、「復興整備計画」に位置付けられた事項（列Bの行20から行35参照）については、対照的に、行33の復興事業に伴う環境影響評価手続の特例以外は、大規模災害復興法において恒久化対応が措置されている。

なお、行36の復興交付金計画は、列B行36に示すとおり、恒久的な対応は取られていない。

東日本大震災からの復興のために講じた法制定については、これまで述べた法制定（復興基本法、復興庁設置法及び復興特区法）以外にも個別の法律によって6つの法制定が実施されている。

具体的には以下のとおりである。

行37の復興特区法改正は、列Aの記載のとおり、2014年に用地取得の円滑化のために議員立法で実現したものであり、さらに、列Bの記載のとおり、大規模災害復興法改正という恒久的な対応も実現している。

行38列Aの津波防災地域づくり法は、本来は将来の災害に備えた予防法の位置付けだが、そのなかに、東日本大震災の津波被災地での事業を前提としている「一団地の津波防災拠点市街地形成施設」が創設されている。これは、形式的には恒久的な法律であるものの実態としては、東日本大震災に特化した対応を想定していたことから、行38列Aに、この法制定を記載している。これに対応した行38列Bの恒久的対応としては、大規模災害復興法が記載されている。これは、津波被災地だけではく一般的な自然災害の被災地を前提にして、「一団地の復興拠点市街地形成施設」が創設されたことを意味している。

行40列Aは、道路、港湾、海岸保全施設などの東日本大震災で被害を受けた公共施設の復旧工事について、国などが代行できるための規定を創設したものである。この規定は列Bの記載のとおり、2013年の大規模災害復興法において、将来の自然災害に対応するために恒久的な対応措置が講じられている。

行41列Aの事項は、東日本大震災の津波被災地において、一定期間住宅建築を制限する法律であるが、行41列Bにおいて「未」と記載されているとおり、恒久化対応の措置は講じられていない。

行42列Aは2011年に土地改良法の特例措置（除塩事業等の創設）が東日本

表2-9 東日本大震災の復旧・復興期に対応した法制定とその後の恒久化対応

		A 臨時的措置	B 恒久化対応
1		2011年：復興基本法（復興の基本理念、復興対策本部の設置等）	2013年：大規模災害復興法
2		2012年：復興庁設置法（復興庁の設置等）	未
		2012年：復興特区法	
3	復興推進計画	地方公共団体による復興に必要な新たな規制の特例措置の意見提出	未
4		漁業権の免許の優先順位の特例	2018年：漁業法改正
5		用途地域に基づく建築規制の緩和	未
6		応急仮設建築物として建設された店舗・工場、社会福祉施設、校舎等の存続期間の延長	未
7		一般バスの路線の新設等に係る認可等の簡素化	未
8		公営住宅の入居資格要件の特例期間の延長、譲渡処分要件の緩和	未
9		農林水産業の復興に必要な施設整備事業に係る優良農地の転用許可等	未
10		工場立地法で定める準則による緑地等規制の緩和	未
11		小水力発電に係る水利権の許可手続の簡素化・迅速化	未
12		鉄道ルートの変更に係る手続の簡素化	未
13		確定拠出年金制度からの中途脱退の要件を緩和	未
14		政省令に規定する規制についての地方公共団体の申請による特例措置	未
15		新規立地新設企業を5年間無税とする特例措置等	未
16		被災者向け優良賃貸住宅の取得価額の特別償却又は税額控除	未
17		事業税、不動産取得税又は固定資産税の課税免除又は不均一課税による減収への補填	未
18		事業実施者による指定金融機関からの資金借入れに対する利子補給	未
19		補助金等により取得した財産の目的外使用等に係る承認の簡素化	未
20	復興整備計画	復興整備計画の公表による土地利用基本計画の変更等	2013年：大規模災害復興法
21		復興整備計画の公表による開発行為等の許可等	2013年：大規模災害復興法
22		市街化調整区域における地方公共団体による土地区画整理事業の実施	2013年：大規模災害復興法
23		県の発意でできる土地改良事業の範囲を拡充	2013年：大規模災害復興法
24		集団移転促進事業における住宅団地の用地取得・造成費の補助対象拡充（公益的移設等）など	2013年：大規模災害復興法
25		住宅地区改良事業のワンストップ化、建築物でなくなった住宅の不良住宅みなし	2013年：大規模災害復興法
26		復興整備計画への漁港漁場整備事業計画の記載	2013年：大規模災害復興法
27		国による地籍調査の代行等	2013年：大規模災害復興法
28		復興一体事業	2013年：大規模災害復興法
29		復興整備事業の実施区域における建築行為や開発行為の事前届出等	2013年：大規模災害復興法
30		復興整備事業の実施の準備又は実施のための他人の占有する土地への立入り等	2013年：大規模災害復興法
31		立入り等に必要な障害物の伐除等	2013年：大規模災害復興法
32		市町村長による関係行政機関の長等に対する資料の提出その他必要な協力要請	2013年：大規模災害復興法
33		復興整備事業に係る環境影響評価手続の迅速化	未
34		復興整備事業の実施主体による筆界特定の申請の特例	2013年：大規模災害復興法
35		建築物の敷地の整備又は宅地の造成等都市再生機構の業務特例	2013年：大規模災害復興法
36	復興交付金計画	復興交付金事業計画に基づく復興交付金の交付	未
37		2014年：復興特区法改正（5戸以上の住宅団地を収用対象、事業認定審査期間等を2ヶ月短縮等）	2014年：大規模災害復興法改正
38		2012年：津波防災地域づくりに関する法律（一団地の津波防災拠点市街地形成施設）	2013年：大規模災害復興法

39	2011年：東日本大震災により生じた災害廃棄物の処理に関する特別措置法（災害廃棄物の処理の代行）	2015年：災対法改正
40	2011年：東日本大震災による被害を受けた公共土木施設の災害復旧事業等に係る工事の国等による代行に関する法律（漁港、砂防施設、港湾、道路、海岸保全施設、地滑り防止工事、下水道、河川、急傾斜地に関する工事）	2013年：大規模災害復興法
41	2011年：建築制限特例法	未
42	2011年：東日本大震災に処するための土地改良法の特例に関する法律・除塩事業の創設、国庫負担率のかさ上げ）	2017年：土地改良法改正
43		2013年：大規模災害復興法（都市計画代行）
44		2013年：大規模な災害の被災地における借地借家に関する特別措置法（被災地短期借地権の創設）
45		2013年：被災区分所有建物の再建等に関する特別措置法改正（滅失売却制度の創設）

（備考）行を横に見て、同じ行の列Aの内容を恒久化したものの対応が列Bに記載されている。

大震災で講じられたが、これは列Bのとおり、2017年に恒久化のための土地改良法改正が実施されている。

　行43から行45は東日本大震災ののち、例外的に東日本大震災に特化した制度を創設せずに（列Aが斜線になっている）、最初から、恒久的な対応としての法改正が実施されたものである。行43列Bは都市計画決定の国等による代行措置、行44列Bは、被災地における借地権の特例、行45列Bは被災地における被災マンションの取壊し・売却のための特例を追加する特例措置である。

(2) 復旧・復興期の法制定が東日本大震災特化の内容になった背景

　阪神・淡路大震災の際には、復旧・復興期の対応として、被災市街地復興特別措置法という恒久的な法律が制定されたのに対して、東日本大震災の復旧・復興期の対応としては、復興特区法など表2-9のとおり、大部分が、東日本大震災に特化した臨時的な措置として法律が制定されている。

　その例外として、東日本大震災の後の津波に強い地域づくりを目指した行38の「津波防災地域づくりに関する法律」のなかに、行36の復興交付金事業の1つに予算上は位置付けられた「一団地の津波防災拠点市街地形成施設」がある。この例外的な取扱を行った当時の国土交通省都市局都市計画課企画官の説明によれば、都市計画法の都市施設の1つであり、復興特区法という東日本大震災に特化した法律に位置付けるのでは恒常的な制度発展につながらないと考え、将来に向けた恒久法である「津波防災地域づくりに関する法律」に規定したとのことである。

原則として、復旧・復興期の法制定が東日本大震災特化の法律となった背景として、実際に復興特区法制定の過程で、関係する省庁調整を行った当時の国土交通省都市局都市計画課長にヒアリングした結果、東日本大震災に特化した法律となった理由として以下の3点が確認できている。

① 阪神・淡路大震災の際には、復旧・復興事業に関係する部局が当時の建設省都市局、住宅局に事実上限定されていたのに対して、東日本大震災の際には、国土交通省以外に、農林水産省など多くの省庁に関係したこと。その結果、恒久化対応までの法案調整には時間がかかることから、臨時的措置に限定して早期に法案をまとめようとしたこと。

② 阪神・淡路大震災の際には、復旧・復興事業に対して国の補助率引き上げなど特別の財政支援措置が課題とならなかったこと。しかし、東日本大震災では被災した市町村の財政基盤が弱かったことから、最初から特別な財政措置と一体的に復旧・復興事業が議論されていたこと。その際には、「将来の発生する大災害に対応した財政措置は、その時点での財政事情を踏まえて、将来の時点での国会で判断すべき」との財務省の考え方が適切と考えたため、特別な財政措置と一体的になった復旧・復興期の特例は東日本大震災に特化した対応にならざるを得なかったこと。

③ 阪神・淡路大震災の際には、政権側から特段の強い圧力がなかったおと。これに対して、東日本大震災の際には、当時の与党である民主党だけでなく野党だった自由民主党、公明党からも、東日本大震災に対して従来の対応とは異なる「特別の対応」をとるべきとの政治的な圧力があり、結果として、その特別な対応を明確にするためには、東日本大震災に特化した法律にならざるを得なかったこと。

以上のヒアリング結果は、関係する省庁など調整事項が多い場合には、対象や時期などを限定した法制定を行ったという点で、表1-1の各主体の法制定等に対する選好、2-2-3(2)で述べたS評価手法の設定の考え方と整合的である。

また、財務省が将来に対する財政支出に対して抑制的な対応をしたことも、2-2-3(2)に記載したの財務省の選好と整合している。

さらに、③の国会で関心が強い場合には調整が難航し、対象・時期などを限定して法制定が図られた点は、2-2-3(2)のS評価手法の設定基準と整合的である。

(3) 復旧・復興期の通知の状況

　復旧・復興期における通知については、応急期よりも、一層、法制定の時間的余裕があったことから超法規的通知の発出は理論的には想定しにくい。

　実際に関係省庁のHPなどから確認すると、復旧・復興期の最初の対応である応急仮設住宅については、内閣府防災担当が所管する災害救助法に規律されている。これは、応急期で述べたとおり、厚生労働省から通知が多数発出され、厚生労働省のHPで公開されている。これらの通知は、災害救助法が法律自体に補助対象要件を一切明記していないことなどを理由として、すべて災害救助法に適合して、その運用内容を示すものであることから、法律に反する内容を含む超法規的通知には該当しない。

　次に、復旧・復興期の事業を所管する主要省庁である関係省庁である国土交通省及び農林水産省のホームページから、東日本大震災における復旧・復興期の通知を確認すると、表2-10、表2-11のとおりである。

　表2-10、表2-11に共通して、列Aには「法・予算など制度の解釈を説明するもの」に分類される通知を列記し、列Bには「事業の進捗状況や実績を説明するものに関する通知」を列記している。いずれも、法令に基づく解釈や運用実態を示すものであって、超法規的通知には該当しない。

　なお、表2-10、表2-11とも、同じ行の列Aと列Bの項目は内容が具体的に関係しているわけではない。例えば、表2-10の行6では、列Aは「津波被災市街地における土地区画整理事業の早期工事着工等に向けた方策について」（2013年3月11日）の通知が記載され、列Bでは「被災市街地復興土地区画整理事業の工夫と適用事例」（2014年3月）の通知が記載されているが、土地区画整理事業という大きな括りのなかでは共通するものの、この2つの通知が相互に関係していることを示しているものではない。

　表2-10のとおり、国土交通省の復旧・復興期の事業である土地区画整理事業、津波復興拠点整備事業、防災集団移転促進事業、住宅建築、道路、海岸といった事業ごとにその法律や予算などの制度の解釈を説明する通知が列Aのとおり、一定数、出ており、同時にその進捗状況を説明する通知も列Bに記載のとおり発出されている。

　農林水産省関係でも、表2-11のとおり、復興特区法関係、水産、農業農村関係、林野関係で法律・予算などの制度の解釈を説明する通知が列Aのとおり発出され、列Bに記載のとおり、事業の進捗状況などを説明する通知が発

出されている。

　注意を要するものとして、表 2-10 の行 7 列 A（グレーの塗りつぶし）の通知「津波被災市街地における土地区画整理事業によるかさ上げ等の工事の早期着手に向けた仮換地指定に係る特例的取扱いについて」（国土交通省都市局市街地整備課長通知、2014 年 1 月 30 日、以下「二段階仮換地指定通知」という）がある。
　この通知は、土地区画整理事業の実施にあたって、土地所有者の同意なしに、事業実施まえの敷地境界を前提にして一旦仮換地指定を行って、工事を行い、さらに、事後に二度目の仮換地指定を行うことを認めたものである。土地区画整理法に明確に反するものではないものの、平時では想定できない法律の運用を認める通知となっており、その他の通知が純粋に法律の範囲内で運用などを説明しているのに止まっているのに対して、やや法解釈としては踏み込んだ内容を通知している。この点については、5-6-2 で分析を行う。

2-4-2　その後の恒久化対応としての法制定

(1) 復旧・復興期での法制定等の恒久化対応状況

　表 2-9 の右の列 B に記載があるものが、列 A に記載されている東日本大震災時に東日本大震災に特化した臨時的措置として法制定が行われた項目について、その後、将来の大規模な自然災害に対応できる恒久化対応をしたものである。なお、既に述べたとおり、超法規的通知は復旧・復興期に対応したものとしては、臨時的措置として確認していないことから、当然、これに対応した恒久化対応も確認できない。
　表 2-9 の列 B で示すとおり、東日本大震災の際の臨時的措置を恒久化するにあたっては、2013 年制定の大規模災害復興法によって対応した項目が多い（表 2-9 においては、行 1、行 4、行 20 から行 32、行 34、行 35、行 37、行 38、行 40、行 43 が該当する）。
　この大規模災害復興法で恒久化した内容は、行 1 で示す理念や対策本部などの阻止のほか、復興特区法の復興整備計画で措置された項目の恒久化対応が大部分となっている。
　行 43 列 B の大規模災害復興法に基づく都市計画代行制度は、災害復旧事業などと同様に、大災害で市町村の組織体制が損傷した場合には都道府県が、都道府県の組織体制が損傷した場合には国土交通大臣が都道府県の都市計画決定

2 超法規的通知と法制定の実態分析

表2-10 国土交通省の復旧・復興期の通知対応

		A 法・予算など制度の解釈を説明するもの	B 事業の進捗状況や実績を説明するもの
1	市街地整備全般	「東日本大震災の被災地における市街地整備事業の運用について（ガイダンス）」(2012年1月)	確認できず
2		「東日本大震災の被災地における水産基盤整備とまちづくり事業との連携について」(2012年4月2日)	
3		「東日本大震災の被災地における復興まちづくりの進め方（合意形成ガイダンス）」(2012年6月)	
4		「住宅再建・まちづくりの復興事業に係る所有者不明等の場合の用地取得の迅速化及び入札手続きの早期化について」(2013年4月4日)	
5		「復興まちづくり事業による宅地造成に係る情報提供及び相談対応について」(2014年9月11日)	
6	土地区画整理事業	「津波被災市街地における土地区画整理事業の早期工事着手等に向けた方策について」(2013年3月11日)	「被災市街地復興土地区画整理事業の工夫と適用事例」(2014年3月)
7		「津波被災市街地における土地区画整理事業によるかさ上げ等の工事の早期着手に向けた仮換地指定に係る特例的取扱いについて」(2014年1月30日)	
8	津波復興拠点整備事業	「津波被災市街地における津波復興拠点整備事業の早期工事着手等に向けた方策について」(2014年1月16日)	確認できず
9	防災集団移転促進事業	「集団移転促進事業計画作成マニュアル」(2012年5月)	「東日本大震災被災地における防災集団移転促進事業の市町村別実施状況一覧」(2019年12月末現在)
10		「防災集団移転促進事業における先行的な額の確定等について」(2014年6月30日)	
11		「防災集団移転促進事業により造成した住宅団地においてやむを得ず生じた空き区画の処分等について」(2014年6月30日)	
12		「東日本大震災の被災地において防災集団移転促進事業により取得した移転促進区域内の土地の使用及び貸付けについて」(2014年3月6日)	
13		「集団移転促進事業計画の軽微な変更の運用について」(2013年9月26日)	
14		「集団移転促進事業計画の軽微な変更の取り扱いについて」(2013年3月27日)	
15		「東日本大震災の被災地における市街地整備事業の運用について（ガイダンス）の一部改正について」(2013年9月26日)	
16	住宅・建築	「東日本大震災を罹災都市借地借家臨時処理法が適用される災害に政令指定しないことについて」(2011年9月30日)	「応急仮設住宅の発注計画について」(2011年4月19日)
17		「激甚災害に対処するための特別の財政援助等に関する法律施行令第41条第2項の規定に基づく告示について」(2017年3月31日)	「応急仮設住宅着工・完成状況」(2013年4月1日)
18		「東日本大震災に係る被災市街地復興特別措置法第21条に規定する住宅被災市町村について」(発出日不明)	「応急仮設住宅の完成見通し（市町村別）について」(2013年6月14日)
19			「被災者向け公営住宅等情報センターの設置について」(2011年3月18日)
20			「公営住宅、UR賃貸住宅の受入可能総数と入居決定の状況」(2012年9月3日)
21			「応急危険度判定実施状況」(2011年8月10日)
22			「被災住宅補修のための無料診断・相談制度について」(201年3月30日)
23			「被災者に対する住宅の補修・再建相談 現地相談窓口の追加について（郡山・水戸）」(2011年4月7日)

47

24	道路	確認できず	「復興道路・復興支援道路の開通見通しが「約9割」確定」(2016年10月28日)
25	海岸	「東日本大震災を踏まえた津波防災対策の基本的な考え方」(公表日時不明)	「地域の状況に応じた海岸堤防の高さ等の見直し」(2020年6月)
26			「復旧・復興事業の進捗状況」(2020年6月)
27			「岩手県・宮城県・福島県の海岸堤防の高さ」(2020年3月)

表 2-11　農林水産省の復旧・復興期の通知対応

		A	B
		法・予算など制度の解釈を説明するもの	事業の進捗状況や実績を説明するもの
1	復興特区法特例	食料供給等施設の整備に係る特例(農地法及び森林法の特例)(発出日不明)	確認できず
2		「東日本大震災復興特別区域法に基づく食料供給等施設整備事業の実施に関するガイドライン」(2012年1月27日)	
3		「漁業権の免許の優先順位の特例(漁業法の特例)」(発出日不明)	
4	水産	「災害に強い漁業地域づくりガイドライン」(2012年3月)	確認できず
5		「漁港の津波避難に関するガイドライン(津波避難誘導デッキの計画・設計)【暫定版】」(2014年6月)	
6		「平成23年東日本大震災を踏まえた漁港施設の地震・津波対策の基本的な考え方」(2013年8月30日)	
7		「東日本大震災の被災地における水産基盤整備とまちづくり事業との連携について」(2012年4月2日)	
8	農業・農村	「農業・農村の復興マスタープラン」(2011年8月)	「過去の復興事例等の分析による東日本大震災への示唆〜農漁業の再編と集落コミュニティの再生に向けて〜」の公表について」(2011年11月4日)
9		「津波被災地における民間復興活動の円滑な誘導・促進のための土地利用調整のガイドライン」(2011年7月22日)	「東日本大震災の被災自治体への技術者派遣について」(2020年3月31日)
10		「移転して営農することを希望する被災農家等の支援施策について」(2011年10月21日)	
11		「学校の復興とまちづくり(3省連携による復興支援)」(2011年12月6日)	
12	林野	確認できず	「東日本大震災について〜「『みどりのきずな』再生プロジェクト」における民間団体との連携について〜」(2012年5月28日)

　を代行するという規定であり、これは、例外的に、臨時的措置を経ずに、直接恒久的な対応が法制定されている。なお、この都市計画代行制度は、主に対象となる都市計画としては、被災後に乱雑に建築物が建築することを抑制するための被災市街地復興推進地域や、先行的に復興拠点を整備する一団地の復興拠点拠点市街地形成施設などを想定している。

　大規模災害復興法以外の形式で、恒久化対応が行われた項目としては、農林

水産省に関するものとして表2-9の行4の漁業法関係、行42の土地改良法関係の2項目がある。
　さらに臨時的な臨時的措置を経ずに直接、恒久化対応を行ったものとして法務省関係の行44の被災地短期借地権関係と、行45の被災マンションの特別措置に関するものがある。

(2) 復旧・復興期における法制定等の恒久化対応の背景
　(1)で整理したとおり、復旧・復興期における法制定事項の恒久化対応としては、基本的に、復興特区法の復興整備計画事項に限って恒久化対応がされるなど、特徴的な状況となっている。この背景について把握したできた点は以下のとおりである。
　2013年に制定された大規模災害復興法は、2012年に内閣府防災担当政策統括官の下に設置された災害対策法制企画室において、立案作業が行われた。筆者は、当該室の責任者である室長を務めて自ら調整事務を担っており、さらに、さらに、その室で、復旧・復興期における特例措置を担当した室長補佐にヒアリングしたうえで[12]、復旧・復興期の臨時的措置としての法制定とその後の恒久化対応における対応関係について、以下の3つの事実関係を確認している。
　① 復興特区法に基づく復興推進計画の規制緩和措置については、各省庁が「具体的な被害の規模態様が分からなければアプリオリに特例を規定することは困難である」という主張があり、法制化は断念したこと
　② 復興特区法に基づく復興推進計画等における税、財政措置に関する特例は、「将来の大災害発生時の財政事情に応じて対応が異なり、その時点での国会で判断すべきである」と指摘を財務省から受け、それ自体は政策論としては適切と考え、法制化は行わなかったこと
　③ 表2-8の40番「東日本大震災により甚大な被害を受けた市街地における建築制限の特例に関する法律」は、内閣法制局参事官から、一般法として恒久化することに違憲の疑いがあるとの指摘を受けて法制化をしなかったこと
　これらのヒアリングによる確認事項のうち、②の財務省の指摘は、表1-1の

---

[12] 2012年当時、内閣府防災担当の災害対策法制企画室補佐からの2020年8月24日発信の筆者宛メールで確認している。

財務省の法制に対する関心の設定と整合的である。

　一方で、①の復興推進計画に基づく規制緩和措置に関して、災害の規模がわからなければ特例が設定できない各省庁の主張というのは、災害に関する特例すべてに該当するものであり、十分な説得力を有していない。

　また、③の違憲の議論は、被災後に一律に一定期間の建築制限をかけることは、東日本大震災の津波被災地のように建築可能性が当面乏しい場合には許容されるものの、都市直下型地震など建築可能性が地震発生直後から存在するケースなどに一般化できない、換言すれば、被災した地権者に規制が過大になる可能性がある、というものである[13]。

　以上のインタビューで確認した事項は、(1)で整理したとおり、大規模災害復興法において復興特区法の復興整備計画の部分、災害復旧事業代行法の部分を恒久化し、復興特区法のその他の部分は恒久化対応していないことと整合している。

　なお、(1)の最後に述べたとおり、法務省関係の法律は最初から恒久的な対応として法制定が実現している。

　具体的には、東日本大震災の際には、借家人に優先借地権を付与する罹災都市借地借家臨時処理法が存在していた。しかし、実際は対象都市を指定せずに、この制度は適用しなかった。その後、恒久法として、表2-9の行44のとおり、将来の災害に対応する恒久化対応として、「大規模な災害の被災地における借地借家に関する特別措置法」を2013年に制定し、借家人に対する優先借地権制度を廃止するともに、被災地短期借地権制度を創設した。同時に、法務省は、表2-9の行45のとおり、「被災区分所有建物の再建等に関する特別措置法」の改正を行い、恒久化対応として、5分の4の多数で敷地売却を可能とした。

　これらの法務省関係の項目は、民法の特例として法務省が主体的に必要な法改正を行っており、また、財政問題に関係する財務省など他省庁との調整が必要な事項でないことから、理念的には一番望ましい形である、最初から恒久的対応としての法制定が実現している。

---

(13)　小山剛「震災と財産権」ジュリスト（No.1427）2011.8.1-15、68頁参照。

2-4-3　S 評価手法からみた復旧・復興期の法制定とその後の恒久的対応の評価

(1) 復旧・復興期の法制定に関するアジェンダ設定

最初に、S 評価手法で分析を行う対象となる事項を整理する。

対象となる法制定等の項目としては、原則として、表 2-9 で記載した項目と原則として同じである。ただし、表 2-9 の項目のうち、性格の同じものについては、表 2-12 では項目をまとめて掲載している。

具体には、表 2-9 の行 5 から行 14 までの復興特区法の復興推進計画に基づく規制緩和措置については、実現しなかった恒久化対応のための法制定を表 2-12 の行 8 の「予算・是正措置がない規制緩和措置」として統合し、表 2-9 の行 15 から行 19 までの項目については、表 2-12 の行 10 の「予算・税制措置がついた規制緩和措置」として統合して項目を設定している。表 2-9 の行 36 の復興交付金計画については、表 2-12 の行 11 に、表 2-9 の行 33 のアセス法特例は表 2-12 の行 9 に、表 2-9 建築制限特例法については、表 2-12 の行 12 に記載している。

なお、表 2-12 の項目は、表 2-9 の法制定の項目（恒久化対応がされなかった項目を含む）と一致しているが、唯一の例外として、2-4-2(3) で抽出した、二段階仮換地指定通知が平時では想定できない内容を含んでいることから、表 2-12 の行 13 において、記載をしている。

以上の対象項目について、最初にアジェンダ設定の容易さを分析する。その基準としては、2-2-3(1) と同様に、3 年間という期間を設定して、3 年以内に法制定等が提案された場合には、アジェンダ設定が円滑に進み（表 2-12 の列 A で□と記載）、それ以降に提案されたものをアジェンダ設定が困難（表 2-12 の列 A で△と記載）と評価し、個別の法制定等ごとに評価を行う。

個別の法制定等の制定時期は表 2-9 に記載しているとおりだが、東日本大震災が発生してから 3 年以内という 2014 年 3 月 11 日までに法制定等が実施された項目は、行 1 から行 3 の復興基本法、復興特区法、復興庁設置法と、行 5、6 の法務省所管の被災地短期借地権と被災マンション建替の滅失売却制度を創設した二つの法改正、行 7 の大規模災害復興法であることから、これらの項目については、表 2-12 の列 A において「□」を記載している。

表 2-12 の行 13 の二段階仮換地指定通知も、2014 年 1 月に発出されている

ので、ぎりぎり3年以内となることから、アジェンダ設定は容易だったと判断され、同じく、列Aにおいて「□」と記載している。

なお、列Aの空欄は、該当する項目が実現していないことから、3年以内か、3年経過後に実現したかによってアジェンダ設定の容易さを判断することはできないことを意味している。

(2) 復旧・復興期の法制定に対する各主体の関心分析

復旧・復興期の法制定等について、表1-1の各主体ごとの法制定等に対する関心を、具体的な法制定等の内容から機械的に当てはめたものが表2-12の列Bから列Gである。

以下具体的にその当てはめ結果を主体別に述べる。

所管省庁の関心は、表1-1のとおり、臨時的なものは実現する方向での小さな関心を(「○」と記載)、恒久的なものは、実現する方向での大きな関心(「○○」と記載)を持つというのが表1-1の指標である。これを具体的に当てはめると、行1から行3の復興基本法、復興特区法、復興庁設置法はいずれも東日本大震災に特化した臨時的なものであるので、実現する方向での小さな関心を持つと分析できる。

また、行12の建築制限特例法、行13の二段階仮換地指定通知も、東日本大震災に特化したものであり、実現する方向で小さな関心をもつと評価できる。

これに対して、行4から行11までの法制定は、実現しなかったものも含まれるが、いずれも恒久的な対応を内容としており、所管省庁は実現する方向で大きな関心を持つと整理できる。

これに対して、財務省は、財政規律の維持という観点から、財政支出が増える場合には、実現しない方向での大きな関心をもち(「××」と表示。なお、この場合には財務省は拒否権プレーヤーになる)、財政支出増にはなるものの、臨時的なものなど財政支出が限定的な場合には、実現しない方向での小さな関心を持つ(「×」と記載)と言うのが基準である。

これを表2-12の各法制定等に当てはめると、そもそも、財政支出には直接的には関係がない行1の復興の理念を扱う復興基本法、行3の復興の組織を扱う復興庁設置法には、財務省は関心を持たないと評価できる。

同様に、財政支出には関係のない、行5から行9と行12から行13の項目にも財務省は関心を持たない。(「-」と記載)

2 超法規的通知と法制定の実態分析

表2-12 復旧・復興期の法制定等について S 評価手法による評価結果

		A	B	C		D	E	F	G	H	I	J	k	L
				決定者			対象者（臨時的措置は被災地、恒久化対応は全国）			関心の強さ（記号の数）		決定者・対象者の関心の分類	成立・未成立	S評価手法の説明能力
		アジェンダ設定	中央省庁		国会	地方公共団体	利益団体（業界団体）	住民（国民）	決定者	対象者			
			所管省庁	財務省										
1	復興基本法	□	○	−	○	○○	−	−	2	2	Ⅳ	○	○
2	復興特区法	□	○○	×	○	○	−	○○	3	4	Ⅰ	○	×↑
3	復興庁設置法	□	○	−	○	−	−	−	2	2	Ⅳ	○	○
4	全国適用の復興特区法		○○	××	○○	○○	−	○	6	3	Ⅰ	×	○
5	被災地短期借地権	□	○○	−	−	−	−	−	2	0	Ⅳ		
6	被災地区分所有権		○○	−	−	−	−	−	2	0	Ⅳ		
7	大規模災害復興法（復興事業制度）	□	○○	−	−	−	−	−	2	0	Ⅳ		
8	予算、税制措置がない規制緩和措置		○○	−	−	−	−	−	2	0	Ⅳ	×	×↓
9	復興整備事業へのアセス法特例		○○	−	−	−	−	−	2	0	Ⅳ		×↓
10	予算、税制措置がついた規制緩和措置		○○	××	○○	○○	−	○	6	3	Ⅰ	×	○
11	復興交付金計画		○○	××	○○	○○	−	○	6	3	Ⅰ	×	○
12	建築制限特例法	□	○	−	−	−	−	−	1	0	Ⅳ	○	○
13	二段階仮換地指定通知	□	○	−	−	−	−	−	1	0	Ⅳ	○	○

（備考）列Aのうち、□は東日本大震災の発災後3年以内で提案されたこと、△は3年よりのちに提案されたこと、空欄はアジェンダ設定がされていないことを意味する。列Lの×↑は、評価手法では実現しないと推定されたのに対して、実際は実現したこと、×↓はS評価手法では実現すると推測されたのに対して実際は実現しなかったことを意味している。濃いグレーのセルは拒否権プレーヤーを意味している。

　これに対して、行4の復興特区法を全国適用する事項、行10の予算税制がついた規制緩和措置、行11の復興交付金計画は、いずれも、恒久的な財政負担が含まれていることから実現を阻止する方向での大きな関心を持ち（「××」と記載）、拒否権プレーヤーとなると整理できる。ただし、行2の復興特区法は財政支出について対象事業、時期が限定されていることから財務省は実現を

阻止する方向での小さな関心（「×」と記載）となる。

　次に、国会について分析する。

　行1、行2、行3は、東日本大震災の被災地復興に関係するもので、間接的なものまで含めばお金の支出に関係あると国会からは評価される。ただし、東日本大震災のものの被災地に限定されるので、実現する方向の関心はあるものの大部分の国会議員の選挙区にはメリットがないことから、小さい関心をもつ（「○」と記載）と整理できる。これに対して、実現はしてはいないものの、行4、行10、行11は、いずれも恒久的に全選挙区に対してお金を支出する可能性のあるものなので、国会は、実現する方向で大きい関心をもつ（「○○」と記載）と整理される。

　さらに、地方公共団体について分析する。

　地方公共団体は、地元にお金を地元に配ることに大きな関心を持つことから、行1、行2、行3、行9、行10について、実現する方向で大きな強い関心（「○○」と記載）と整理できる。なお、地方公共団体の立場は国会のように全国の観点から関心の大きさを判断することは難しく、個々の地方公共団体ごとに関心の大小を評価することが適切であることから、国会とは異なり、東日本大震災の被災地に特化した法制定であっても、お金を地元に配る事項については、実現する方向で大きな関心をもつと整理できる。

　利益団体（業界団体）については、自らの業務範囲や収益構造を侵害する場合に実現しない方向での大きな関心を持つというのが基準である。表2-12の全ての項目は、東日本大震災からの復興事業、または将来発生するであろう自然災害からの復興事業に関係する事項であり、個別の業界団体への影響は存在しないことから、利益団体は関心がない（「－」と記載）と整理できる。

　最後に住民について整理する。

　住民は、お金が配られる項目には実現する方向で関心があり、そのなかでも特に、被災地にお金を配る項目は、被災して経済的困難な時期になる住民は、実現する項目で大きな関心を持つというのが基準である。これを表2-12の項目に当てはめると、被災地に直接お金を配る内容を有している、行2の復興特区法は実現する方向で大きな関心（「○○」と記載）と整理できる。さらに、行4、10、11は、将来の自然災害に備えた全国レベルの措置ではあるものの、住民に対してお金を配る内容を有していることから、実現する方向で小さな関心を持つ（「○」と記載）と整理することができる。

以上のＳ評価基準に基づく評価結果をまとめたものが、表2-12の列Ｂから列Ｇである。

(3) 復旧・復興期における法制定項目の総合評価と実態との食い違い分析

決定者・対象者ごとの関心について、表2-6の基準に従って分類した結果が表2-12の列Ｊである。

それぞれの法制定についての決定者、対象者の関心の程度は、(2)に述べたとおりで、これが列Ｂから列Ｄと列Ｅから列Ｇに記載されている。それぞれの記号の数（「○」と「×」）を示したものが列Ｈと列Ｉになる。例えば、行1の復興基本法についてみると、法制定を決定する者の関心の数は所管省庁の「○」と国会の「○」だけなので、2になる。これが行1の列Ｈに記載されている。これに対して、法制定に影響を受ける対象者の関心は、地方公共団体の「○○」となるので2になる。これが行1の列Ｉに記載されている。

これと同じカウントの仕方を行2の復興特区法から行13の二段階仮換地指定通知まで当てはめた結果が、列Ｈの決定者、列Ｉの対象者のそれぞれの関心の強さとなっている。

次に、2-2-3(3)で述べたとおり、決定者と対象者の双方が関心が大きいと様々な利害調整に時間がかかり実現がしにくくなることが想定されることから、表2-6の決定者と対象者の双方とも関心が大きいか、それとも一方、もしくは双方が関心が小さいか、の区分によって、理論的な実現可能性の程度が推測できる。

表2-6における決定者と対象者の関心の大小による区分を当てはめたものが列Ｊである。

例えば、行1の復興基本法は、決定者の関心が2で対象者の関心が2なので、表2-6の基準では決定者が「○」又は「×」の数が3未満で、対象者が「○」又は「×」の数が3未満なので、Ⅳの象限になる。この結果が、行1列ＪにⅣと記載されている。同じ基準で、決定者と対象者の関心の大小の分類について、行2の復興特区法から、行13の二段階仮換地指定通知まで結果が、行2から行10の列Ｊの記載となっている。この結果から、決定者、対象者とも関心が大きく、本来は実現可能性が低い分類であるⅠに整理された項目として、行2の復興特区法、行4の全国適用の復興特区法、行10の予算、税制措置がついた規制緩和措置、行11の復興交付金計画があることが注意を要する。

ここで一旦、S評価手法による推定を離れて実際の法制定の実績を整理すると、列Kのとおりとなる。

　表2-12は復旧・復興期の法制定のうち、臨時的措置のみで恒久的な対応がとられていない、すなわち法制定が未制定な事項も含んで分析している。具体的には、行4の全国適用の復興特区法、行8の予算、税制措置がない規制緩和措置、行9の復興整備事業へのアセス法特例、行10の予算、税制措置ついた規制緩和措置、行11の復興交付金計画については法制定が実現していない。

　以上、S評価手法を実施するにあたっての材料が整理されたので、復旧・復興期の法制定に関して、S評価手法による推定と実際の法制定の比較を行う。

　その結果、列Lに記載されている。例えば、行1の復興基本法は、列Jの推定結果がIVで、実現が容易なグループに整理され、結果としても列Kに示すとおり、成立しているので、S評価手法と実態が合致している。この結果を行1列Lで○という記号で示している。

　行3、行5、行6、行7、行12、行13はいずれも、行1の復興基本法と同じく、法改正と列Jの分類が同じIVであり、実際にもそれぞれの項目がであることから、S評価手法の推定結果と現実が合致している。このため、列Lの評価も同じ「○」となっている。

　これに対して、行4の全国適用の復興特区法、行10の予算、税制措置がついた規制緩和措置、行11の復興交付金計画については、決定者、対象者とも大きな関心を持つことから、列Jに示すとおり、Iに分類され、さらに、グレーの塗りつぶしのセルで示すとおり、財務省が拒否権プレーヤーとなることから、S評価手法上は実現が困難と整理される。そして実際にも関係する法制定が列Kで「×」と記載されているとおり、実現していない。この行4、行10、行11については、S評価手法で実現困難と推定され、現実も法制定が実現していないことから、これらの項目もS評価手法と現実が合致している。このため列Lの評価も「○」となっている。

　以上のような列Jの分類と現実の法制定列Kの結果がが合致した場合と異なり、行2の復興特区法は、決定者、対象者とも関心が大きく調整が難しいことから列Jに示すとおりIに分類され、実現が難しいと推定されるが、行2列Kで示すとおり、現実には法制定が実現している。これは、S評価手法による推定に反して、現実には成立したと言う意味で、行2列Lでは、「×↑」と記載している。

(4) S評価手法の推定結果と実績が異なった事項の特殊事情

アジェンダ設定の観点からは、行12の二段階仮換地指定通知は、2014年と東日本大震災の発災から3年以上経過した時期に提案されている。5-6-2(2)に述べるとおり被災した陸前高田市からの強い要望があったことから、本来、時間が経過しアジェンダ設定が困難な時期にもかかわらず、アジェンダ設定が可能になったと推測される。

次に各主体の関心からみた推定結果と実績について、列Lのとおり、13項目中、10項目が推定結果と法制定の実績が整合している。

行2の復興特区法は、この推定結果からは実現可能性が低いと推定されているが、実際には法制定が実現している。この項目について、成立を助けた可能性のある事実としては、2011年6月に、まず、復興基本法を先に制定させ、その条文において、復興特区制度の整備を規定したうえで、さらに、財務省といういわゆる「拒否権プレーヤー」を含む関係者間で調整を行い、2011年12月に復興特区法を成立させるという、いわば、2回、法制定のための政策サイクルが回った点があげられる。

逆に、行8の予算、税制措置のない規制緩和措置については、S評価手法によれば実現可能性が高いと推定されているのにもかかわらず、実際は法制定が実現していない。この背景として2-4-2(2)①において各省庁が恒久化に抵抗した事実は担当者からのインタビューで確認しているが、その原因となる具体的な事実関係については確認できない。ただし、複数省庁が所管していることは成立を阻害する要因になった可能性はある。行9の復興整備事業に対する環境影響評価法の特例についても、S評価手法によれば実現可能性が高いと推定されているにもかかわらず実現していない。この項目についても、特殊事情は確認できないが、複数省庁が関係することが成立を阻害する要因となった可能性はある。

2-5 第2章の小括

第2章においては、東日本大震災時に対応した法制定及び通知について、緊急事態期、応急期、復旧・復興期に分けて分析を行った。

具体的には、緊急事態期には、法制定を実施するいとまがないため、超法規的通知が発出され、その実態を内閣府通知データに基づく通知文本体を収集するとともに、追加調査を行って、緊急事態期の超法規的通知を包括的に把握し

た。それが表 2-13 の列 A に示した項目である。この項目について、恒久化対応が実施されたかどうかについては、表 2-14 の列 B の行 2、行 3、行 5 に示すとおり、一定程度恒久化対応が行われているものの、列 B の行 1 と行 4 に白色のセルで示しているとおり、恒久化対応が実現していない項目も存在する。さらに、超法規的通知は確認できなかったものの、緊急事態期に対応する恒久的な法制定として東日本大震災以降に実現した項目として、行 6 から行 11 の 6 項目について、列 B に示すとおり、法制定が実施されたことが確認できる。

　応急期は法制定によって対応しており、また、東日本大震災に特化した臨時的措置として法制定したものは、行 1 列 C の災害援護資金の金利引き下げのみである。この項目自体は、行 1 列 D に示すとおり、事後的に恒久化対応の法制定が実現している。その他の項目については、行 2 から行 10 の列 D に示すとおり、当初から、恒久的な対応として法制定が実現している。

　復旧・復興期の法制定等については、列 E の項目がいずれも東日本大震災の際に東日本大震災に特化して制定された法制定項目である（行 9 は法律自体は一般法だが「一団地の津波防災拠点市街地形成施設」が津波災害特化なので臨時的措置と便宜的に評価している）。このうち、行 12 の二段階仮換地指定のみ通知であって、それ以外はすべて法制定に関する事項である。

　列 F が事後的に恒久化対応がされた項目を明示しており、列 B の行 1、行 3、行 5、行 7 から行 9 と行 11 の 7 項目について、その項目に該当する。さらに、行 13 から行 15 については、東日本大震災に特化した臨時的措置としての法制定は存在せず、最初から将来の自然災害に対応できる恒久的対応として法制定が実現している。なお、行 2、行 4、行 6、行 10、行 12 については、列 F において空欄で白色になっているが、これが東日本大震災に特化した臨時的措置が講じられたものの恒久的な対応としての法制定等は実現していないことを示している。

　この全体像は表 2-13 のとおりである。

　表 2-13 の白色のセル（斜線のないもの）で明らかなとおり、緊急事態期及び復旧・復興期において、東日本大震災に特化した臨時的措置として対応した項目について、その後の自然災害に対応した恒久化対応が実現していない項目が存在する。

　また、補足的な調査として、立法作業を行った担当官からのヒアリングに

2 超法規的通知と法制定の実態分析

よって、
① 超法規的通知のうち一部が恒久化対応として法制化されなかった背景
② 復旧・復興期の法制定が東日本大震災に特化した法律となった背景
③ 復旧・復興期の臨時的措置としての法制定の一部が恒久化対応として法制化されていない背景

について確認した。また、このヒアリング結果は、Ｓ評価手法の設定内容と整合的であるという知見も得られた。

Ｓ評価手法によって、緊急事態期、応急期、復旧・復興期の法制定等について分析したところ、東日本大震災時点での対応及びその後の恒久的な対応について、大部分の項目でこの手法の推定と実績が整合していることがあきらかになった。

一方で、例外的にＳ評価手法の推定と実績が異なる事項として、予算、税制措置のない規制緩和事項など一部の事項が、Ｓ評価手法では実現可能性が高いと推定されながら、実際には法制定が実現しなかったこと、さらに、被災者生活再建支援金制度を改正して従来対象となっていなかった中規模半壊を対象とする改正、復興特区法など一部の事項では、Ｓ評価手法では、実現可能性が低いと推定されながら、実際には法制定が実現していることを明かにした。

これらの推定結果と実績が異なる事項については、特殊事情を整理した。その結果、推定では実現可能性が低いとされたにもかかわらず実際には実現した項目では、「大災害対策ではなくて他の政策アジェンダに位置付けていること」「最初の法改正で方針を定め２度目の法改正で具体的な内容を実現したこと」「地方公共団体（全国知事会を含む）からの継続的な要望活動が行われたこと」という特殊事情があることが確認できた。

逆に、推定では実現性が高いとされたにもかかわらず実際には実現しなかった項目では「所管省庁が複数であること」「所管省庁が不明確であること」という特殊事情が確認できている。

表 2-13 東日本大震災時の法制定等及びそれ以降の恒久化対応

	A	B		C	D		E	F
	緊急事態期			応急期			復旧・復興期	
	臨時的措置	恒久的な対応		臨時的措置	恒久的な対応		臨時的措置	恒久的な対応
1			1	2011年災害弔慰金法改正（災害援護資金の金利引き下げ）	2018年災害弔慰金法改正（条例で金利引き下げ可能規定の創設）	1	復興基本法	2013年大規模災害復興法
2	内閣府通知データで掲載されている超法規的通知の発出	2013年災対法改正（医療施設特例、墓埋法特例等）	2		2013年災対法改正（避難所環境整備の基本原則）	2	復興庁設置法	
3		2015年廃棄物処理法改正（廃棄物処理施設の手続簡素化）	3		2013年災害救助法改正（応援都道府県への国の立替）	3	復興特区法（推進計画のうち水産業復興特区）	2018年漁業法改正（法定の既存組合等の優先順位の削除）
4	外国人医師に対する医師法特例通知の発出		4		2018年災害救助法改正（救助実施市規定創設）	4	復興特区法（推進計画のうち水産業復興特区以外）	
5	補助国道を国が道路啓開することを認める通知発出	2020年の道路法改正（国の道路啓開代行規定）	5		2011年災害弔慰金法改正（遺族に兄弟姉妹追加、差し押さえ禁止規定創設）	5	復興特区法（整備計画）	2013年大規模災害復興法（環境影響法特例を除く）
6		2013年災対法改正（避難所、応急仮設住宅に対する消防法の特例）	6		2011年災害弔慰金法改正（市町村の保証債務放棄可能に）	6	復興特区法（交付金計画）	
7		2013年災対法改正（国による都道府県の応急措置の代行）	7		2011年被災者生活再建支援法改正（差し押さえ禁止規定創設）	7	災害復旧工事代行法	2013年大規模災害復興法
8		2013年港湾法改正（国土交通大臣による緊急確保航路内の物件収用）	8		2020年被災者生活再建支援法改正（中規模半壊を対象化）	8	廃棄物処理代行法	2015年災対法及び廃棄物処理法改正（国による処理代行）
9		2014年海岸法改正（災害時における海岸管理者による土地使用、物件収用）	9		2021年自然災害義援金に係る差押禁止等に関する法律制定	9	津波地域づくりに関する法律（一団地の津波防災拠点市街地形成施設）	2013年大規模災害復興法（一団地の復興拠点市街地形成施設）
10		2016年海上交通安全法改正（災害時における海上保安庁長官による船舶の航行制限等）	10		2016年漁業損害等保険法改正（全国単位の保険組合設立可能）	10	建築制限特例法	
11		2014年災対法改正（災害時における道路管理者による車両の移動）	11			11	土地改良法の特例	2017年土地改良法改正（除塩事業を復旧事業の対象化）
			12			12	二段階仮換地指定通知（2014.1.30）	
						13		2013年大規模災害復興法（都市計画代行）
						14		2013年大規模な災害の被災地における借地借家に関する特別措置法（被災地短期借地権の創設）
						15		2013年被災区分所有建物の再建等に関する特別措置法改正（滅失売却制度の創設）

3 国会等で議論になったにも関わらず法制定が実現しなかった事項の実態分析

3-1 第3章の目的

　第2章では、東日本大震災の際に実施された超法規的通知と法制定を把握し、それが恒久化対応をされているかどうか、されていない場合などの特殊事情をS評価手法に基づいて把握してきた。

　しかし、東日本大震災の際には、これらの法制定等が実施された事項以外にも、現場や地方公共団体で議論があったにもかかわらず、法制定等の対応が行われなかった事項が存在する可能性がある。これらの未実現の法制定等についても、将来の大災害に備えた対応の必要性などを検討しておくことが必要である。

　以上の問題意識から、本章では、東日本大震災の際に現場や地方公共団体で議論があったにもかかわらず、法制定等が行われなかった事項の実態把握を行う。

　さらに、S評価手法では実現可能性が高いと推定されたにもかかわらず、実際には法制定等が行われなかった事項について、個別の事実関係を分析する。

　なお、「東日本大震災の際に議論になった事項」の抽出の考え方について述べる。

　東日本大震災の際に現場や地方公共団体での議論になった事項は、実態として、小さな苦情から国会での議員による法案提出など、様々な段階が想定される。このうち、国会での法案提出、国会又は地方議会における議員等からの法制定等の要望があった事項は、公の発言等であり、現場や地方公共団体の要望としての具体性、切実性が高いと想定でき、また、公式の資料から、その議論内容を客観的に確認して、全体的な傾向などを分析することが可能である。

　以上の前提に立ち、本章の実態把握の対象としては、「国会で法案が提出されたものの未成立のもの」、「国会の本会議又は委員会における議員からの法制定等の提案」、「地方議会における議員又は執行機関による法制定等の要望」とし、これらに対して、包括的に把握し分析を行う。

3-2 東日本大震災時に議論になったにも関わらず法制定等が行われなかった事項の実態把握

3-2-1 国会で法案が提出されたものの未成立の事項

(1) 国会で法案が提出されたものの未成立の事項の実態把握

国会で法案を提出するためには国会法第56条に基づき、衆議院で20人、参議院で10人の議員の賛成が必要であり、この賛成を得るため、法案提出を目指す議員は同僚などへの説得作業が不可欠である。このため、国会に議員から提出された法案は、仮に未成立であっても、国会議員に法案提出のための調整事務を強いるだけの、現場や地方公共団体からの強い制度要望が存在すると想定できる。

第204国会までの東日本大震災の際の議員提出法案であって未成立のものは、衆議院及び参議院のホームページから把握することができる。その結果は、博士論文参考資料Vに示す。

その内容のうち関係省庁に関する法案を時系列で整理すると、表3-1のとおりである。白色のセル（行1、行3、行5）の法案は2021年10月時点での直近の国会である第204国会では継続審議となっていて、引き続き議論する位置付けとなっていた。継続審議中となっている法案は、審議未了で廃案になった法案に比べて、相対的に必要性の高い法案と想定することが可能と考える。なお、審議未了となり第204国会で廃案になった法律は、表3-1行6の「復興財源について安易の税制上の措置に頼らない」という内容であり、具体的な復旧・復興制度を扱った法案ではないことから、仮に、これを対象にして議論しても本書の分析結果には影響を与えない。

表3-1のうち、第204国会で継続審議中の法案（白色のセル（行1、行3、行4））の内容は以下の通りである。

① 行1の復興特区法の改正案は、被災地の用地取得の円滑化を実現するための土地収用法の特例を創設するものである。2014年3月から4月にかけて第186国会に、被災地の用地取得に関する法案が与野党から提出され、与野党の協議が整ったものは、表2-9行37の復興特区法及び大規模災害復興法の改正案となっている。その後、当時の野党であった民主党案にあった項目で、与野党協議成立案に盛り込まれなかったもの

3 国会等で議論になったにも関わらず法制定が実現しなかった事項の実態分析

表 3-1 東日本大震災に対応して国会に提出され未成立の法案

	法案名	審議状況	法案の概要
1	東日本大震災復興特別区域法の一部を改正する法律案	○186国会で衆議院継続審議 ○187国会で衆議院審議未了 ○190国会から193国会まで衆議院継続審議 ○194国会で衆議院審議未了 ○196国会から204国会まで衆議院継続審議	○用地委員会が2週間縦覧で、権利取得裁決 ○用地委員会の手続中使用裁決 ○そののち、用地委員会が補償裁決
2	被災者生活再建支援法の一部を改正する法律案	○186国会で参議院審議未了	○周辺市町村の被災世帯を一体として被災世帯として支給対象にする
3	被災者生活再建支援法の一部を改正する法律案	○190国会から193国会まで衆議院継続審議 ○194国会で衆議院審議未了 ○196国会から204国会まで衆議院継続審議	○支給額を最大500万円に引き上げ
4	災害弔慰金の支給等に関する法律の一部を改正する法律案	○190国会から193国会まで衆議院継続審議 ○194国会で衆議院審議未了 ○196国会から197国会まで衆議院継続審議 ○198国会で撤回	○支給参酌基準の作成、公表 ○合議制機関の設置努力義務
5	災害弔慰金の支給等に関する法律の一部を改正する法律案	○198国会から204国会まで衆議院継続審議	○支給参酌基準の作成、公表
6	大規模災害からの復興に関する法律の一部を改正する法律案	○192、195、197、198、200、201、203、204国会で参議院審議未了	○復興の財源は、積立金等の活用、国会議員の歳費、国家公務員の給与等の削減で行い、安易に税制上の措置に頼らない旨の方針を明記

が、表3-1行2の項目の復興特区法案としてまとめられたものである。
② 行3の被災者生活再建支援法の改正案は、支給金額の引き上げを求めているものである。
③ 行5の災害弔慰金法の改正案は、災害関連死との関係で、判断を地方公共団体任せにせず、国が主導的に支給にあたっての基準を定めることを求めるものである。

なお、現時点（2021年12月24日）では、第205国会で、表3-1の白色セルの法案はすべて審議未了となった。これは、衆議院解散が行われた場合には、継続審査中の法案は衆参両院とも継続審議を行わない慣例があり[14]、実際に、2021年10月14日に衆議院が解散されたためであり、積極的にこれらの法案に対して議論が不要と判断したものではない。よって、これらの法案が審議未了となっていることは、これらの法案の重要性を否定するものではない。

(2) S評価手法からみた、国会で法案が提出されたものの未成立の事項の評価
① 国会で提出されたものの未成立の法案に関するアジェンダ設定

2-2-3(1)と同様に、機械的に3年間という期間を設定してそれ以前であればアジェンダ設定が容易、それより後になるとアジェンダ設定が困難と評価する。

表3-2では、表3-1の白色セルで示した継続審議となった法案に、表3-1の法案作成段階で先行して与野党合意ができて法制定が実現した「5戸以上の小規模団地に収用権を付与する等」を内容とする法案を追加して、各項目を整理している。

法案の提出時期は表3-2の列Aのとおり、行1と行2の法案の提案は2014年4月、行3は2016年、行4は、2019年に法案であることから、いずれも東日本大震災の発災から3年より後であり、アジェンダ設定が困難であると整理できる。表3-2の列Aではこれを「△」と表示している。
② 法案に関係する各主体の関心の大きさ

国会で法案が提出されたものの未成立の事項について、表1-1の各主体ごとの法制に対する関心を、具体的な法制定等の内容から機械的に当てはめたものが表3-2の列Bから列Gである。

---

[14] 参議院HP参照。https://www.sangiin.go.jp/japanese/aramashi/keyword/keizoku.html（最終閲覧2023年12月10日）

3　国会等で議論になったにも関わらず法制定が実現しなかった事項の実態分析

表3-2　未成立法案に関するS評価手法による評価結果

	A	B	C	D	E	F	G	H	I	J	k	L
	アジェンダ設定	決定者		国会	対象者（臨時的措置は被災地、恒久化対応は全国）			関心の強さ（記号の数）		決定者・対象者の関心の分類	成立・未成立	S評価手法の説明能力
		中央省庁			地方公共団体	利益団体（業界団体）	住民（国民）	決定者	対象者			
		所管省庁	財務省									
1	用地委員会による用地取得	△	○	-	-	○	-	-	1	1	IV	×	×↓
2	5戸以上の小規模団地に収用権等	△	○	-	-	○	-	-	1	1	IV	○	○
3	被災者生活再建支援金の増額	△	○○	××	○○	○○	-	○	6	3	I	×	○
4	災害弔慰金の参酌基準	△	○○	-	○○	○○	-	○	4	3	I	×	○

（備考）列Aのうち、△は3年よりのちに提案されたこと。列Lの×↓は、S評価手法では実現すると推定されたのに対して、実際は実現しなかったことを意味している。濃いグレーのセルは拒否権プレーヤーを意味している。

以下、具体的に説明する。まず、決定者の関心を説明する。

第一に、所管省庁については、行1の用地委員会による用地取得、行2の5戸以上の小規模団地の収用権等の法案は、いずれも中心が東日本大震災に特化した臨時的な措置であることから、所管省庁は実現に向けた関心を持つものの、恒久的な措置に比べると小さな関心となる。これを表3-2の列Bでは「○」で示している。これに対して、行3の「被災者生活再建支援金の増額」、行4の「災害弔慰金の参酌基準」は恒久的な法制定となることから、自らの省庁の権限拡大につながるため、成立の方向で大きな関心を持つと整理できる。これを表3-2の列Bでは、「○○」と表示している。

第二に、財務省の関心について述べる。

財務省は財政規律という観点から継続的に財政支出に繋がる法制定には強い関心を持ち、財政支出に関係しない項目には関心を持たないと仮定している。この観点からは、行1及び行2の用地取得制度の改善は財政支出に関係しないことから財務省は関心を持たない。行4の災害弔慰金の参酌基準については財政支出に関係あるものの基準の明確化で財政支出増に直接にはつながらない可能性があることから、財務省は関心を持たないと整理できる。これを表3-2の列Cでは「-」で示している。これに対して、行3の被災者生活再建支援金

の引き上げについては、将来の財政支出増に繋がることから、将来の財政負担が含まれていることから実現しない方向での大きな関心を持つことになり、さらに、いわゆる「拒否権プレーヤー」となる。これを列Cでは、「××」と表示し、さらに濃いグレーのセルとしている。

第三に、決定者のうちの国会について、行1及び行2の用地取得制度の改善に関する項目は、財政支出に関係しないことから、国会が関心を持たない。これを列Dでは「－」と示している。これに対して、行3の被災者生活支援金の増額と行4の災害弔慰金の参酌基準についての法制定については、いずれもお金の支払いに関係のある事故であることから国会は成立させ成立させる方向で大きな関心を持つと整理できる。これを列Dでは「○○」と記載している。

次に対象者の関心を整理する。

第一に、地方公共団体は、お金を地元に配ることに関係する行3と行4については成立する方向で大きな関心を持つ。これを列Eでは、「○○」と記載している。行1と2は用地取得制度の改善でお金には関係ないものの、被災地に特化し被災地に役立つものなので、実現の方向で小さな関心をもつ。これを列Eでは「○」と記載している。

第二に、利益団体は行1と行2の用地取得制度の改善、行3の被災者生活再建支援金の増額と行4の災害弔慰金の参酌基準についてはいずれも、特定の業界の業務範囲や収益構造に影響をあたえるものはないので、無関心である。これを列Fでは「－」と記載している。

第三に、住民（国民）にとっては、行3び被災者生活再建支援金の増額と行4の災害弔慰金の参酌基準が、全国レベルであるもののお金を配るものに関係するので、実現する方向での小さい関心を持つと整理できる。これを列Gでは「○」と記載している。

③　各法案の総合評価と実態との食い違い分析

それぞれの法制定についての決定者、対象者の関心の程度は、②に述べたとおりで、これが列Bから列Dと列Eから列Gに記載されている。それぞれの記号の数（「○」又は「×」）を示したものが列Hと列Iになる。例えば、行1の用地委員会による用地取得についてみると、法制定を決定者する者の関心の数は所管省庁の○だけなので、1になる。これが行1の列Hに記載されている。これに対して、法改正に影響を受ける対象者の関心は、地方公共団体の○なので、これも1となる。このため、行1列Iの欄に1と記載されている。

3 国会等で議論になったにも関わらず法制定が実現しなかった事項の実態分析

これと同じカウントの仕方を行2の5戸以上の小規模団地に収用権等から行4の災害弔慰金の参酌基準まで当てはめた結果が、列Hの決定者、列Iの対象者のそれぞれの関心の強さとなっている。

次に、決定者と対象者の双方が関心が大きいと様々な利害調整に時間がかかり実現がしにくくなることが想定されることから、表2-6の決定者と対象者の双方とも関心が大きいか、それとも一方、もしくは双方が関心が小さいか、の区分によって、理論的な実現可能性の程度が推定できる。

表2-6における決定者と対象者の関心の大小による区分を当てはめたものが列Jである。

例えば、行1の用地委員会による用地取得の項目についてみると、決定者の関心が1で対象者の関心が1なので、表2-6の基準では決定者の「○」又は「×」の数が3未満で、対象者の「○」又は「×」の数が3以上なので、Ⅳの象限になる。この結果が、行1列Jに「Ⅳ」と記載されている。同じ基準で、決定者と対象者の関心の大小の分類について、行2の5戸以上の小規模団地に収用権等から行4の災害弔慰金の参酌基準まで当てはめた結果が、行2から行4の列Jの記載となっている。

ここで一旦、S評価手法による推定を離れて実際の法制定の実績を整理すると、原則は未成立の法案を扱っているので、行1の用地委員会による用地取得との対象として追加している行2の5戸以上の小規模団体に収用権等を除き、すべて未成立である。これを列Kでは「×」と記載している。

最後に、国会に提出された法案で未成立のものについてのS評価手法による推定と実際の法制定の比較を行う。

その結果は、列Lに示しているとおりであり、行3の被災者生活再建支援金の増額と行4の災害弔慰金の参酌基準は、列Jに示すとおり、Ⅰに分類されており、S評価手法では実現が困難と推定される。また、列Kをみると実際にも実現していないので、S評価手法の推定と実態とが合致している。これを列Lでは「○」と記載している。

参考として記載した用地取得制度改善のうち実現した行2の5戸以上の小規模団地に収用権等の法案は、Ⅳの分類でS評価手法としては実現可能と推定され、実際にも実現しているので、この項目もS評価手法と実際の結果合致している。このため、列Lで、これも「○」と記載している。

これらに対して、行1の用地委員会による用地取得については、列Jで示す

とおり、Ⅳに分類されS評価手法では実現が容易と推定されたにもかかわらず、列Kのとおり、実際には実現していない。これは、S評価手法の結果と実態が合致せず、推定にかかわらず結果として実現しなかった項目なので、列Lでは「×↓」と記載している。

④ S評価手法の推定結果と実績が異なった事項の特殊事情

まず、アジェンダ設定の観点からは、いずれも東日本大震災の発災後3年以上経過しており、アジェンダ設定が難しい時期に提案している。

このうち、アジェンダ設定である法案の提案までこぎつけた特殊事情としては、行1と行2の2つの用地取得関係は、3-2-3(1)で示すとおり、岩手県が関心をもって提案を続けていることがアジェンダ設定につながったと想定される。

行3の被災者生活再建支援金の引き上げは、2-3-3(4)で被災者生活再建支援金の対象に中規模半壊が追加される前提として、知事会などの要望が存在したことを既に分析したが、その際には同時に支援金の額の引き上げも要望していたので、それが法案提出につながったものである。

これに対して、行4の災害弔慰金の参酌基準を制定する法案基準についてのアジェンダ設定については特段の事実は確認できない。

次に、各主体ごとの関心に基づくS評価手法による推定結果と実績については、列Mのとおり、4項目中、3項目が推定結果と実績が整合している。

行1の用地委員会の用地取得はS評価手法からは実現可能性が高いと推定されているが、実際には法制定が実現していない。この行1の用地委員会の用地取得について、成立をさまたげた可能性のある事実としては、用地委員会という新しい組織を都道府県に設置させることを求めた点がある。この点は、関係する省庁及び地方公共団体が行政改革に反するとして否定的な判断をした可能性が高い。

なお、行2の5戸以上の小規模団地に収用権等を付与する法制定は、行1と同じく用地取得制度の改善のためのものであるが、3-2-3(1)で示すとおり、岩手県による議会での議会の議論などを背景にして、国会提出というアジェンダ設定を可能としている。さらに、用地委員会という枠組みとは無関係に整理したことから、実現につながった可能性がある。

3 国会等で議論になったにも関わらず法制定が実現しなかった事項の実態分析

3-2-2 国会における法制定に向けた議員等からの提案

(1) 国会における法制定に向けた議員等からの提案の実態把握

「東日本大震災」と「法改正」という用語を用いた国会会議録のデータ（博士論文参考資料Ⅰに掲載）から、国会議員又は国会に招致された参考人が行った、東日本大震災に関係して法制定の要望を行った発言を抽出したものが表3-3である。

一番右の列の白のセルは、恒久化対応としての法制定が事後的に実施された事項、グレーのセルは恒久化対応としての法制定が実施されていない項目である。

表3-3の内容を以下、具体的に説明する。

国会の委員会等における議員等による法制定等の要望のうち、すでに法制定による対応がされた項目（白色のセル）は行1の国の直轄代行一つのみである。この項目は、表2-9の行39のとおり、2011年の「東日本大震災による被害を受けた公共土木施設の災害復旧事業等に係る工事の国等による代行に関する法律」で東日本大震災に特化した法制定が実施され、2013年の大規模災害復興法で、恒久的な対応としての法制定が実施されている。よって、既に法制定による対応がなされている。

その他グレーのセルの部分は、法制定の対応が未実施の事項である。表3-3は、提案を行った国会議員又は参考人ごとに記載しているため、同じ内容の項目がそれぞれの国会議員等の提案に重複して記載されている。これを、提案の内容ごとに整理すると、以下のとおりである。

① 被災者生活度の支給金額の増額などの拡充　行2、行5、行6、行11、行12、行13、行14、行16
② 用地委員会による用地取得　行7、行10、行15
③ 応急仮設住宅と公営住宅の中間的な簡易住宅（20年寿命の簡易住宅）の供給　行4、行9
④ 大規模災害復興法の規制緩和内容の充実　行3
⑤ 災害復旧事業に対する環境影響評価法の適用　行8

以下、この5項目に基づいて、実現に至らなかった「国会における法制定に向けた議員等からの提案」を分析する。

表 3-3　国会で国会議員等から法制定の要望があった事項

	期日	国会	委員会等	議事の概要
1	2011年6月2日	第177回国会	衆議院 本会議	○大島理森　国の直轄代行
2	2013年5月9日	第183回国会	衆議院 本会議	○高橋千鶴子　被災者生活再建支援法改正（支援額の引き上げ）
3	2013年5月23日	第183回国会	衆議院 災害対策特別委員会	○小宮山泰子　大規模災害復興法に規制のあり方、規制緩和の手続の基準の創設
4	2013年6月7日	第183回国会	参議院 災害対策特別委員会	○山下芳生　仮設住宅を将来的な災害公営住宅や個人住宅に転用可能な木造の戸建の仮設住宅を建設すべき
5	2013年6月7日	第183回国会	参議院 災害対策特別委員会	○磯辺康子（参考人）被災者生活再建支援法改正（支援額の引き上げ） ○室崎益輝（参考人）被災者生活再建支援金の300万円は維持すべき、自助、保険を充実すべき
6	2014年3月26日	第186回国会	参議院 東日本大震災復興特別委員会	○紙智子　被災者生活再建支援法改正（支援額の引き上げ）
7	2014年4月3日	第186回国会	衆議院 東日本大震災復興特別委員会	○階委員　用地委員会による縦覧のみで権利取得を認める制度創設
8	2014年6月3日	第186回国会	参議院 国土交通委員会	○吉田忠智　防潮堤など海岸保全施設を環境アセスメント法の対象にする制度改正
9	2016年5月23日	第190回国会	参議院 決算委員会	○末松信介　20年もつ仮設住宅、簡易住宅を災害救助法、建築基準法を改正して認めるべき ○河野太郎（防災担当大臣）前向きにしっかり検討する
10	2018年5月22日	第196国会	参議院 国土交通員会	○階委員　用地委員会による縦覧のみで権利取得を認める制度創設
11	2018年11月2日	第197回国会	衆議院 予算委員会	○藤野委員　被災者生活再建支援法改正（支援額の引き上げ）
12	2018年11月7日	第197回国会	参議院 予算委員会	○辰巳孝太郎　被災者生活支援法改正（支給額の引き上げ、半壊に対象拡大）
13	2019年11月28日	第200回国会	衆議院 災害対策特別委員会	○高橋（千）委員　被災者生活再建支援法改正（支援額の引き上げ）
14	2020年11月19日	第203回国会	衆議院 災害対策特別委員会	○田村（貴）委員　被災者生活支援制度の拡充（半壊に対象拡大）
15	2021年3月30日	第204回国会	衆議院 法務委員会	○階委員　用地委員会による縦覧のみで権利取得を認める制度創設
16	2021年5月20日	第204回国会	衆議院 災害対策特別委員会	○高井委員　被災者生活再建支援法改正（すべての半壊を対象に）

3 国会等で議論になったにも関わらず法制定が実現しなかった事項の実態分析

表 3-4 国会における法制定に向けた議員提案に関するＳ評価手法による評価結果

	A	B	C	D	E	F	G	H	I	J	k	L
	アジェンダ設定	決定者			対象者（臨時的措置は被災地、恒久化対応は全国）			関心の強さ（記号の数）		決定者・対象者の関心の分類	成立・未成立	Ｓ評価手法の説明能力
		中央省庁		国会	地方公共団体	利益団体（業界団体）	住民（国民）	決定者	対象者			
		所管省庁	財務省									
1	被災者生活再建支援金の増額	△	○○	××	○○	○○	-	○	6	3	I	×	○
2	用地委員会による用地取得	△	○	-	-	-	-	-	1	1	IV	×	×↓
3	20年寿命の簡易住宅		○○	-	○	-	-	-	2	1	IV	×	×↓
4	大規模災害復興法の規制緩和措置		○○	-	-	-	-	-	2	1	IV	×	×↓
5	災害復旧事業への環境影響評価法適用		○○	-	××	××	××	-	4	4	I	×	○

（備考）列 A のうち、△は 3 年よりのちに提案されたこと、空欄はアジェンタ設定がされていないことを意味する。列 L の×↓は、Ｓ評価手法では実現すると推定されたのに対して、実際は実現しなかったことを意味している。濃いグレーのセルは拒否権プレーヤーを意味している。

（2）Ｓ評価基準からみた、国会における法制定に向けた議員等からの提案の評価

① 国会における議員が提案された法制定に関するアジェンダ設定

3-2-1 の(2)において、議員提案された「被災者生活再建支援金の増額」と「用地委員会による用地取得」について分析したが、これらと、表 3-3 の行 1 の「被災者生活支援金の増額」、行 2 の「用地委員会による用地取得」と同一の項目である。これについては、3-2-1(2)で分析したとおり、いずれも、東日本大震災の発生から 3 年経過後のアジェンダ設定が難しくなったタイミングで、国会に提案というアジェンダ設定が実現した。これを表 3-4 の列 A では「△」として示している。

これに対して、表 3-3 の行 3 の「応急仮設住宅と公営住宅の中間的な簡易住宅（20 年寿命の簡易住宅）」、行 4 の大規模災害復興法の規制緩和措置、行 5 の災害復旧事業への環境影響評価法適用の 3 つの項目は、そもそも議案が国会に提出されておらず、アジェンダ設定ができなかった。このことについて、表 3-4 の列 A では空欄として示している。

② 議員等の提案に関する各主体の関心の大きさ

ここでも、表1-1の基準に基づいて、関係する各主体ごとの法制定に対する関心を、議員等の提案の内容から結果が、表3-4の列Bから列Gである。

以下、まず主体のうち決定者について述べる。

第一、所管省庁については、組織存在が基本的な選好＝目標であり、恒久的に権限、予算拡大につながるものには実現に向けて大きな関心をもち、臨時的なものは一時的な権限拡張であることから、実現に向けての関心ではあるものの小さな関心となるというのが表1-1の基準である。

これを表3-4の各項目に当てはめると、行1の被災者生活再建支援金の増額、行3の20年寿命の簡易住宅、行4の大規模災害復興法の規制緩和措置、行5の災害復旧事業への環境影響評価法の適用とも、恒久的な措置であることから、所管省庁は実現に向けて大きな関心を持つ。これを表3-4の列Bでは「〇〇」と示している。

これに対して行2の用地委員会による用地取得は、基本的に臨時的な措置であることから、所管省庁は実現に向けての関心であるが小さな関心を持つと整理される。これを表3-4の列Bでは「〇」と示している。

第二に、財務省については、財政規律の維持が基本的な選好であり、継続的に財政支出の拡大につながる場合には、実現を阻止する方向で大きな関心をもち、財政支出に関係しなければ関心を持たないのが表1-1の基準である。

これを行3-4の項目に当てはめると、行1の被災者生活再建支援金の増額のみが将来に向けて財政支出を増大させることから、この項目については、財務省は実現を阻止する方向で大きな関心を持つ。これを表3-4の列Cでは「××」と記載している。また、財務省は実現を阻止する拒否権プレーヤーでもあることから、行1列Cはグレーのセルとなっている。

その他の行2から行5の4項目は財政支出にそもそも関係しないことから、財務省は関心を持たない。これを列Cでは「－」で表している。

第三に、国会については、次の選挙での当選が基本的選好なので、お金を配る法制定には実現に向けて大きな関心をもつというのが表1-1の基準である。

これを表3-4の各項目に当てはめてみると、行1の被災者生活再建支援金の増額がお金を住民に配る内容なので、実現に向けて強い関心を持つことになる。これを列Dでは、「〇〇」と示している。

その他の項目は、お金に関係がないので原則は関心がない。これを列Dで

3　国会等で議論になったにも関わらず法制定が実現しなかった事項の実態分析

は「－」で示している。しかし、行5の災害復旧事業への環境影響評価法の適用は、建設業界にとって自らの業務内容を制限する内容であることから、後述のとおり利益団体は実現阻止の方向で強い関心を持つ。国会も利益団体が実現阻止の方向で大きな関心を持つ場合には、これに連動して実現阻止の方向で大きな関心を持つのが表1-1の基準である。よって、行5の項目について、国会は実現阻止の方向で大きな関心を持つと整理される。これを行5列Dでは「××」として示している。また、国会は最終的な決定権者であり拒否権プレーヤーでもあることから、濃いグレーのセルでこの点も示している。

　次に対象者について述べる。

　第一に、地方公共団体は、次の選挙での当選が基本的選好なので、住民に対してお金を配る内容について実現の方向で大きな関心を持つ。また、お金に関係しなくても被災地に具体的に役立つ項目であれば、お金ほどではないが実現の方向で小さな関心を持つ、というのが表1-1の基準である。

　これを表3-4の項目に当てはめると、行1の被災者生活再建支援金の増額は、住民にお金を配るものなので、実現に向けて大きな関心を持つ。これを行1列Eで「○○」として示している。

　行2の用地委員会による用地取得、行3の20年寿命の簡易住宅、行4の大規模災害復興法の規制緩和措置の3項目は、お金に関係はしないものの被災地に役立つ項目なので、実現に向けて小さな関心を持つと整理できる。これを列Eでは「○」と記載している。

　一方で、行5の災害復旧事業への環境影響評価については、利益団体が実現阻止の方向で大きな関心を持つことから、表1-1の基準に基づき、これと連動して地方公共団体も実現阻止の方向で大きな関心を持つ。これを行5列Eにおいて、「××」と示している。

　第二に、利益団体については、行1から行4の項目はいずれも利益団体の業務内容などに影響を与えないことから、関心を持たない。これを列Fでは「－」で示している。これに対して、行5の災害復旧事業への環境影響評価法の適用については、建設業界にとって復旧・復興に関する工事について追加的な手続きを強制するものであり、業界の収益に直接的に影響を与えることから、既に何度か述べたとおり、実現阻止の方向で大きな関心を持つと整理される。これを行5列Eでは「××」と記載して表している。

　第三に住民について述べる。表1-1の基準では住民は全体的に関心は薄いも

のの、一般的にお金が配られる項目については実現の方向で小さな関心を持つとされる。これを表3-4の各項目に当てはめると、行1の被災者生活再建支援金の増額のみ、お金に関係することから、実現の方向で小さな関心を持つと整理される。これを列Gでは「－」と記載している。それ以外の行2から行5の項目はいずれもお金に関係しないので、関心がない。これを列Gで「－」と示している。

③　各法案の総合評価と実態との食い違い分析

それぞれの法制定についての決定者、対象者の関心の程度は、②に述べたとおりで、これが表3-4の列Bから列Dと列Eから列Gに記載されている。それぞれの記号（「○」と「×」）の数を示したものが列Hと列Iになる。例えば、行1の被災者生活再建支援金の増額についてみると、法制定を決定者する者の関心の数は所管省庁の「○○」、財務省の「××」、国会の「○○」で、6となる。これが行1の列Hに記載されている。これに対して、法改正に影響を受ける対象者の関心は、地方公共団体の「○○」と住民の「○」なので、記号の数の合計は3となる。このため、行1列Iの欄に3と記載されている。

これと同じカウントの仕方を行2の用地委員会の用地取得から行5の災害復旧事情への環境影響評価法適用まで当てはめた結果が、列Hの決定者、列Iの対象者のそれぞれの関心の強さとなっている。

次に、決定者と対象者の双方が関心が大きいと様々な利害調整に時間がかかり実現がしにくくなることが想定されることから、表2-6の決定者と対象者の双方とも関心が大きいか、それとも一方、もしくは双方が関心が小さいか、の区分によって、理論的な実現可能性の程度が推測できる。

表2-6における決定者と対象者の関心の大小による区分を当てはめたものが列Jである。

例えば、行1の被災者生活再建支援金の増額の項目についてみると、決定者の関心が6で対象者の関心が3なので、表2-6の基準では決定者が○又は×が3以上で、対象者が○又は×が3以上なのでⅠの象限になる。この結果が、行1列JにⅠと記載されている。同じ基準で、決定者と対象者の関心の大小の分類について、行2の用地委員会の用地取得から行5の災害復旧事情への環境影響評価法適用まで当てはめた結果が、行2から行4の列Jの記載となっている。

ここで一旦、S評価手法による推定を離れて実際の法制定の実績を整理すると、表3-4で抽出している項目は、国会議員又は参考人が国会の質疑で提案し

3 国会等で議論になったにも関わらず法制定が実現しなかった事項の実態分析

たものの実現していない項目なので、すべて未成立であり、これを列Kでは「×」と記載している。

最後に、国会に提出された法案で未成立のものについてのＳ評価手法による推定と実際の法制定の比較を行う。

表3-5の行1から行5の項目はすべて未成立のものであるが、Ｓ評価手法によると、実現が困難なⅠに分類された項目は行1の被災者生活再建支援金の増額と、行5の災害復旧事業への環境影響評価法の適用の2項目である。これはＳ評価手法の推定と実態が合致している。これを列Lでは「○」と記載している。

これに対して、行2から行4の3項目については、Ｓ評価手法ではⅣの分類であり実現が容易と推定されたにもかかわらず、現実には実現していない。よって、推定と現実が食い違っている項目である。これを列Lでは「×↓」と記載している。

④ Ｓ評価手法の推定結果と実績が異なった事項の特殊事情

アジェンダ設定の観点については、アジェンダ設定が困難にもかかわらず、法案提出まで実現した行1、行2については、3-2-1(2)④で既に述べてたとおり、岩手県による積極的な提案活動があったことが上げられる。

各主体の関心に基づく推定結果と実績については、列Lのとおり、5項目中、2項目が推定結果と実績が整合している。

行2の用地委員会による用地取得は、3-2-1(2)③で述べたとおり、用地委員会という新しい組織を都道府県に設置させることを内容にしたことが上げられる。行4の大規模災害復興法の規制緩和措置は、2-4-3(4)で述べたとおり、詳細な事実は確認できないものの、所管省庁が複数であったことが、障害になった可能性がある。

行3の20年寿命の簡易な住宅についても、Ｓ評価手法からは実現可能性が高いと推定されているが実際には法制定が実現していない。この項目の成立をさまたげた可能性のある事実としては、行3の項目が、応急仮設住宅を所管する内閣府防災担当と公営住宅を所管する国土交通省に分かれており、さらに、具体的に20年寿命の簡易住宅を担当する所管省庁が明確でない点が実現を阻止した特殊事情として指摘できる。

3-2-3　地方議会における議員又は執行機関による法制定等の要望

(1)　地方議会における議員又は執行機関による法制定等の要望の実態把握

　「東日本大震災」と「法改正」という用語を用いた地方議会議事録のデータ（博士論文参考資料Ⅵに掲載している）から、地方議会議員又は執行機関が、東日本大震災の際に法制定の要望を行った発言を抽出したものが表3-5である。

　黄色のセルは、法制定が事後的に実施されたもの、赤のセルは恒久化対応としての法制定が実施されていない項目である。

　表3-5の列Aに記載のない津波被災市町村の議会は、該当する用語を用いた議事が確認できなかったことを意味している。

　以下、地方公共団体ごとに述べる。

　岩手県議会では、行1の被災者被災者生活再建支援金の拡充要望に関する当局側の答弁のほか行2から行4において岩手県が中心になって行った用地取得制度についての議事が行われている。行五から七についてはこの岩手県の要望が実現しまたその実績を説明している議事である。岩手県最後の行8は、被災者生活再建支援金の引き上げ要望である。

　行9の久慈市議会では災害弔慰金の法改正の認識、行10の宮古市議会では復興特区制度の必要性を述べたものである。行11の陸前高田市議会では、市長が被災者生活再建支援金の拡充について賛成の意見を述べたものである。

　宮城県議会においては、後述する通り、仙台市が災害救助法の政令市への権限委譲を要望していたことから、これに対して、行12および行15において、災害救助法の権限委譲の場合に政令市と他の市町村との格差が生じないための基準の策定を要望することを知事が答弁したものである。

　また、宮城県議会議員からは、行16から行19にかけて、被災者生活再建支援金の拡充の拡充を求める質問が行われている。

　なお特徴的な答弁として、行14のとおり、村井宮城県知事から内閣総理大臣の調整権限の強化のための要望の答弁がある。行13の農業者年金に関する質問は技術的な問題であるので後述する。

　仙台市市議会の議事は、行22の被災者生活再建支援金の拡充に関する執行部の答弁以外はすべて災害救助法の実施主体の権限を政令指定都市に委譲すべきという内容に関するもので、22回の議事が確認できる。

　それぞれの地方議会の議事には重複するものがあることから、内容ごとに、

3　国会等で議論になったにも関わらず法制定が実現しなかった事項の実態分析

議員又は執行機関から国に対して法制定の要望のあった事項のうち、まず、表3-5に基づき、法制定が実際に実現した実施された項目（表3-5列Bの白色の表3-5列Bの白色のセル（行5から行7、行8、行10、行12、行13、行15、行20、行21、行23から行42））について整理すると以下のとおりである。なお、⑤は法制定の要望が議会でされているが、法律の運用で対応できた内容である。

① 用地取得制度の手続の簡素化（表2-9の行37の法制定で実現）　行5から行7
② 災害弔慰金の支払い対象に兄弟姉妹追加（表2-7の行5の法制定で実現）行9
③ 復興特区制度の創設（表2-9の行3～35の法制定で実現）　行10
④ 災害救助法の政令市への権限委譲（表2-7の法制定で行3の法制定で実現）行12、15、20．21、23から42
⑤ 防災集団移転用地等への農地売却による農業者年金基金の継続（継続する旨の通知発出済み[15]）　行13

次に現時点で法制定が実現していない項目（表3-5列Bのグレーのセル）を整理すると以下の通りである。

④ 用地取得の特別措置の創設（表3-3の行7、行10、行15と同じ）　行2から行4
⑤ 被災者生活再建支金額の増額などの拡充　行1、行11、行16から行19、行22
⑥ 災害時の内閣総理大臣の調整権限　行14

以上の6つの項目について、アジェンダ設定が容易だったか、各主体の関心の大小からみて実現が容易かどうか、といったS評価手法の推定と実際の実現の有無についての評価を行う。

(2) S評価手法からみた、地方議会で法制定の要望があった事項の評価
① 　地方議会における議員が提案された法制定に関するアジェンダ設定

表3-6の行2の災害弔慰金の支払い対象に兄弟姉妹を追加する法改正、行4の災害救助法の実施主体に政令指定都市を追加する法改正については、2-3-3

---

[15] 独立行政法人農業者年金基金から年金が継続する旨の通知が発出されている。以下のURL参照。https://www.nounen.go.jp/kanyu/tetsuzuki/data/h24/20130220news_01.pdf（最終閲覧2023年12月10日）

表 3-5 地方議会で地方議員等から法制定の要望があった事項

	A	B
1	岩手県議会	○保健福祉部長（根子忠美君）（平成 25 年 9 月定例会　平成 25 年 10 月 4 日）被災者生活再建支援金の拡充を国に働きかける
2		○達増知事（平成 25 年 12 月定例会平成 25 年 12 月 2 日）用地取得制度についての国への要望状況
3		○理事（佐々木和延君）（平成 26 年 2 月定例会 平成 26 年 2 月 27 日）用地取得のために東日本大震災特区法改正及び土地収用法の特別措置法の創設を求める
4		○小野共（平成 26 年 2 月定例会 平成 26 年 3 月 3 日）用地取得制度の改善の要求、国の本気度を問う
5		○岩渕誠（平成 26 年 9 月定例会平成 26 年 10 月 14 日）概ね県の要望内容が超党派の改正で実現したという認識
6		○達増知事（平成 27 年 2 月定例会平成 27 年 2 月 24 日）国の働きかけの結果。東日本特区法改正が実現。法改正に基づく緊急使用申し立てを実施
7		○木村復興局長（平成 28 年 9 月定例会平成 28 年 11 月 14 日）法改正後の収用制度を活用して 7 件で収用裁決
8		○議会意見書（令和 2 年 9 月定例会令和 2 年 10 月 13 日）被災者生活再建支援金の支給額引き上げ要望
9	久慈市議会	○山内市長（平成 23 年第 28 回定例会 6 月 23 日）弔慰金を兄弟姉妹に支払うための法改正が必要であると認識
10	宮古市議会	○山本市長（平成 23 年 6 月定例会 6 月 2 日）復興特区制度が必要
11	陸前高田市議会	○戸羽市長（平成 28 年第 2 回定例会 6 月 15 日）被災者生活再建支援法の野党提出改正案について、支給額の増額、半壊の対象化に賛成の意向
12	宮城県議会	○村井知事（平成 24 年 6 月定例会 6 月 27 日）災害救助法実施主体に政令市がなる場合に政令市と他の市町村の格差が生じないための基準明確化を要望
13		○境恒春委員（平成 24 年 9 月大震災復旧・復興対策調査特別委員会 9 月 11 日）農業者が防災集団移転用地等へ土地売約した場合の農業者年金継続の法改正すべき
14		○村井知事（平成 24 年 6 月定例会 6 月 28 日）総理大臣に対応調整や予算措置の権原を持たせる緊急事態基本法の要望
15		○村井知事（平成 25 年 2 月定例会 3 月 1 日　災害救助法実施主体に政令市がなる場合に政令市と他の市町村の格差が生じないための基準明確化を要望
16		○石橋信勝（平成 25 年 6 月定例会 6 月 24 日）公営住宅居住者に被災者生活再建支援金の加算金を支払うべき
17		○本多祐一朗（平成 27 年 9 月定例会 9 月 16 日）被災者生活再建支援金の支給金額増額すべき
18		○三浦一敏（平成 30 年 9 月定例会 10 月 2 日）被災者生活再建支援金の支給額を増額すべき
19		○八島利美（令和 2 年 9 月定例会 10 月 06 日）被災者生活再建支援金の支給額増額の要求
20	仙台市議会	○奥山市長（平成 23 年第 3 回定例会（第 6 日目）2011-10-04）災害救助法の権限委任を国に働きかける
21		○奥山市長（平成 23 年第 4 回定例会（第 2 日目）2011-12-07）災害救助法の権限委任を国に働きかける
22		○健康福祉局長（高橋宮人）（平成 24 年第 4 回定例会（第 4 日目）2012-12-12）被災者生活再建支援金について、市独自に上乗せはせず、国に拡充を要望する
23		○奥山市長（平成 25 年第 4 回定例会（第 2 日目 2013-12-06）災害救助法の権限委任を国に働きかける
24		○奥山市長（平成 25 年第 4 回定例会（第 6 日目）2013-12-12）災害救助法の権限委任を国に働きかける
25		○岡本あき子（平成 27 年第 4 回定例会（第 5 日目）2015-12-15）災害救助法の政令市委任についてあらかじめ県と協議すべき
26		○まちづくり政策局長（平成 28 年度 予算等審査特別委員会（第 12 日目）2016-03-10）災害救助法について国だけではなく県にも働きかける
27		○奥山市長（平成 28 年第 2 回定例会（第 2 日目）2016-06-16）災害救助法の権限委任を国に働きかける
28		○大槻まちづくり政策局長（平成 28 年第 4 回定例会（第 2 日目）2016-12-09）国で災害救助法の検討が開始された。しっかり権限委譲に取り組む
29		○大槻まちづくり政策局長（平成 28 年第 4 回定例会（第 4 日目）2016-12-13）国で災害救助法の検討が開始された。しっかり権限委譲に取り組む
30		○奥村市長（平成 28 年第 4 回定例会（第 6 日目）2016-12-15）国が設置する県と指定市の調整会議で、災害救助法の権限委譲を働きかける
31		○大槻まちづくり政策局長（平成 29 年第 1 回定例会（第 6 日目）2017-02-21）国で災害救助法の検討が開始された。しっかり権限委譲に取り組む

3　国会等で議論になったにも関わらず法制定が実現しなかった事項の実態分析

32	○奥山市長（平成29年第2回定例会（第2日目）2017-06-14）政令市間で意見が異なるものの、災害救助法の権限委任を国に働きかける
33	○郡市長（平成29年第4回定例会（第2日目）2017-12-13）知事会が反対しているものの、災害救助法の権限委任を国に働きかける
34	○大槻まちづくり政策局長（平成29年第4回定例会（第6日目）2017-12-19）国で災害救助法の報告書がでた。しっかり権限委譲に取り組む
35	○大槻まちづくり政策局長（平成30年第1回定例会（第2日目）2018-02-19）国の方針を踏まえ、他の政令市と仮設住宅関係団体で協議開始
36	○郡市長（平成30年第1回定例会（第3日目）2018-02-20）災害救助法の権限委任が実を結びつつある
37	○郡市長（平成30年第2回定例会（第2日目）2018-06-13）災害救助法の改正を踏まえ、宮城県と協議する
38	○郡市長（平成30年第2回定例会（第3日目）2018-06-14）災害救助法の改正を踏まえ、宮城県と協議を進める
39	○郡市長（平成30年第3回定例会（第3日目）2018-09-11）宮城県知事と直接話しをした
40	○郡市長（平成30年第4回定例会（第2日目）2018-12-12）宮城県との協議は順調に進んでいる
41	○防災計画課長（平成31年総務財政委員会 2019-01-21）災害救助法が成立、公布された。速やかな指定にむけて準備中
42	○郡市長（平成31年第1回定例会（第3日目）2019-02-15）宮城県と詰めの協議をしており、近く国に申請する

　(1)で述べたとおり、前者は2013年という東日本大震災の発生から3年以内であることからアジェンダ設定は容易と評価されるのに対して、後者は2018年に国会に提案されていることから、アジェンダ設定は困難と推定される。その結果が表3-6の列Aの行2で「□」と、行4で「△」と記載されている。

　行3の復興特区法については、2-4-3(1)で述べたとおり、2012年に国会に提案されていることから、東日本大震災の発生から3年以内であり、アジェンダ設定は容易と推定される。この結果が、表3-6の行3列Aの「□」の記載である。

　また、行1の5戸以上の小規模団地に収用権等、行6の用地委員会の用地取得、行7の被災者生活再建支援金の増額は、3-2-1(2)で述べたとおり、国会に提案されたのが、2014年4月と、東日本大震災の発生から3年より後であることから、アジェンダ設定は困難と推定される。この結果が、表3-6の行1、行6と行7のいずれの項目の列Aで「△」と記載している意味である。

　最後に、行5の項目は、2012年という発災の翌年に議論され、実際にも通知で対応が実現していることからアジェンダ設定が容易だと推定され、行5列Aで「□」と記載している。

　また、表3-5の行14で抽出した宮城県知事要望の内閣総理大臣の調整権限の強化の項目のうち、行9の緊急事態期、応急期に関するものの法改正は、議論自体が2012年にされ、2013年の災害対策基本法の改正案で国会に提出されたことから、アジェンダ設定は容易だったと推定される。この結果を、行9列Aで「□」と示している。

表 3-6　地方議会における法制定の要望に関する S 評価手法による評価結果

		A	B	C	D	E	F	G	H	I	J	k	L
			決定者			対象者（臨時的措置は被災地、恒久化対応は全国）			関心の強さ（記号の数）		決定者・対象者の関心の分類	成立・未成立	S評価手法の説明能力
			中央省庁		国会	地方公共団体	利益団体（業界団体）	住民（国民）					
		アジェンダ設定	所管省庁	財務省					決定者	対象者			
1	5戸以上の小規模団地に収用権等	△	○	－	－	○	－	－	1	1	IV	○	○
2	災害弔慰金改正（支払い対象に兄弟姉妹追加）	□	○○	－	－	○○	－	○○	2	4	II	○	○
3	復興特区法	□	○	×	○	○○	－	○○	4	4	I	○	×↑
4	災害救助法改正（救助実施市）	△	○○	－	－	○○	－	－	2	2	IV	○	○
5	防災集団移転の農業者年金基金継続	□	○	－	－	－	－	－	1	0	IV	○	○
6	用地委員会による用地取得	△	○	－	－	○	－	－	1	1	IV	×	×↓
7	被災者生活再建支援金の引き上げ	△	○○	××	○○	○○	－	○	6	3	I	×	○
8	内閣総理大臣の調整権限強化（復旧・復興時）		○○	×	－	－	－	－	3	0	III	×	×↓
9	内閣総理大臣の調整権限強化（緊急事態期・応急期）	□	○○	－	－	－	－	－	2	0	IV	○	○

（備考）列 A のうち、□は東日本大震災の発災後 3 年以内で提案されたこと、△は 3 年よりのちに提案されたこと、空欄はアジェンタ設定がされていないことを意味する。列 L の×↓は、S 評価手法では実現すると推定されたのに対して、実際は実現しなかったことを意味している。濃いグレーのセルは拒否権プレーヤーを意味している。

　これに対して、宮城県知事の要望項目の内閣総理大臣の調整権限の強化のうち、復旧・復興期に関する行 8 の項目は、行 9 の項目と同じく、2012 年に議論されたものの、結果として、国会への法案提出が実現しておらず、アジェンダ設定の容易困難が判断できるまでの状況に至っていない。このため、表 3-6 の行 8 列 A では空欄となっている。

3　国会等で議論になったにも関わらず法制定が実現しなかった事項の実態分析

② 　地方議会からの要望事項に関係する各主体の関心の大きさ

　地方議会における地方議員等からの法制定に関する要望について、表1-1の各主体ごとの法制定に対する関心を、具体的な法制定等の内容から機械的に当てはめたものが表3-6の列Bから列Gである。

　まず、行1の「5戸以上の小規模団地に収用権等」、行6の「用地委員会による用地取得」、行7の「被災者生活再建支援金の引き上げ」は、表3-2の行1、行2、行3と同じ項目であり、表3-2の列Bから列Gと同じ記載となっている。また、行2の「災害弔慰金支払い対象に兄弟姉妹を追加」、行4の「災害救助法実施市に政令市追加」は、表2-8の行1と行6と同じであり、それぞれの行の列Bから列Gの記載と同じである。行3の復興特区法は表2-12の行2と同じであり、表2-12の行2の列Bから列Gの記載と同じとなる。

　よって、表3-6の行1から行4までと行6と行7の各主体の関心の大きさに関する説明は省略する。

　表3-6で初めて現れた行5の「防災集団移転に対する農業者年金基金の継続」については、表1-1の基準に基づき、所管省庁は組織存続という関心からいって恒久的ではなく臨時的な措置なので、実現する方向ながら、関心は小さいと推定される。これを行5列Bで「○」で示している。

　また、この行5の項目は、お金の配分に関係ないので、決定者である財務省、国会とも関心がなく、対象者である地方公共団体、住民ともお金に関係ないので、関心がないと推定される。また、利益団体の業務範囲や収益構造にも全く関係ないので、関心がないと推定される。この結果が、行5の列Cから列Gまでを「－」と記載している理由である。

　内閣総理大臣の調整権限の強化については、所管省庁は組織存続が基本的選好であり、かつ、恒久的な制度であることから、表1-1の基準に基づき、実現の方向で大きな関心をもつと推定される。これが、行8と行9の列Bでそれぞれ「○○」と記載されている趣旨である。

　これに対して、財務省は行9の緊急事態期・応急期は予算支出拡大に関係が少ないとして、関心を持たないと推定される。この結果が行9列Cの「－」の記載である。これらに対して、行8の内閣総理大臣の調整権限強化のうちの復旧・復興期に関する法改正は、復旧・復興事業という巨額の予算支出に関係する調整権限であることから、直接予算支出には関係ないものの、予算調整権限を含む可能性があるので、表1-1の基準に基づき、財政支出が限定的と整理

81

され、実現阻止の方向で小さな関心を持つと推定される。これを行8列Cでは「×」と示している。

行8と行9の内閣総理大臣の調整権限強化に関係する2項目は、決定者のうち国会、対象者のうち地方公共団体、住民ともお金の配分に関係がないので、関心がないと推定される。また、利益団体は自らの業務範囲や収益構造に全く関係がないので、関心がないと推定される。この結果が、行8と行9の列Dから列Gまでが「－」と記載されている理由である。

③　地方議会からの要望事項の総合評価と実態との食い違い分析

それぞれの法制定についての決定者、対象者の関心の程度は、②に述べたとおりで、これが表3-6の列Bから列Dと、列Eから列Gに記載されている。それぞれの記号（「〇」と「×」）の数を示したものが列Hと列Iになる。例えば、行1の5戸以上の小規模団地に収用権等についてみると、法制定を決定者する者の関心の数は所管省庁の「〇」のみなので、決定者の関心の強さを示す列Hは1となる。これに対して、法改正に影響を受ける対象者の関心は、こちらも、地方公共団体の「〇」だけなので、記号の数は1となり、行1列Iの欄に1と記載されている。

これと同じカウントの仕方を、行2の災害弔慰金改正（支払い対象に兄弟姉妹を追加）から行9の内閣総理大臣の調整権限の強化（緊急事態期・応急期）まで当てはめた結果が、列Hの決定者、列Iの対象者のそれぞれの関心の強さとなっている。

次に、決定者と対象者の双方が関心が大きいと様々な利害調整に時間がかかり実現がしにくくなることが想定されることから、表2-6の決定者と対象者の双方とも関心が大きいか、それとも一方、もしくは双方が関心が小さいか、の区分によって、理論的な実現可能性の程度が推定できる。

表2-6における決定者と対象者の関心の大小による区分を当てはめたものが列Jである。

例えば、行1の5戸以上の小規模団地に収用権等についてみると、決定者の関心が1で対象者の関心が1なので、表2-6の基準では決定者が〇又は×が3より小さく、対象者が〇又は×が3より小さいので、Ⅳの象限に該当する。この結果が、行1列JにⅣと記載されている。同じ基準で、決定者と対象者の関心の大小の分類について、行2の災害弔慰金改正（支払い対象に兄弟姉妹を追加）から行9の内閣総理大臣の調整権限の強化（緊急事態期・応急期）まで当て

3 国会等で議論になったにも関わらず法制定が実現しなかった事項の実態分析

はめた結果が、行2から行9の列Jの記載となっている。

ここで一旦、S評価手法による推定を離れて実際の法制定の実績を整理すると、表3-6で抽出している項目のうち、行1の「5戸以上の小規模団地に収用権等」、行3の「復興特区法」は復旧・復興期の法改正として、2-4-1(1)に記述のとおり実現している。また、行2の「災害弔慰金改正（支払い対象に兄弟姉妹を追加）」、行4の「災害救助法改正（救助実施市）」は、応急期の法改正として、2-3-1(1)に記述したとおり、実現している。行8と行9の「内閣総理大臣の調整権限の強化」の項目は、5-2-1(2)で詳述するとおり、行8の復旧・復興期は実現しておらず、行9の「緊急事態期・応急期の部分」のみ実現している。さらに、行5の「防災集団移転の農業者年金基金の継続」は、(1)でのべたとおり通知によって実現している。これらについては、列Kにおいて「○」と記載している。

これに対して、行5の「用地委員会による用地取得」と行6の「被災者生活再建支援金の引き上げ」は、3-2-2(2)で述べたとおり、すべて未成立であり、これを列Kでは「×」と記載している。

最後に、地方議会の要望事項に関するS評価手法による推定と実際の法制定の比較を行う。

表3-6の行1、行2、行4、行5、行9の項目については、いずれも実現しており、S評価手法でも、ⅡかⅣに分類され実現が容易と推定されている。よって、S評価手法の推定と実際の法制定の実現結果が合致している。これを、列Lでは「○」で示している。

これに対して、行3の「復興特区法」は、S評価手法では実現が困難と推定されているものの、現実には実現している。S評価手法の推定結果と反して実現したということで、行3列Lでは、「×↑」と記載している。

行6の「用地委員会による用地取得」と行8の「内閣総理大臣の調整権限強化（復旧・復興時）」の2項目は、S評価手法では実現が容易と推定されるが、実際には実現していない。このため、これを列Lでは、「×↓」と記載して、その意味を示している。

④　S評価手法の推定結果と実績が異なった事項の特殊事情

アジェンダ設定の観点からは、アジェンダ設定が円滑にいく時期でないにもかかわらず、法制定が実現している事項としては、行1の「5戸以上の小規模団地に収用権等」と行4の「災害救助法改正（救助実施市）」が、表3-6の列

Aで「△」にもかかわらず、列Lで「○」すなわち実現しており、この2つの項目が該当する。

行1の「5戸以上の小規模団地に収用権等」については、3-2-1(1)④で述べたとおり、岩手県の積極的な提案活動が、行4の項目については、2-3-3(4)②で既に述べたとおり、全国知事会の提案活動などがある。

狭義のS評価手法の推定結果と実績については、列Lのとおり、9項目中、6項目（行1、行2、行4、行5、行7、行9）が推定結果と実績が整合している。

狭義のS評価手法の推定結果と実績との食い違いを生じた可能性のある事実について、行3の「復興特区法」については、2-4-3(4)で述べたとおり、復興基本法と復興特区法という2段階で法制定を実現したことから、S評価手法では実現困難と推定されたにもかかわらず、実現している。これに対して、行6の「用地委員会による用地取得」は、3-2-1(2)④で既に述べたとおり、用地委員会という新しい組織を都道府県に設置させる点が阻害要因になった可能性が高い。

行8の復旧・復興期における「内閣総理大臣の調整権限の強化」については、実現しなかった方向に働いた特段の特殊事情は確認できない。ただし、表3-5の行14の村井知事の発言にあるとおり、この権限強化が予算調整権限までを意味しているとすれば、財政規律に強い関心のある財務省の関心を呼んだ可能性も否定できない。また、内閣総理大臣の調整権限を強化すると、内閣総理大臣の調整を受ける側の多数の省庁の権限を減らす効果があることから、すべての省庁から協力を得られなかった可能性もある。

3-3　第3章の小括

以上、第3章では、①国会で法案が提出されたものの未成立の法案、②国会において議員又は参考人から法制定の提案があった事項、③地方議会において法改正の提案があった事項について、収集し分析を行った。

第3章の各節では、上記の区分でそれぞれ関係する事項の分析を行ったが、これを第2章と同じく、「緊急事態期」「応急期」「復旧・復興期」の時期の区分に再整理したものが、表3-7である。表3-7では、上記①で抽出したものを「国会未成立法案」、②の作業で抽出したものを「国会の議論」と、③の作業で抽出したものを「地方議会の議論」と最初に記載した上で、具体的な各事項の内容をかっこ内に記載している。また、緊急事態期では、列Aのそれぞれの

3 国会等で議論になったにも関わらず法制定が実現しなかった事項の実態分析

表 3-7 東日本大震災時に議論になった法制定に関する事項

	A	B		C	D		E	F
	緊急事態期			応急期			復旧・復興期	
	議会要望	法制定		議会要望	法制定		議会要望	法制定等
1	国会の議論（国の直轄代行）	道路法等改正	1	地方議会の議論（災害救助法の政令市への権限委譲）	災害救助法改正	1	国会の議論（5戸以上の小規模団地の収用権等）	復興特区法等改正
2	地方議会の議論（内閣総理大臣の調整権限（緊急事態期・応急期））	災害対策基本法改正	2	地方議会の議論（災害弔慰金の支払い対象拡大）	災害弔慰金法改正	2	地方議会の議論の議論（5戸以上の小規模団地の収用権等）	復興特区法等改正
3	地方議会の議論（内閣総理大臣の調整権限（復旧・復興期））		3	国会未成立法案（被災者生活再建支援金の拡充）		3	地方議会の議論（復興特区法）	復興特区法制定
			4	国会未成立法案（災害弔慰金の支給に国の基準創設）		4	地方議会（防災集団移転用地等への農地売却による農業者返金基金の継続）	農業者年金基金からの通知発出
			5	国会の議論（被災者生活再建支援金の拡充）		5	国会の未成立法案（用地委員会による簡易な手続による権利取得）	
			6	地方議会の議論（被災者生活再建支援金の拡充）		6	国会の議論（用地委員会による簡易な手続による権利取得）	
						7	国会の議論（20年程度の寿命の簡易住宅の供給）	
						8	国会の議論（大規模災害復興法の規制緩和と内容の充実）	
						9	国会の議論（災害復旧事業に環境影響評価法適用）	
						10	地方議会の議論（用地委員会による用地取得）	

項目に対応して列Bでは法制定が実現したものはそれを記載し、法制定が実現していないものは空欄としている。同様の関係は、応急期の列Cと列D、復旧・復興期での列Eと列Fの関係でも同じである。

なお、第3章で抽出した、①国会で法案が提出されたものの未成立の法案、②国会において議員又は参考人から法制定の提案があった事項、③地方議会において法改正の提案があった事項のうち、対応する法制定が行われていない事項を列B、列D、列Fで白のセルの空欄で示している。

S評価手法からみた実現が容易か、困難か、という推定結果と実際の法制定の実現状況を比較すると、①の国会で法案が提出されたものの未成立の法案では、4項目中3項目が、②の国会において議員又は参考人から法制定の提案が

あった事項では、5項目中2項目、③の地方議会において法改正の提案があった事項では9項目中6項目がS評価手法による推定結果と実績が整合的であることが確認できた。

　また、例外的に、S評価手法の推定と実績が異なる事項として、用地委員会による用地取得、災害弔慰金の参酌基準、20年寿命の簡易住宅、復旧・復興期における内閣総理大臣の調整権限の強化が確認でき、逆に、S評価手法では、実現可能性が低いと推定されながら、実際には法制定が実現している事項として、復興特区法が該当するという知見が得られた。

　さらに、これらの推定結果と実績が異なる事項については、推定結果と異なった特殊事情を分析した。その結果、推定では実現可能性が低いとされたにもかかわらず実際には実現した項目では、復興特区法であり、第2章で既に述べた「最初の法改正で方針を定め2度目の法改正で具体的な内容を実現したこと」と同じである。

　逆に、推定では実現性が高いとされたにもかかわらず実際には実現しなかった項目では「用地委員会という新しい組織の創設という、本来の制度と直接関係ない事項を法制定に含んでいたこと」等の特殊事情を確認できた。

4 政府組織関係の修正に係る未措置事項の課題及び改善策に関する分析

4-1 政府関係組織の修正に係る未措置事項を分析する視点

4-1-1 政府組織関係の修正に係る論点を先にまとめて論じる必要性

　第2章では、東日本大震災の際に講じられた法制定及び超法規的通知を抽出するとともに、臨時的な措置なのか、どこまで恒久的な対応まで取られているのかを明らかにした。その全体像は2-5の表2-13に示すとおりである。

　第3章では、国会、地方議会で法制定についての具体的な議論や要望があった事項を抽出して、実際に、法改正などの措置がとられたものととられなかったものを整理した。その全体像は、3-3の表3-7である。

　また、第2章、第3章で抽出した事項ごとに、S評価手法の推計結果と推定とはずれ場合における特殊事情を明らかにした。

　第4章以下では、以上の第2章、第3章の分析を踏まえて、恒久的な対応がとられていない事項、いわゆる「未措置事項」についての具体的な改善策を論じる。

　以下改善策を論じるにあたっては、特に、平時に比較して、災害時における、国・地方公共団体と執行機関・議会の政府組織関係を修正することを内容とする事項について、先行して課題及び改善策の分析を行う。

　政府組織関係を修正する事項を先行して分析する理由は以下の3点である。

① 第2章、第3章で整理してきた規制緩和や資金の給付などの事項はすべて、政府組織が実施することが前提になっている。その政府組織自体を修正することは、すべての事項の前提になる共通の切り口であり、まず、政府組織の修正が論点となっている事項を先にまとめて論じることは、合理的であること。

② 政府組織の修正について論じる本章の議論は、個々の未措置事項について施策ごとに論じる際に、共通の分析ツールとなりえることから、個々の未措置事項の分析に先駆けて論じることが適切であること。

③ 政府組織関係を修正することは、既に述べたとおり、S評価手法の前提

となる各アクター自体を変動させるものであり、それに対する課題及び改善方針の分析は特に重要である。このため、未措置事項の改善策等を分析するにあたって、他の論点に先行して、政府組織関係の修正について論じる 95F ことは、論述上適切であること。

④ 図 4-1 のタイプ 2 とタイプ 3 は、国レベルと、地方レベルで、執行機関と議会との関係を修正するものであり、まとめて論じることが適切であること。

次に、本章で前提とする政府組織関係は図 4-1 で示すとおり、国と地方公共団体という国・地方関係と、執行機関と議会という、行政・議会関係のマトリックスで考えると、その間の政府組織間関係を修正するタイプは国と地方公共団体の執行機関相互の関係（図 4-1 のタイプ 1）、国における執行機関と議会（国会）との組織間関係（図 4-1 のタイプ 2）、と地方公共団体における執行機関と議会との政府組織間関係（図 4-1 のタイプ 3）の 3 つのタイプが存在する。なお、国会及び地方議会では大災害の際には法律、条例、予算制定を行うものの、国会と地方議会で権限配分など組織間関係を調整するという議論は存在しないことから、図 4-1 の B 列をタテにみて組織関係を変更するタイプは設定しない。

また、図 4-1 では、例えば、タイプ 2 であれば、行 1 列 A と行 1 列 B の間の組織関係の修正を図るといったように、2 つのセル間に議論を限定している。実際には、例えば、超法規的通知は、タイプ 2 の「平時では国レベルの執行機関と議会で決定していたプロセスを執行機関だけに限定する政府組織関係

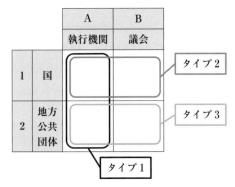

図 4-1　政府組織関係のタイプ分け

4 政府組織関係の修正に係る未措置事項の課題及び改善策に関する分析

修正」と整理できるものの、一面で、地方公共団体に発出した超法規的通知であれば、タイプ1の国・地方公共団体関係の政府組織間修正の性格もゼロではない。ここでは、分析を簡単にするために、最も強い組織間関係の修正に着目して、タイプ1から3までの区分を行う。

4-1-2 本章で論じる項目の整理

具体的に、タイプごとに本章で分析する事項を述べる。

まず、タイプ1に分類される事項は、

a) 第2章の分析結果をまとめた表2-13（東日本大震災時の法制定等及びその後の恒久化対応）のうち、緊急事態期（列A及び列B）の行5（補助国道に対する国土交通大臣の道路啓開代行）、行7（災対法改正による国による都道府県の応急措置代行）、行8（港湾法改正による国土交通大臣による緊急確保航路内の物件収用）、復旧・復興期（列E及び列F）の行7（災害復旧事業の国による代行）、行8（廃棄物処理の国による代行）、行9（都市計画代行）

b) 第3章の分析結果をまとめた表3-7（東日本大震災の際に議論になった法制定に関する事項）のうち、緊急事態期（列A及び列B）の行1（国の直轄代行）

があげられる。これらはすべていわゆる地方公共団体の業務を国が災害時に代行する制度である。

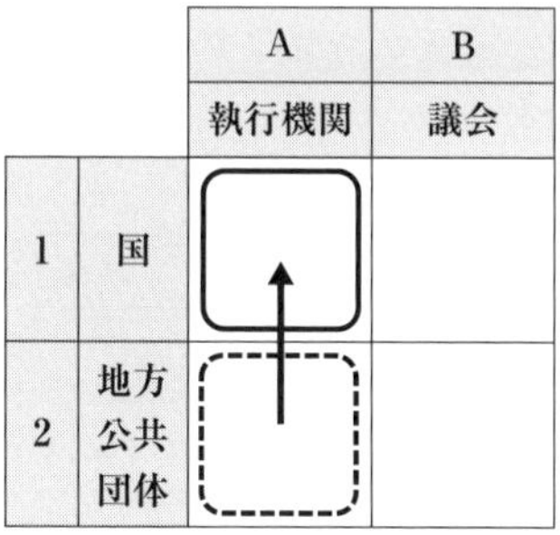

	A	B
	執行機関	議会
1 国		
2 地方公共団体		

図4-2 国による代行制度のイメージ図

（備考）点線は平時の制度を、実線は災害時のをイメージしている。以下図4-4まで同じ。

分類の理由としては、国の代行規定が、本来地方公共団体の執行機関が対応すべき事項を災害時に国の執行機関が代わりに実施するという意味において、国と地方公共団体の執行機関の相互関係を修正するタイプ１に分類している。
　この事項のイメージは図4-2のとおりである。
　次にタイプ２に分類される事項としては、
　　a）第２章の分析結果をまとめた表2-13（東日本大震災時の法制定等及びその後の恒久化対応）のうち、緊急事態期の行１から行５があげられる。
　　b）第３章の分析結果をまとめた表3-7（東日本大震災の際に議論になった法制定に関する事項）には、タイプ２に分類される事項は存在しない。
　結果としては、上記a）はすべて超法規的通知にかんするものなので、タイプ２に分類されるものは、超法規的通知の発出である。
　分類の理由としては、超法規的通知については、本来、国会を通じて法律として制定すべき事項を国の執行機関すなわち中央省庁で決定したという意味で、国のダ段階で執行機関と国会との間の組織関係を修正するタイプ２に分類される。
　この事項のイメージは図4-3のとおりである。
　最後にタイプ３に分類される事項を整理すると以下の２つである。
　　a）第２章の分析結果をまとめた表2-14（東日本大震災時の法制定等及びその後の恒久化対応）のうち、応急期の行１（災害弔慰金法に基づく災害援護資金の条例による金利引き下げ）、復旧・復興期行４（復興特区法の推進計画のうち工場立地法の緑地等立地基準を条例により緩和）
　　b）第３章の分析結果をまとめた表3-7（東日本大震災の際に議論になった法

		A	B
		執行機関	議会
1	国	←	
2	地方公共団体		

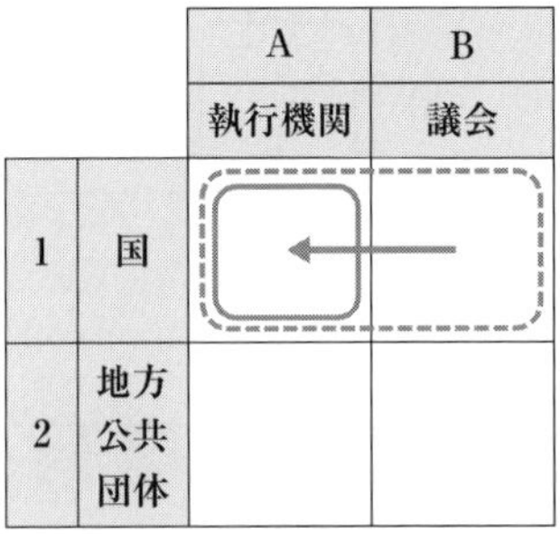

図4-3　超法規的通知のイメージ図

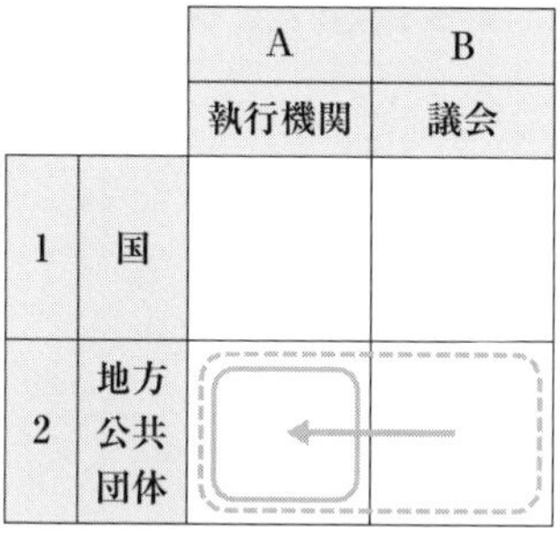

4 政府組織関係の修正に係る未措置事項の課題及び改善策に関する分析

	A 執行機関	B 議会
1 国		
2 地方公共団体	←	

図 4-4　災害時における地方議会省略特例のイメージ図

制定に関する事項)のうち、応急期の行2(災害弔慰金法に基づく支給基準の法定化)

分類の理由としては、工場立地法の緑地等の準則緩和と災害弔慰金法に基づく緩和等について地方公共団体条例の制定を義務付けしている点が、平時と同じで良いのか、条例制定義務付けを省略できるのではないか、という論点から、地方公共団体レベルでの執行機関と議会との組織関係を修正するタイプ3にあげている。

この事項のイメージは図4-4のとおりである。

なお、表2-13の緊急事態期の行5の補助国道に対する国土交通大臣の道路啓開代行は、国と地方公共団体の執行機関の組織関係を修正するタイプ1の性格と、国のレベルでの執行機関と国会との間の組織関係を修正するタイプ2の性格を持つことには留意が必要である。

4-2　国の代行制度(政府組織関係修正タイプ1)

4-2-1　国の代行制度の実態

災害の際に都道府県等が平時に行うべき業務を国が代行することは、4-1-2で述べたとおり、行政機関関係のうち、国の執行機関が、地方公共団体の執行機関の業務を代行するという意味で、政府組織関係を修正する性格を有している。(図4-2参照)

2-2の緊急事態期の対応、2-4の復旧・復興期の対応において、国の代行制度を記述しているが、それぞれの章に分散していることから、再整理すると表4-1のとおりである。

表4-1 東日本大震災前後の国の代行制度

		A 応急期	B 復旧・復興期
1	東日本大震災以前の法律に基づく代行制度	（市町村の応急措置を都道府県が代行（災対法第73条）ただし、国の代行規定なし）	
2	東日本大震災の際の法律に基づく代行制度		○東日本大震災の際の災害復旧事業の代行制度（東日本大震災による被害を受けた公共土木施設の災害復旧事業等に係る工事の国等による代行に関する法律）
3			○東日本大震災の際の災害廃棄物の代行制度（東日本大震災により生じた災害廃棄物の処理に関する特別措置法）
4	東日本大震災より後の法律に基づく代行制度	○都道府県の応急措置を国が代行（災対法第78条）	
5		○国土交通大臣による道路啓開の代行（道路法第17条第7項）	
6		○国土交通大臣による港湾管理の代行（港湾法第55条の3の3）	
7			○災害復旧工事の代行（大規模災害復興法第43条～第52条）
8			○災害廃棄物の処理の代行（災対法第86条の5）
9			○都市計画決定の代行（大規模災害復興法第42条）

　表4-1では、列はAの応急期とBの復旧・復興期という対策を講じる時期に分け、行は行1が東日本大震災以前の代行制度、行2と行3が東日本大震災の際に講じられ、かつ、東日本大震災に特化した臨時的措置を、行4から行9は、東日本大震災以降に恒久的な対応として実現した法制定を整理している。
　まず、東日本大震災の際に、これに特化して臨時的措置として法制定がされた代行制度は、列Aの応急措置には存在せず、列Bの行2の災害復旧事業の

代行制度、行3の災害廃棄物に関する代行制度の法制定が実現している。このうち、行2列Bの災害復旧事業の代行制度は、漁港8施設、港湾16施設、海岸12施設の実績があがっている。

この表4-1の臨時的措置としての行2、行3の代行制度は、その後、恒久的な対応として、B列の行7の大規模災害復興法に基づく災害復旧工事の代行制度、行8の災対法に基づく災害廃棄物の処理代行制度として、それぞれ、恒久的な対応としての法制定が行われている。

また、2-2-1(4)で発掘した超法規的通知の1つに関係する国土交通大臣が管理権限のない補助国道などについての国土交通大臣による道路啓開の特例は、恒久的な対応として、表4-1の行5列Aの道路法改正によって対応している。なお、超法規的通知に基づく国土交通大臣の道路啓開代行の実態は、2-2-1(4)にすでに述べたとおりである。

これに加えて、表2-13の行7列Bで記載した災対法改正による国による都道府県の応急措置の代行は、表4-1の行4列Aに、表2-13の行8列Aの港湾法改正による緊急確保航路内の物件収用の特例は、表4-1の行6列Aに記載している。

4-2-2　国の代行制度の課題及び改善策

(1) 現行の国の代行制度に関するS評価手法による評価の再整理

タイプ1に属する国の代行制度の課題を分析する前提として、既に実現している国の代行制度について、第2章、第3章で分析したのと同様に、S評価手法に基づいて、決定者、対象者に分けたうえで、各主体の関心の大小を、表1-1に基づいて推定し、さらに、その結果として、表2-6によって、決定者、対象者の関心の大小のマトリックスに従って、ⅠからⅣまでのグループに分類する。そして、Ⅰは決定者と対象者の関心がそれぞれ大きいことから、調整に時間がかかり実現が難しく、Ⅱ、Ⅲ、Ⅳは実現が容易と推定する。

その結果を、表4-2の行1と行2に記載している。

行1の東日本大震災に特化した国の代行制度は代行制度は、時限的なものであり所管省庁の権限拡大も限定的なので、実現に向けた関心をもつものの、その関心は小さいと推定される。これを表4-2の行1列Bでは「○」と記載している。一方で、対象者のうち、被災した地方公共団体は、表1-1の基準から

お金に関係しないものなので、大きな関心はもたないものの、被災した自分の行政区域に対するものなので、実現の方向で小さな関心をもつと推定される。これを行1の列Eで「○」と記載している。

決定者のうち財務省、国会はお金に関係がないので、関心がないと推定される。これを行1の列C、列Dでは「－」と記載している。また、対象者のうち、住民もお金に関係がないので、関心がなく、また、利益団体も業界団体の業務範囲や収益構造に影響がないので、関心がない。これを、行1の列F、列Gでは「－」と記載している。

次に、行2の恒久的な国の代行制度についてS評価手法を当てはめる。

まず、決定者のうち所管省庁は恒久的な権限拡大に繋がることから、実現の方向で大きな関心を持つ。これを行2列Bでは「○○」で表している。これに対して、対象者の地方公共団体はお金の配分には関係なく、将来の災害に備えた一般的な制度であることから関心を持たないと推定される。これを行2列Eでは「－」で表している。

決定者のうち、財務省、国会、住民は、お金に関係しないことから、関心がなく、また、利益団体も業界の業務範囲や収益構造に影響を与えないので関心を持たない。これを行2の列C、列D、列F、列Gで「－」と記載して示している。

以上の「○」「○○」という記載を行1、行2ごとに関心の強さとして記号の数を合計したものが、行1と行2の列Hと例Iである。行1の東日本大震災に対応した国の代行制度は、決定者のうち所管省庁が「○」で1つの記号があり、対象者のうち地方公共団体も「○」が1つである。これを行1の列Hと列Iでそれぞれ「1」を記入して示している。決定者と対象者がそれぞれ1の場合には、表2-8のマトリックスに当てはめるとⅣのグループになり、実現可能性が高いと推定される。

同様に行2の恒久的な国の代行制度についても、決定者の関心を記号の合計で主計すると、所管省庁の「○○」なので、2、これに対して対象者はいずれも「－」なので記号がゼロとなる。この結果を、行2の列Hの「2」、列Iの「0」で示している。また、この決定者、対象者の関心の強さは、表2-8のマトリックスに当てはめると、Ⅳのグループとなり、こちらもS評価手法に基づけば、実現可能性が高いと推定される。

以上の行1の東日本大震災に対応した国の代行制度と行2の恒久的な国の代

4 政府組織関係の修正に係る未措置事項の課題及び改善策に関する分析

表 4-2 S評価手法からみた国の代行制度の対応必要性と実現可能性

	A	B	C	D	E	F	G	H	I	J	K
	今後の対応必要性	決定者				対象者（臨時的措置は被災地、恒久化対応は全国）		関心の強さ（記号の数）		決定者・対象者の関心の分類	S評価手法からみた実現可能性
		中央省庁		国会	地方公共団体	利益団体（業界団体）	住民（国民）	決定者	対象者		
		所管省庁	財務省								
1	東日本大震災に対応した国の代行制度（災害復旧事業、災害廃棄物）	○	−	−	○	−	−	1	1	IV	
2	その後の恒久的な国の代行制度（応急措置、道路啓開、港湾管理、災害復旧工事、災害廃棄物、都市計画決定）	○○	−	−	−	−	−	2	0	IV	
3	大災害時の新しい国の代行制度	□：正義性基準の問題なし、体制・技術力で余裕のある国が代行することは効率的	−	−	○	−	−	2	0	IV	●

(備考) 列Aの□は今後の対応必要性が確認できるという意味である。列Kの●はS評価手法からみて実現可能性が高いという意味である。

行制度はいずれもS評価手法によれば実現可能性が高いと推定され、現実にも実現している。行2の東日本大震災のあとに恒久的な対応として制定した国の代行制度は、所管省庁は恒久的な制度として関心が大きい（「○○」）一方で、地方公共団体は全国制度でありお金に関係ないので無関心（「−」）とし、その他は行1と同じと考える。

(2) 対応必要性の確認

本章からは、今後の改善方針を議論することから、論点となる事項について共通に適用するための「対応必要性」を判断するための客観的な基準を設定する。

第一に、東日本大震災の際に臨時的措置に止まって恒久的な対応がとられていない項目のうち、臨時的措置として、具体的に実績が確認された事項については、東日本大震災の現場でのニーズに合致したことが実績によって確認できることから、恒久的な対応のための法制定等について対応必要性もあるとする。

第二に、東日本大震災の際には、未実施となっていて実績がない事項についても、国会又は地方議会において、東日本大震災の際に対応が必要だと公式に

議論された事項であることから、対応必要性がある可能性があると整理する。ただし、具体的な実績がないことから、その内容が正義性基準（公平性基準）、すなわち不公平な結果ともたらさないこと、さらに効率性基準（無駄をはぶき費用面からみて効率的であること）が、一般的に確認できる内容であれば、対応必要性があると整理する[16]。

逆に、現時点で、誰かに対して不公平になるなど正義性基準に反する可能性がある場合、または、無駄な費用がかかるなど効率性基準からみて支障がある可能性がある場合には、国会、地方議会で議論されただけでは、将来、法制定等を行うべきとは判断することができない。これらの正義性基準又は効率性基準からみて、支障がないと判断できないものについては、改善策として分析するのではなく、仮に、仮にこれらの基準が満たされる場合にはどのように改善すべきか、という「検討」案を示す。

第三に、第一の例外として、東日本大震災の際に臨時的措置として実績がある事項であっても、現段階で正義性基準又は効率性基準に反する可能性がある事項については、例外的に、仮に正義性基準又は効率性基準が満たされた場合にどのように改善すべきか、という「検討」案として示す。

国の代行制度は、表3-3の行1で示したとおり、国会での国会議員からの法制定の要望があり、表4-2の行1で示した東日本大震災における臨時的措置、さらに表4-2の行2で示したその後の恒久的な対応としての法制定が実現しているものの、それ以外の国の代行制度が必要な可能性があることは否定できない。この点を表4-2の行3では示している。

表4-2の行3の「大災害時の新しい国の代行制度」は、一般論でいえば、被災地の住民などに等しく適用されるもので「正義性基準」に反するおそれはない。また、人的・物的資源の不足している地方公共団体に代わって、人的・物的資源それらを保有している国が代行することは、効率性基準に適合すると解される。

よって、新たな国の代行制度は、「対応必要性」ありと整理できる。

---

[16] 正義性基準と効率性基準は平井宜雄『法政策学（第2版）』（有斐閣、1995）の用語を踏まえている。政府の政策評価の指標（「政策評価に関する基本方針」（閣議決定2005年12月16日、最終変更2023年3月28日）のうち、「有効性」「効率性」は、平井（1995）の効率性基準に、「公平性」は平井（1995）正義性基準に該当する。以降はこの正義性基準と効率性基準という用語を用いる。

4　政府組織関係の修正に係る未措置事項の課題及び改善策に関する分析

以上の整理結果を、表4-2の行3列Aに「□」として記載して示している。

(3) アジェンダ設定の可能性

次に、「アジェンダ設定」を判断するための客観的基準を設定する。

大災害という「問題」事象の発生から近接する時期であれば、その大災害という「問題」と「政治」の流れとが合流することによって、決定に向けてのアジェンダ設定が可能となると考える。

実際には、東日本大震災においては、災害関係の恒久化対応の基本的な枠組みが、2012年と2013年の災害対策基本法改正、2013年の大規模災害復興法の制定で一段落している。

よって、大災害が発生して3年に限っては、大災害を備えた恒久化対応という法制定等にあたって、アジェンダ設定が可能とする。

なお、この期間内に、アジェンダ設定がされ、1回目の法制定等がなされ、さらに、1回目の法制定等を法制定等を契機とし、アジェンダ設定を工夫することによって、2回目の法制定等が実施される場合もある。

以上のアジェンダ設定の基準を国の代行制度に当てはめてみると、将来の大災害の発生直後であれば、現場での人的・物的資源の欠乏を前提にして、人的・物的資源を有する国に代わりに対応してほしいというニーズが盛り上がることから、国の代行制度を創設するというアジェンダ設定は円滑に実施される可能性が高い。

これに対して、現実の大災害ではなく、今後発生するであろう、将来の大災害に備えて新しい国の代行制度を恒久化するにあたっては、東日本大震災での最も基本的な法制定が、2012年、2013年の災対法改正、2013年の大規模災害復興法改正というように、東日本大震災が発生してから3年以内に整備されたことを踏まえると、大災害から3年以内程度の近接した時期であればアジェンダ設定が容易であるが、それより時間が経過するとアジェンダ設定は難しくなると考えざるを得ない。

仮に3年よりも時間が経過した場合には、そもそも法制定のためのアジェンダが法制定実現のプロセスのなかで設定できるように、アジェンダ設定の段階で工夫が必要となると考える。

(4) 改善方針の推定

本章では、臨時的措置に止まっている事項、国会等で議論された事項につい

て、具体的な改善方針を検討している。

その際の基準としては、人間の問題解決能力の限界と将来の不確実性を前提にしたときの立案方針として、「漸進主義（インクリメンタリズム）」[17]の立場にたって、

① 相対的に関係者の調整が容易で短期間に実現できる「漸進主義的な改善」
② 漸進主義的な改善をしたのちに評価検証の政策サイクルを回して、課題をより総合的に解決できる「抜本的な改善」

に分けて、改善方針を設定する。

以上の基準に従って、災害発生直後の国の代行制度について改善方針を推定する。

第一に、国の代行制度はお金の配分に係るものではないことから、表4-2の列Bから列Gに示しているとおり、法制定等を実施する所管省庁と被災地の地方公共団体以外には関心を持たないと整理される。第二に、災害発生直後の国の代行制度については、そもそも法制定の時間的余裕もないことから、2-2-1(4)で発掘した道路啓開通知で既に実例のある、超法規的通知によって、国の代行制度を位置付ける方法が唯一の選択肢となる。

第三に、大災害の発生直後は超法規的通知で対応した国の代行制度についてはこれを恒久的な対応として法制定につなげるには、アジェンダ設定の容易さを前提にして、発災後3年以内であれば、円滑に法制定が可能になることが推

表4-3　国の代行制度の改善方針のまとめ

	A	B	C
	改善策の実現性	漸進主義的改善	抜本的改善
大災害時の新しい国の代行制度	関係者の関心は小さく実現可能性大	国の代行を超法規的通知で実施	発災後3年以内に法制度に位置付け

---

(17) 石橋章市朗ほか『公共政策学』（ミネルヴァ書房、2018）148頁、草野厚『政策過程分析入門（第2版）』（東京大学出版会、2012）137頁-142頁（草野（2012）では増分主義という訳語を用いている）、宮川公男『政策科学入門（第2版）』（東洋経済新報社、2002）186頁-188頁、秋吉貴雄ほか『公共政策学の基礎』（有斐閣、2020）142頁-143頁、リンドブロムほか『政策形成の過程』（東京大学出版会、2004）第3章参照、砂原庸介「地方政府の政策決定における政治的要因——制度的観点からの分析」財政研究2006、5頁-6頁参照（砂原は「増分主義」という訳語を用いている）。

定される。

　以上の改善方針を整理したものが、表4-3である。列BCの具体的な内容は次に述べる。

(5) S評価手法による国の代行制度の改善策の検討

　将来の大災害発生時に法律によって国の代行制度が設けられていない分野で、地方公共団体には組織体制に余裕がなく、国の地方支分部局にはノウハウと余裕がある場合が生じたときには、担当省庁から、

① 地方公共団体の意向を確認したうえで、
② 地方支分部局に対して、
③ 法律に明記した権限規定がなくても
③ 地方公共団体の事務事業を代行することができる

ことを明記した超法規的通知を発出するという案が想定される。具体的な案文等については、2-2-1(4)で述べた道路啓開通知が参考になる。

　さらに、その国の代行事務自体がその次の大災害の際に活用する可能性があると認められる場合には、発災後3年以内のアジェンダ設定が容易な時期において、地方公共団体からの要望など必要な手続きを経た上で、国の代行制度を恒久化することが考えられる。具体的な立法例は、表4-1の行7、行8、行9の列Bの立法例が参考になる。

4-3　超法規的通知（政府組織関係修正タイプ2）

4-3-1　超法規的通知に関する実態

(1) 超法規的通知の発出時及び発出後の実態

　超法規的通知の発出が確認できているのは、2-2-1(4)で記載したとおり、表2-2（法令上の文言を反する運用を認める通知）24本と、表2-3（行政処分の猶予を認める通知）9本と、道路啓開通知と外国人医師通知である。

　これらの超法規的通知のうち、道路啓開通知と外国人医師通知については、以下のとおり、発出時及び発出後の実態が把握できている。

① 道路啓開通知　道路啓開通知の発出を担当した国土交通省道路局路政課路政企画官[18]へのヒアリングでは、現場での道路啓開の準備が進んで

---

(18) 2011年3月時点当時の国土交通省道路局路政課路政企画官から2021年4月28日

いる[19]ため、道路啓開に伴う法的論点を2011年の3月11日から12日にかけて整理し、翌日の3月12日に道路啓開通知を発出し、これよって国土交通省東北地方整備局の道路啓開事業（国土交通大臣が管理していない補助国道も含む）が実施されたこと
　② 外国人医師通知　既存の文献[20]によれば、外国人医師通知を活用して、東日本大震災被災地で外国人医師が活動したこと
　その他の超法規的通知についての具体的な実態自体は確認できていないが、具体的な現場にニーズがない場合に超法規的通知という異例の対応を中央省庁が行うことは想定できないことから、前提として現場ニーズがあり、それに対応したもので相当な実績があったものと推測される。なお、既存の文献[21]においても、「法律所管省庁が柔軟に判断して、被災地の現場ニーズに柔軟に対応したもの」として、超法規的通知を積極的に評価している。

(2) 超法規的知の発出後の紛争の実態

　超法規的通知は、その通知を受けて地方公共団体又は国の地方支分部局の職員が形式的には法律の規定に反する措置を行うことを許容することから、仮に、被災者がその通知による措置によって、マイナスの影響（法学の用語としては「被侵害利益」）が生じる場合には、紛争が発生するリスクがある。特に、地方公共団体等との紛争調整が難航した場合には、被災者側が地方公共団体等に対して違法な行為によって損害を受けたという理由から、損害賠償を請求することがありえる。
　実際に、宮城県、岩手県で発生した東日本大震災に関係して、実際に発生した訴訟案件を公式及び民間有料判例データベースを用いて、津波被災地で紛争が生じた場合に想定される第一審である盛岡地方裁判所及び仙台地方裁判所の判決から「東日本大震災」という用語を判決文に含む判決を抽出した。その結

　　　に筆者に対して発信されたメールで確認している。
(19)　具体的な道路啓開の内容は、夏山英樹・藤井聡「東日本大震災における「くしの歯作戦」についての物語描写研究」土木計画学研究・講演集、CD-ROM45（2012）1頁-7頁参照。
(20)　尋木真也「東日本大震災における支援する外国人、支援を受ける外国人」早稲田大学社会安全政策研究所紀要(4)、87巻112号（2011）87頁-112頁
(21)　鈴木庸夫「震災緩和と法治主義」自治総研通巻436号（2015）、鈴木庸夫編著『大規模震災と行政活動』（日本評論社、2015）、室崎益輝ほか『先例・通知に学ぶ大規模災害への自主的対応術』（第一法規、2019）参照。

4 政府組織関係の修正に係る未措置事項の課題及び改善策に関する分析

表4-4 東日本大震災後の超法規的通知に関係する訴訟案件

	LEX/DX	Westlaw Japan	判決日	裁判所	事案	被告（行政側）の主張	行政側の勝敗	判決のポイント
1	1	1	2012年7月5日	仙台地裁	東日本大震災の津波により、名取市県道上に漂着した船舶を名取市の要請を受けた自衛隊又は名取市の委託をうけた協力会が撤去。その際の船舶の損壊に対して船舶所有者が国家賠償請求	・内閣府通知データ203の損壊家屋等の撤去に関する指針は裁判で援用せず ・緊急避難が成立していると主張	勝	・災対法第64条の市町村長の応急公共負担の規定の解釈として判示 ・船舶の移動の必要性、緊急性の程度や、損傷の程度からみて、被告による損壊行為に職務権限の目的・範囲の逸脱又はその濫用があるとは認められないとする
2	1	1	2012年12月12日	仙台高裁	同上	同上	勝	上と同じ判断
3	1		2013年12月6日	盛岡地裁	東日本大震災の津波で被災した建物を、原告の承諾なく解体撤去した	・内閣府通知データ203の損壊家屋等の撤去に関する指針は裁判で援用せず ・意思確認の不十分さをみとめた上で過失相殺を主張 ・震災前の価格である32万4000円を限度とすべき	負	・被告（釜石市）には原告の意向を慎重に確認しなかった過失があり、賠償責任を負う ・過失相殺は認めない ・損害額は訴訟費用を入れて35万円とする

（備考）LEX/DX と WestlawJapan 列の1の記載は、それぞれの判例データベースに記載されていることを意味する。なお裁判所が提供している判例検索では関係する訴訟案件は確認できなかった。

果、超法規的通知に関係する判決を抽出した結果[22]、表4-4 の3件が確認できている。

---

[22] 判例は、国会会議録とは異なり、裁判所提供の公式の判例検索は掲載している判例数が少なく、十分に判決が収集できない。このため、裁判所判例検索に加え、民間の有料データベースである、LEX/DX と WestlawJapan で、「東日本大震災」という用語を含む、盛岡地裁判所、仙台地方裁判所の判決を検索した。その結果、裁判所判例検索で15件、LEX/DX で71件、WestlawJapan で66件の判決が抽出できた。その判決内容から超法規的通知に関係する案件は表4-2 の1と3である。さらに、2の判決は検索ではリストアップできなかったが、1の判決の控訴審判決が確認できたことから、これを2に記載している。なお、3の判決の控訴審判決は確認できない（最終確認2021年12月25日）。

表4-4の3件は、いずれも、内閣府通知データ203番に関係し、東日本大震災で損壊した家屋や漂着した物件について、行政が処理したことについての紛争である。これをみると、被災者に対してマイナスの影響を生じさせる場合には行政側が違法行為として訴えられた事実が存在し、さらに、表4-4の行3のように、行政側が敗訴したこともあることが確認できる。
　この結果は、超法規的通知の存在意義を揺るがす事態であり、少なくとも、将来、超法規的通知を発出する場合に改善が必要な点である。
　以下、訴訟に訴えられにくく、仮に訴えられたとしても訴訟に負けないための改善策について論じる。

4-3-2　超法規的通知を改善するための視点

(1) 超法規的通知の訴訟リスクを軽減する必要性
　超法規的通知を発出することは、4-3-1で述べたとおり、学説上は積極的に評価しており、また、現実にも通知を受けて、現場で行政側が超法規的措置として柔軟な対応をしている。
　しかし、既述で明らかになった訴訟の発生を抑制し、また、仮に訴訟となった場合でも敗訴しないようにするための改善を図る必要がある。
　このためには超法規的通知に従って、形式的に法律に違反する行為をした場合であっても、事後的に裁判所で適法と判断されるための基準を抽出することが、超法規的通知の改善にあたっての視点としては必要である。

(2) 超法規的通知を適法化するための理論の抽出
　最初に、超法規的通知を前提にして、形式的に違法な行為であっても事後的に適法と判断することができる法学上の理論を整理する。なお、先に挙げた紛争でもあきらかなとおり、超法規的通知に関する紛争は、行政の行為によって生じた損害などのマイナスの影響に対して損害賠償請求を行うという、いわゆる私法上の紛争であり、検察当局が行政に対して刑事訴追をしたものではない。よって、以下の適法化の議論は、刑法などの刑事法ではなく、私法、特に、民法を前提にして行う。
　第一に、形式的には違法な行為であっても、適法と判断することを可能とする理論（法学では「違法性阻却事由」ともいう）として、一般的にあげられるものは、「正当防衛」「緊急避難」「被害者の承諾」「正当業務行為」「自力救済」

である[23]。

　なお、4-3-1(2)で抽出した3判決から明らかなとおり、超法規的通知に関する訴訟は被災者から行政を国家賠償請求する形で行われている。この国家賠償請求では、前提となる国家賠償法第4条において「国又は公共団体の損害賠償の責任については、前三条の規定によるの外、民法の規定による。」とされており、違法性阻却事由については、国家賠償法上には特段の規定がないことから、民法の規定、学説及び判決に基づいて分析を行う。

　第二に、「正当防衛」「緊急避難」「被害者の承諾」「正当業務行為」「自力救済」という、それぞれの違法性阻却事由について、超法規的通知に適合的かどうか、大災害後の被災地には不適切な部分がないか、について述べる。

① 「正当防衛」は民法第720条第1項の規定のとおり、相手側、災害を想定すれば被災者側に違法行為があることが前提になる。しかし、超法規的通知が発出された際には、被災者側には違法性や落ち度は一切ないことから、「正当防衛」は適用できない。

② 「自力救済」は、相手の違法な行為に対して自力で救済することを意味しており、民法上も刑法上も明文の規定はない。また、自力救済は司法制度が充実した現在では認められないという学説も強い[24]。また、超法規的通知発出の際には被災者側に一切の落ち度はないことから、仮に自力救済の理論を違法性阻却事由としても認めたとしても超法規的通知には適合的ではない。

③ 「被害者の承諾」については、被害を受ける側が承諾すれば違法性が阻却される場合がある考えである。しかし、超法規的通知の場合には、被災者側が事前に行政側に承諾していないことが前提であるので、これも

---

(23) 民法の教科書参照。例えば、内田貴『民法Ⅱ第2版債権各論』（東京大学出版会、2009、以下「内田（2009）」という）380頁参照。なお、この例示は法学の世界では標準的な理解であり、『法律学用語辞典（第5版）』（有斐閣、2020、以下「法律学用語辞典」という）でも、違法性阻却事由について、「民法上、一応違法性があって損害賠償責任が生ずる行為について、特別な事情のため違法性がないとされる事由。正当防衛、緊急避難、被害者の同意、正当業務行為などがある（七二〇等）。」と記載されている。

(24) 内田（2009）では違法性阻却事由として自力救済をあげているが、法律学用語辞典では、自力救済について、「民法上、私人が司法手続によらずに自己の権利を実現すること。自救行為ともいう。司法制度が確立した今日では、原則的に違法とされる。」と記述している。

大災害の際の超法規的通知には適用できない。

③ 「正当業務行為」は民法には規定がなく、刑法のみ第35条に規定している。一方で、実際には民法の案件でも適用される事例が判例上存在するが、その場合であっても、要件として、一定の専門性のある者（弁護士、警察官、医師等）が前提となっている[25]。今回の超法規的通知では、当該通知を受けて行動する地方公共団体職員や地方支分部局職員は専門性のある者以外の通常の職員も当然対象になることから、「正当業務行為」も、超法規的通知を適法化する理論としては十分ではない。

④ 「緊急避難」は民法第720条第2項に規定されており、被災者側の違法行為や、被災者の同意、さらに、行政側職員の専門性を要件としていないことから、超法規的通知を適法化する理論としては適用可能である。

以上の違法性阻却事由ごとの要件と大災害時の状況との関係を整理したものが、表4-5である。

以上のとおり、民法の条文又は解釈上認めるすべての違法阻却事由を検討した結果、大災害の際の超法規的措置という「形式的には違法な行為」を「適法と判断することを可能とする理論」として、「緊急避難」の法理のみが残る。

表4-5 違法性阻却事由と大災害時の状況

		A	B	C	D	E	Z
		違法性阻却事由					大災害時の状況
		正当防衛	自力救済	被害者の承諾	正当業務行為	緊急避難	
1	適用のための要件	被災者の違法行為	○	○	−	−	−	−
2		専門職限定	−	−	−	○	−	−
3		被災者の同意	−	−	○	−	−	−

（備考）○は要件として必要、−は要件として不要を意味する。

---

[25] 裁判所HPの公的判例データベース、WestlawJapan、LEX/DBインターネットで、「正当業務行為」+「民法」で検索してヒットした103の判例すべてにおいて、弁護士、警察官、医師等の専門職を前提にしている。詳細な分析は、佐々木晶二「震災緩和通知の法的検討」日本災害復興学会論文集第16号（2020）参照。

ここで緊急避難の法理について、民法第720条第2項の規定に従い確認すると以下のとおりである。

> 民法上は、とくに他人の物から生じた急迫の危難を避けるために、やむをえずその物を毀損（きそん）した場合には、不法行為による賠償責任を免れる（民法720条2項）。たとえば、他人の犬に襲われたので、やむをえずこれを傷つけた場合などがこれにあたる。一定の条件の下に違法性が阻却され、不法行為とならない。（中略）
> 　正当防衛と同じく、ほかに方法がなかったということ、守った利益と物の毀損による損害との間に大きな不均衡がないことが免責の要件である。（淡路剛久記述（『日本大百科全書（ニッポニカ）』[26] 参照）

以上の定義からは、「他人の物」から生じた急迫の危難に限定されていることから、例えば、津波のあとに自動車などの物件が道路上などに放置された場合に、これを行政職員が移動し、物件に傷など損害を与えた場合には、まさに、津波のあとの物件という「他人の物」から生じた急迫な危険といえる。しかし、災害時には他人の行為によって急迫の危険が生じる場合、例えば、行政職員が依頼した外国人医師という「他人」が行った治療行為によって、被災者の身体に対して不測の傷害が発生した場合に対しては、この緊急避難の法理を拡張適用することが想定される。

以下、緊急避難の法理を適用するための具体的な要件について論じる。

なお、東日本大震災の際に発出された超法規的通知については、法哲学の概念である「比附」「条理」を根拠として新たな「非常災害の法理」を提案する学説もある[27]。しかし、本書においては、将来の超法規的知の発出の際に、「行政側が敗訴しない」ための予測可能性を高めることを目的としていることから、この目的のためには、これまで判決で用いられていない、「比附」などの法哲学上の概念ではなく、後述のとおり判決で頻繁に議論されている緊急避

---

(26) 日本大百科全書（ニッポニカ）、JapanKnowledge、https://japanknowledge.com、（最終閲覧2021年12月25）

(27) 鈴木庸夫「震災緩和と法治主義」自治総研通巻436号（2015）参照。ちなみに鈴木は比附について「ある規定やその体系的な解釈から「一般的命題」を獲得し、それを類推適用もできないケースに適用とする法技術」と、条理を「価値論的状況つまり憲法上の価値を考慮し、さらに利益状況、利益葛藤を考慮し、しかも制定法に内在する意思を具体化したもの」と説明している。

難の法理から、具体的に必要な要件や改善方針を展開するのが有益かつ適切と考え、以下、緊急避難の法理適用のための議論を進める。

(3) 緊急避難の法理を適用するための重要な事実等の抽出

緊急避難の法理を活用して、超法規的通知について訴訟になっても行政側が敗訴しないようにするためには、将来の判決に対して予見可能性を高める必要がある。

この手法としては、最高裁判所だけでなく、地方裁判所、高等裁判所も含めて、包括的に判例を収集し、将来の判決の先例となる、法律判断に関連性のある一般的な事実（「重要な事実」という）とそれに対する法律判断を抽出する手法を用いる。

最初に、災害対応に限定せず、「緊急避難」の法理を論じている判決を包括的に収集する。具体的には、表4-4の行1、行2の判決に加え[28]、東日本大震災に関係しない判例を含めて、緊急避難に関する判例を、公式及び民間判例データベースを用いて、「緊急避難」という用語を判決文に用いたすべての判決を収集する[29]。その結果の全体は博士論文参考資料Ⅶに掲載している。

その上で、緊急避難の法理を適用する際に必要となる重要な事実及びその法律判断を具体的に述べている判決を整理すると表4-6の通りである。

緊急避難の法理を認めた行3、行6、行8、行9の判決では、緊急に措置をとるという緊急性（列E）、その措置をとることがやむを得ないという必要性（列F）、さらに、採用した措置とそれに伴う損害とのバランスをとるという相当性（列G）の3つの要件を満たすことを確認している。

一方で、緊急避難の法理を否定する場合には、列Eの緊急性を否定した行4、行5、行7の判決、列Gの相当性を否定した行1、行2、行7、行10と、いずれかの要件の1つが存在しないことを指摘している。

学説においても、緊急避難が認められる要件として、「緊急性」「必要性」「相当性」の3つが指摘されている[30]。これは、表4-6で整理した判決の分析

---

(28) 表4-2の行3は緊急避難の法理を引用せずに、敗訴している。
(29) WestlawJapan、LEX/DBインターネットを用いて民事事件の判決文の収集を行った。なお、この「緊急避難」という用語で判決を収集する方法は、宇賀ほか（2003）293頁と同じである。具体的には、裁判所HPの公的判例データベース、WestlawJapan、LEX/DBインターネットで民事判決を対象にして「緊急避難」で検索し、該当する判例を抽出した（最終判例検索日2021年12月25日）。

4 政府組織関係の修正に係る未措置事項の課題及び改善策に関する分析

表 4-6 判決における緊急避難の重要な事実と法律判断

	A 判決日	B 裁判所	C 緊急避難の成立	D 緊急避難に関する判決のポイント	E 緊急性	F 必要性	G 相当性
					緊急避難の要件の適用状況の記述（○は該当する、×は該当しない）		
1	1989年5月30日	東京高裁	認めない	浦安町が自発的撤去の勧告・説得をしていないことなど、浦安町に適切な事故防止方法が全くなかったとはいえないので、緊急避難は成立しない			×事前に自発的撤去をするよう勧告・説得すべき
2	1990年3月22日	大阪高裁	認めない	被侵害利益の種類及び被害の程度、双方当事者の各行為の態様、その動機等を考慮して加害行為が社会的に相当として容認されるか否かを中心として判断すべき			×人の身体、健康、名誉感情等の人格的法益を侵害していること。加害行為が長時間であることから、社会的相当行為とはいえない
3	1991年3月8日	最高裁第2小法廷	認める	航行の安全のために杭の撤去はやむを得ない措置であった	○杭による航行船舶の事故の可能性あり	○杭による航行船舶の事故の可能性あり	○杭の撤去でほとんど財産的価値は損わない
4	1996年7月17日	東京高裁	認めない	緊急避難行為とは到底いえない	×経営上困窮して倒産するような状況でなかった		
5	2001年9月26日	京都地裁	認めない	緊急の法益侵害行為が存在したものと認めるべき事情はうかがえない	×緊急性がない		
6	2006年9月13日	名古屋地裁一宮	認める	一定の場合に患者を拘束することは一種の緊急避難行為として違法性が阻却される	○患者、他の患者の生命又は身体への危険が切迫し緊急性が高い	○患者、他の患者の生命又は身体への危険が切迫し、措置の必要性が高い	○他に危険を避ける方法がなく、必要最小限の手段である
7	2008年9月5日	名古屋高裁	認めない	一定の場合に患者を拘束することは一種の緊急避難行為として違法性が阻却される	×切迫性はない		×他の代替的手段があった
8	2012年7月5日	仙台地裁第3民事部	認める	船舶の移動の必要性、緊急性の程度や、損傷の程度からみて、被告による損壊行為に職務権限の目的・範囲の逸脱又はその濫用があるとは認められないとする	○余震によって船舶が倒れ、横を通る車両に倒壊する可能性が大きく、緊急性は相当高い	○余震によって船舶が倒れ、横を通る車両に倒壊する可能性が大きく、撤去の必要性は相当高い	○移動距離は不合理でなく、損傷の程度も限定的
9	2012年12月12日	仙台高裁	認める	上と同じ判断	上と同じ判断	上と同じ判断	上と同じ判断
10	2016年12月14日	東京地裁	認めない	スコップで猫を叩いて死なせるのはやむをえない行為とは言えず緊急避難は成立しない			×猫を死なせたのは、防衛される利益との関係で著しく権衡を逸している

（備考）行8の判例は、被告である行政側が緊急避難の法理を援用しているのに対して、判決文では明確に緊急避難という用語を用いていないことに留意が必要である。また、行9の判決は8番の控訴審の判決だが、この判決本文では緊急避難という用語を用いていない。

結果とも整合的である。

---

(30) 宇賀克也ほか『対話で学ぶ行政法』（有斐閣、2003）293頁、大橋洋一『行政法Ⅰ』（有斐閣、2019）38頁参照。

この３つの重要な要件となる事実とその法律判断を、大災害の際の超法規的通知の状況にあてはめると、以下のとおり整理できる。
　① 緊急性：大災害の発生している、または、そのおそれがあること
　② 必要性：通知に基づく措置を行うことが特に必要と認められること
　③ 相当性：通知に基づく措置によって発生する被侵害利益と通知によって守られる利益のバランスがとれていること
　以下、この緊急避難の法理及びそのための基準、要件に基づいて、超法規的通知及びこの通知に基づいた措置を適法化するための改善方針を論じる。

4-3-3　超法規的通知の改善が必要な項目の抽出
　4-3-2において、超法規的通知が将来発出される場合に、訴訟で敗訴しないようにするための法理が緊急避難であること、そして、その緊急避難を適用するための重要な事実とその法律判断が、「緊急性」「必要性」「相当性」であることを明らかにした。
　この重要な事実とその法律判断について、表2-2、表2-3で整理した内閣府通知データのうち超法規的通知であるもの、それに加えて2-2-1(4)において、本書で発掘した、道路啓開通知及び外国人医師通知を対象にして、改善方針を論じる。
　この節では、まず、超法規的通知の運用改善を行うべき超法規的通知を抽出する。運用改正をすべき超法規的通知を限定して抽出するのは、本節の目的が超法規的通知の運用改善が訴訟になった場合に行政側が敗訴しないための運用改善を論じていることから、最初から紛争が生じることがなく、まして、訴訟にもならない超法規的通知には、運用改善を議論する必要が乏しいためである。
　前提として、超法規的通知が紛争を誘発する理由は、当該超法規的通知によって何らかのマイナスの影響を被災者に生じさせることにある。
　この観点から、2-2-1で把握した超法規的通知について、その内容を確認し、被災者等に対してマイナスの影響を生じさせるかどうかについて、分析し、該当する超法規的通知を、その後の検討の対象とする。
　また、既に恒久的対応として法制定が事後的に実施された項目は、その法制定に従って将来の大災害には対応することになり、超法規的通知自体を発出することはないことから、ここでの検討から除外する。

4　政府組織関係の修正に係る未措置事項の課題及び改善策に関する分析

　表4-7、表4-8、表4-9では、2-2-1で把握した超法規的通知のすべてを対象にした上で、被災者にマイナスの影響があるかどうかについての分析結果を列Fに記載している。

　まず、表4-7を説明する。表4-7は法律の文言に反する運用を認める通知をまとめたものである。なお、順序としては、農林水産省、国土交通省など土地・不動産に関係する省庁をまとめて先に記載している。この記載の順序は表4-8、表4-9において同じである。

　表4-7でみると、列Eで「簡素化」、即ち手続きなどのための書類の省略などを認める超法規的通知（行1、行2、行6、行8、行9、行12、行13、行16、行17）は被災者にメリットがあり、マイナスの影響が生じないものであることから、紛争は原則として想定できない。

　列Eの「その他」に記載されているもの（行2、行3、行4、行5、行10、行11）は、生命・健康・財産に直接関係のない目的のための通知であり、個別に通知文の内容を確認しても、被災者にメリットがあるもののマイナスはない又は少ないと評価されるものである。例えば、行3の通知は、福島原発沖の船の航行について、特例的に沿岸区域より沖にでて航行することを認めるものであって被災者のためになることはあっても、これによって被災者側に被害が生じることは想定しにくい。その他の項目も同様である。

　列Eで「健康」と記載されているもの（行15、行18、行20）は「健康」を目的としているが、その内容は健康保全のための平時の手続き、基準を緩和し、利用料を猶予するものであり、規制の内容が比較的形式的なものであることから、その緩和によって被災者に対してマイナスの影響があることは少ない。例えば、行15は救援物資のうち食品を輸入する際の厚生労働大臣への届出を明文の規定なく省略できることを通知したものであるが、諸外国からの支援物資から食品衛生の観点から問題が生じる可能性は少ないと整理できる。

　これに対して、列Eで「財産権」と記載され財産権を侵害する可能性のあるもの（行7）と、列Eにおいて「生命」と記載され、被災者の生命に直接鐘鋳のあるもの（行19、行21、行22、行24）は、超法規的通知よって実施される阻措置によって、被災者に深刻なマイナスを生じる可能性は否定できない。例えば、行7の損害家屋等の撤去に関しては、表4-4の判例で示したとおり、実際に紛争になり裁判沙汰になっている。行19の医薬品の融通なども、直接被災者へ投与されるものであることから、被災者への医薬品による副作用など、

表 4-7　法令上の文言を反する運用を認める通知による被災者へのマイナスの影響等

	A 通知番号	B 省庁名	C 通知名	D 法令の文言に反する内容	E 発出目的分野	F 被災者に想定できるマイナスの影響 (大は●、小は○)
1	128	農林水産省	獣医師免許申請手続	明文の規定なしに省略を認める。	簡素化	○書類の簡素化で被災者にマイナスはない
2	168	国土交通省	海技免状、船舶検査、雇入契約等の申請手続き等の取扱	船員法第37条、57条の届出を明文の根拠なしに事後的の対応を認める。また、特殊貨物船舶運送規則について、明文の規定なしに省略を認める。	その他 簡素化	○書類の簡素化などで被災者にマイナスはない
3	169	国土交通省	福島原発沖における船舶の航行	福島第一原発沖での沿海区域外での航行を、明文の規定なしに認める。	その他	○被災者にメリットがありマイナスは少ない
4	171	国土交通省	救助のための航空機の運航	航空法第79条、第81条、第89条について、明文の規定なしに事後で足りるとする。	その他	○被災者にメリットがありマイナスは少ない
5	174	国土交通省	漂流物に関する注意喚起	漂流物が多い場合には、沿海区域外の航行を、明文の規定なしに認める。	その他	○被災者にメリットがありマイナスは少ない
6	186	国土交通省	船員手帳、雇入契約及び船員の未払い賃金の立替払い等の申請手続き	明文の規定なく必要書類の簡素化を認める。	簡素化	○書類の簡素化で被災者にマイナスはない
7	203	環境省・国土交通省等	損傷家屋等の撤去に関する指針	所有者の承諾なしに私有地の立入、損壊家屋等の撤去を認める。	財産権	●家屋等の撤去で被災者にマイナスが生じるおそれがある
8	6	警察庁	高齢者講習証明書を亡失した者による運転免許証の更新申請の受理	必要書類を省略する施行規則上の根拠がないにもかかわらず、免許再交付の際に住所変更を可能とする。	簡素化	○書類の簡素化で被災者にマイナスは小さい
9	43	財務省	救援物資に関する関税免税に関する書類省略の特例措置	海外からの救援物資について、必要書類を省略する施行令上の根拠がないにもかかわらず、省略を可能とする。	簡素化	○書類の簡素化で被災者にマイナスは小さい
10	54	文部科学省	被災地域の児童生徒等の就学機会の確保	法律施行規則に該当しないものの、転校した生徒が従前の教科書を毀損した場合にも無償供与を認める。	その他	○教科書の無償供与で被災者にマイナスはない
11	56	文部科学省	復旧工事に係る埋蔵文化財に関する文化財保護法の規定の適用	第94条及び第97条に基づく国の機関等からの通知、第96条の土地所有者等からの届出を、省略する法律上の規定が存在しないにもかかわらず、それが可能とする。	その他	○土地改変を行う被災者の手続緩和で被災者にマイナスはない
12	64	厚生労働省	被災者に係る被保険者証等の提示	被保険者証提示を災害時に除外する厚生労働省令は策定されていないにもかかわらず被保険証の提示を不要とする。	簡素化	○書類の簡素化で被災者にマイナスはない
13	68	厚生労働省	社会福祉施設における緊急的対応について	法令上の根拠なしに、被保険証の提示なしに介護サービス利用を認める。	簡素化	○書類の簡素化で被災者にマイナスはない
14	71	厚生労働省	墓地、埋葬等に関する法律に基づく埋火葬許可の特例措置	法第5条の許可ではない特例許可証、さらに特例許可証なしに埋葬等を認める。	生命	－（災対法で対応済み）
15	75	厚生労働省	救援物資の取扱い	厚生労働大臣への届出について、救援物資であれば明文の規定なしに不要とする。	健康	○大臣への届出省略で被災者へのマイナスは小さい
16	77	厚生労働省	被災に伴う保険診療関係の扱い	明文上の規定なしに処方箋確認を不要とする。	簡素化	○書類の簡素化で被災者にマイナスは小さい
17	79	厚生労働省	医師等の医療関係職種の免許申請手続等に係る取扱い	合格証の写しなどの書類の明文の規定なしに不要とする。	簡素化	○書類の簡素化で被災者にマイナスは小さい
18	80	厚生労働省	被災者に係る利用料等の取扱い	明文の規定なしに利用料を猶予する。	健康	○被災者にメリットがありマイナスはない。

4　政府組織関係の修正に係る未措置事項の課題及び改善策に関する分析

19	82	厚生労働省	病院又は診療所の間での医薬品及び医療機器の融通	明文の規定なしに病院等相互での医薬品、医療機器の融通を認める。	生命	●医薬品等の質の面で被災者へのマイナスがありうる
20	83	厚生労働省	介護サービス事務所の人員基準等の数扱い	明文の規定なく人員基準の柔軟な取扱いを認める。	健康	○被災者にメリットがありマイナスは少ない
21	84	厚生労働省	被災に伴う医療法等の取扱い	病院等の開設にあたって、明文の規定なしに、事後の許可等で足りるとする。	生命	災対法改正で地方公共団体設置の医療施設のみ対応。民間施設は未対応 ●病院等の質の面で被災者へのマイナスがありうる
22	88	厚生労働省	被災に伴う薬事法等の取扱い	被災地での薬局の再開等にあたって、法律の明文規定なしに許可を不要とする。	生命	●医薬品の質の面で被災者へのマイナスがありうる
23	103	厚生労働省	応急仮設住宅のグループホーム等に係る共同生活住居への活用について	明文の規定なく、人員、設備基準の柔軟な取扱いを認める。	健康	○被災者にメリットがありマイナスは少ない
24	120	厚生労働省	被災に伴う医療法等の取扱い	病院等の開設にあたって、明文の規定なしに、事後の許可等で足りるとする。	生命	災対法改正で地方公共団体設置の医療施設のみ対応。民間施設は未対応 ●病院等の質の面で被災者へのマイナスがありうる

マイナスの影響が大きくでる可能性は否定できない。

なお、行14と行21は列Eで「生命」に関するものと整理されているが、行14は通知内容が既に全て法制化されており（この点を列Fでは「－」で示している）、行21も、通知で扱われた特例的な病院開設のうち、地方公共団体設置の病院に限って一部法制化が行われている。

以上、表4-7の列Fにおいて、グレーのセルになっている超法規的通知が、被災者に大きなマイナスの影響が生じることが想定されることから、今後、訴訟に負けないために抽出した緊急避難の法理に照らして、4-3-4において超法規的通知の改善の方針を述べる。

次に、表4-8について述べる。

表4-8は行政処分の猶予を認める内容の通知をまとめたものである。

表4-8の項目は、被災地において供給する食料品等について、平時のための消費者保護のための表示などのラベルの規制を緩和するものである。「健康」が目的であるものの、被災地で供給される食料品等のラベルから被災者へのマイナスの影響が生じることはない、または、小さいと整理することができる。

よって、表4-8には、今後、訴訟に負けないために抽出した緊急避難の法理に照らして、超法規的通知の運用改善の方針を述べる対象となるグレーのセルは存在しない。

最後に表4-9について述べる。

表4-9は、本論考によって発掘した2つの超法規的通知であり、道路啓開通知は既に恒久的な対応として法制定が実現しているので、今後の検討の対象外

である（列Fでは「−」と示している。）。

外国人医師通知は、外国人医師の医療行為によって被災者に対して医療過誤など大きなマイナスの影響を与える可能性は否定できない。

このため、外国人医師通知は、グレーのセルで示しており、当該通知に従っ

表4-8　行政処分の猶予を認める通知における被災者へのマイナスの影響

	A	B	C	D	E	F
	通知番号	省庁名	通知名	法令の文言に反する内容	発出目的分野	被災者に想定できるマイナスの影響（大は●、小は○）
1	24	消費者庁・農林水産省	JAS法に基づく品質表示義務の経過措置の運用	品質表示基準改正に対応していなくても、明文の規定なしに、旧JAS法に基づく行政処分を猶予する。	健康	○食品表示の一時的緩和で被災者へのマイナスが小さい
2	25	消費者庁・農林水産省	容器入り飲料水（ミネラルウォーター類）1に係るJAS法の運用	原産国等の表示がなくても、明文の規定なしに、旧JAS法に基づく行政処分を猶予する。	健康	○食品表示の一時的緩和で被災者へのマイナスが小さい
3	26	消費者庁・農林水産省	加工食品に係るJAS法の運用	軽微な記載の違いについて、明文の規定なしに、旧JAS法に基づく行政処分を猶予する。	健康	○食品表示の一時的緩和で被災者へのマイナスが小さい
4	126	農林水産省	震災地域におけるJAS法の運用	震災地域で販売される飲食料品について、明文の規定なしに、旧JAS法に基づく行政処分を猶予する。	健康	○食品表示の一時的緩和で被災者へのマイナスが小さい
5	19	消費者庁	震災地域における食品衛生法の運用	食品衛生法第19条第1項の基準に合わない表示がなされていても、第60条に基づく都道府県知事の行政処分を猶予する。	健康	○食品表示の一時的緩和で被災者へのマイナスが小さい
6	20	消費者庁	製造所固有記号の表示の運用	製造所固有番号が非表示でも、第60条に基づく都道府県知事の行政処分を猶予する。	健康	○食品表示の一時的緩和で被災者へのマイナスが小さい
7	21	消費者庁	食品衛生法に基づく表示基準の経過措置の運用	加工デンプンを添加物として表示しなくても、第60条に基づく都道府県知事の行政処分を猶予する。	健康	○食品表示の一時的緩和で被災者へのマイナスが小さい
8	22	消費者庁	容器入り飲料水（ミネラルウォーター類）に係る食品衛生法の運用	殺菌の有無等を表示しなくても、第60条に基づく都道府県知事の行政処分を猶予する。	健康	○食品表示の一時的緩和で被災者へのマイナスが小さい
9	23	消費者庁	食品衛生法に基づく表示基準の運用	食品衛生法第19条第1項の基準に合わない調味料の表示、製造所の表示に対して、第60条に基づく都道府県知事の行政処分を猶予する。	健康	○食品表示の一時的緩和で被災者へのマイナスが小さい

表4-9　外国人医師通知、道路啓開通知における被災者へのマイナスの影響等

B	C	D	E	F
省庁名	通知名	法令の文言に反する内容	発出目的分野	被災者に想定できるマイナスの影響（大は●、小は○）
国土交通省	道路啓開通知	道路法に反して管理権限のない道路啓開を大臣に認める	財産権	−（道路法改正で対応済み）
厚生労働省	外国人医師通知	医師法に反して免許なしの外国人医師の診療行為を認める	生命	●診療行為の質の面で被災者へのマイナスがありうる

4 政府組織関係の修正に係る未措置事項の課題及び改善策に関する分析

た市町村等が訴訟で敗訴しないようにするために、緊急避難の法理に照らして、超法規的通知の改善の方針を検討する。

4-3-4 超法規的通知の運用改善

(1) S評価手法に基づく超法規的通知の運用改善に関する整理

ここで、S評価手法に基づいて、超法規的通知の改善方針のうち、運用改善に関して、その対応必要性、アジェンダ設定の可能性を踏まえて、改善方針を明らかにする。

① 対応必要性の確認

対応必要性の確認の基準としては、4-2-2(2)で述べたとおり、具体的な実績が確認されたものについては、改善の対応必要性があると整理される。

超法規的通知は、まさに、現場のニーズに応じて中央省庁が緊急時の特例として発出したものであり、具体的に活用された可能性が高い。さらに、その一部については4-3-1(1)で述べたとおり、現実に活用されたことが確認されている。よって、東日本大震災の実態を踏まえて、超法規的通知については運用改善の対応必要性がある。

この結果を、表4-10の列Aでは、「□」として表示している。

② アジェンダ設定の可能性

アジェンダ設定の基準については、4-2-2(3)で述べたとおり、大災害の発生から3年以内であれば、その設定は容易と判断される。

表4-10 S評価手法からみた超法規的通知の運用改善の対応必要性と実現可能性

A	B	C	D	E	F	G	H	I	J	K
今後の対応必要性	決定者			対象者（臨時的措置は被災地、恒久化対応は全国）			関心の強さ（記号の数）		決定者・対象者の関心の分類	S評価手法からみた実現可能性
	中央省庁		国会	地方公共団体	利益団体（業界団体）	住民（国民）	決定者	対象者		
	所管省庁	財務省								
超法規的通知（被災者にマイナスの影響がある項目）の運用改善	□：臨時的措置として実績もあるので必要性あり	○	－	－	○	大部分は－（外国人医師通知は×）	－	1	1（外国人医師通知は2）	Ⅳ	●

(備考) 列Aの□は今後の対応必要性が確認できるという意味である。列Kの●はS評価手法からみて実現可能性が高いという意味である。

超法規的通知は、大災害発生直後の国の関係する省庁から発出されるものであり、仮に、将来の大災害で超法規的通知を発出するにあたっての運用改善については、当然3年以内であることから、アジェンダ設定は容易と判断される。

③　改善方針の推定

　次にS評価手法に基づいて、超法規的通知の運用改善についての実現可能性を分析する。

　S評価手法に基づき、まず、決定者の関心を整理すると、所管省庁は臨時的措置であり、権限拡大ではあるものの恒久的でないことから、実現する方向で小さな関心をもつと整理できる（表4-10列Bでは「○」と記載している）。その他の決定者のうち、財務省は財政支出に関係しないことから、関心をもたず、同様に国会も予算に関係ないなどの理由から関心をもたない。これを表4-10の列C、列Dでは「－」と記載して表している。

　対象者をみると、地方公共団体は被災地に限ったものでも被災地復興に役立つと考えることから小さな関心を持つ。これを表4-10の列Eで「○」で表している。これに対して、他の対象者である利益団体では業界の業務範囲や収益構造に影響がないので関心がない。これを列Fでは「－」と示している。ただし、超法規的通知のうち、唯一外国人医師通知通知については、医師会など業界団体の業務範囲に影響があるので実現を阻止する方向に関心を持つが、対象や時期が限定されているので、実現阻止の方向での小さな関心となる。これを列Fでは「外国人医師通知は×」と示している。住民にとっては、お金を配るものではないので関心を持たない。これを列Gでは「－」と示している。

　この結果、決定者の関心の強さは決定者の記号の数の合計で1となり、対象者については、原則は同じく対象者の記号の数で1、例外として外国人医師通知については、2となる。

　いずれにしても、表2-6の決定者・対象者の関心の大小による区分に当てはめるとⅣに分類され、決定者、対象者とも関心が小さいので、超法規的通知の運用改善について、実現可能性は高いと推定される。

　また、超法規的通知の運用改善は、通知文の内容を改善することがすべてであり、それ以上の抜本的な改善はありえないことから、大災害発生直後に、運用改善された超法規的通知を発出するという一度の対応で終結すると想定される。要は超法規的通知の運用改善の次に、さらに超法規的通知の運用改善の抜

4 政府組織関係の修正に係る未措置事項の課題及び改善策に関する分析

表 4-11 超法規的通知に関する運用改善方針のまとめ

	A 改善策の実現性	B 漸進主義的改善	C 抜本的改善
超法規的通知（被災者にマイナスの影響がある項目）の運用改善	関係者の関心は小さく、通知文改善には実現可能性大	超法規的通知の内容を市町村等が訴訟に負けないように修正	

本的な改善はありえないということである。

その内容は表 4-11 のとおりである。なお、列 B、列 C の具体的な運用改善の改善策については、次の節で述べる。

(2) 超法規的通知の運用改善策の検討

超法規的通知の運用改善のポイントは、4-2-2 で抽出した緊急避難の法理を適用するための「緊急性」「必要性」「相当性」の 3 つの要件を満たすように対処することを、大災害時に超法規的通知を受けて運用する地方公共団体職員や地方支分部局職員に対して、伝達することにある。

地方公共団体職員や地方支分部局職員（以下「行政側」という）に対する通知の仕方としては、

①-1　通知文に、行政側がとるべき要件を明記する

①-2　通知文に、行政側が、戦争事態を前提する国民保護法など、類推適用すべき法律の条文を明記する

の二つの方法がありうる。

この二つの方法を比較すると、通知を受ける被災地の行政側にとって、災害法制を十分理解していれば、①-2 の類推解釈する法律条文を示す方が端的に伝わりやすい。一方で、災害法制を事前に十分理解していない場合には、①-1 の通知文で行政のとるべき内容を細かく記載した方が伝わりやすい。

よって、いずれが被災地の行政側にとって理解しやすいかはケース・バイ・ケースであって特段の得失はない。

この二つの超法規的通知の運用改善の例を示すと、表 4-12 の通りである。太い黒枠は土地、建物など空間に関係する所管省庁分（法務省、国土交通省）である。

対象となる超法規的通知は、表 4-7、表 4-8、表 4-9 においてグレーのセル

でしめした、被災者にマイナスの影響があり紛争の可能性が高いとされた6つの超法規的通知である。

第一に、上記①-1で示した、「通知文に行政がとるべき追記すべき要件を記載する」方法について、通知文に具体的に記載すべき要件を明らかにする。

緊急性、必要性、相当性については、4-3-2(3)で述べたとおり、判例及び学説から

① 緊急性：大災害の発生している、またはそのおそれがあること
② 必要性：通知に基づく措置を行うことが特に必要と認められること
③ 相当性：通知に基づく措置によって発生する被侵害利益と通知によって守られる利益のバランスがとれていること

と整理できる。

この要件を超法規的通知に当てはめてみると、まず、緊急性については、一般的な整理と同じく、大災害が発生した場合、または発生しようとしている場合に限定することが緊急性要件となる。要は、大災害の発災後時間が経過した場合にはそもそも超法規的通知を運用すべきではないということである。

次に、必要性要件については、個別の通知が前提とする行為が異なることから、行1の損壊家屋等の撤去であれば、救助などの応急措置を実施する場合に支障となる工作物等の撤去、行2から行4の通知であれば、医薬品等の融通、医療施設、薬局等の開設等、行5の外国人医師通知であれば、被災者に対する医療行為が必要性のある行為となる。

さらに、相当性要件については、行1の損壊家屋等に関する通知であれば、撤去される工作物の価値が被侵害利益となり、被侵害行為の内容が事前にある程度想定できるので、対象となる工作物等が価値がないと認められる場合が、相当性要件を満たす事例となる。この際には、そのバランスがとれていることを事後的に確認するために、写真等で記録して撤去することも必要となる[31]。

行2の医薬品等の融通、行3から行4の医療施設等の開設、行5の外国人医師の医療行為については、被侵害行為が事前には明確ではない。このため、通知で実現する利益が高い事例に限定することが要件となる。例えば、行2の医薬品等の融通であれば、被災者に対して迅速に提供することが満たされている

---

(31) 撤去の際に写真を撮ることは、表4-12の行1内閣府通知番号203の通知の中にも既に記載され、さらに、2014年災害対策基本法改正の際の施行通知においても明記されている。

4　政府組織関係の修正に係る未措置事項の課題及び改善策に関する分析

こと、行3から行4の医療施設等の設置であれば、被災者に対して医療提供や薬品提供を行うこと、、外国人医師通知であれば、被災者が十分に医療を受けられない場合において医療を提供することが考えられる。

　これらの緊急性、必要性、相当性要件を整理したものが、表4-12の列Dの記載である。

　第二に、上記①-2で示した、「通知文に、行政側が、戦争事態を前提する国民保護法など、類推適用すべき法律の条文を明記する」方法について、個別の通知が前提とする事象ごとに、類推適用をすべき法律及びその条文を明らかにした上で、その条文の解釈から導かれる具体的な要件を説明する。

　行1の損壊家屋等の撤去に関しては、災対法第64条第2項に、市町村長が災害時に応急措置を実施するために災害を受けた工作物等を撤去するための規定、いわゆる応急公用負担の規定がある。

　超法規的通知において、柔軟に損壊家屋等を撤去しようとする場合であっても、同項の規定が求めている、緊急性、必要性及び相当性の関係する規定の趣旨を遵守することが紛争を防止し、また、訴訟に負けないためには必要となる。具体的には、同項に規定しているとおり、緊急性については、「大災害が発生した場合または発生しようとしている場合に」に時期を限定し、必要性については、対象となる施設を「応急措置を実施する際支障となる工作物等」に限定し、さらに相当性要件の観点から被侵害利益を抑制するために「除却した工作物等の保管するとともに、所有者返還のための公示をする」という手続きを遵守することが考えられる。

　行2の災害時における医薬品及び医療機器の融通については、直接、災害対策基本法には関係する規定がないものの、同法第86条の3で医療矢越の開設の特例の際の緊急性要件を「医療施設が著しく不足し」と規定していることから、この類推として「大災害で医療品等が著しく不足した場合」について、さらに、国民保護法第92条の外国医薬品等の輸入の際の対象となる医薬品の規定を類推して、「被災者に対する医療のために必要となる」医薬品、医療機器を必要性の要件とし、相当性については、同法第92条に特に規定していないことから、必要性と同じと整理している。

　行3と行5はほぼ同じ内容の通知であり、被災地での病院の開設に伴う特例である。この運用にあたっては、災対法第86条の3に地方公共団体設置に限定した特例があるので、この規定を類推解釈する。具体的に類推解釈から導か

れる緊急性要件は、同法第86条の3に規定しているとおり、大災害で「医療施設が著しく不足し」となる。必要性要件は、同法第86条の3第2項に規定している「区域及び期間」を限定することとなる。相当性要件は同条で規定されていないので、必要性要件と同じとする。

行4の薬局の開設に伴う特例は、直接的に薬局に関係する規定は災対法及び国民保護法に存在しないが、医療施設と同様の観点から類推適用の対象法令としては災対法第86条の3の地方公共団体設置の医療施設特例とし、緊急性、必要性及び相当性要件は、行3及び行5の医療施設と同様に考えることができる。

最後行6の外国人医師通知については、国民保護法第91条に、戦争事態における外国人医療関係者の医療提供の特例規定が存在することから、超法規的通知の類推適用による改善の対象となる法律の規定は国民保護法第91条となる。また、緊急性要件としては、大災害で「被災者に十分な医療を提供できない」場合となり、必要性要件は、同条第1項及び第4項に基づき「区域及び期間」を限定することとなる。相当性要件としては、同条第1項で限定しているとおり、被災者に必要となる「業務に限定する」ということになる。

以上を整理して表示したのが、表4-12の列Eである。

なお、表4-12の列Dでは、既述のとおり、緊急避難の法理を適用する要件を踏まえて、それぞれの通知文に追記すべき案を記載している。ただし、これは、緊急避難の要件に該当する文面の案の一つであるので、趣旨が同じであれば、文案についてバリエーションはありえる。

表4-12の列Eの一番左の列は、類推適用として通知に追記すべき法律及び条文を記載している。これについては、既述のとおり、大災害時に生じさせる適用除外の効果をもたらすための類推適用をすべき法律及び条文を記載したものである。これらの規定を類推適用するにあたって、大災害の際に現場の行政側が留意すべき点として、列Eの一番右の列から右から3番目の列までで述べた点については、条文解釈から導いた者であって、一定の幅がありえることに留意が必要である。

4　政府組織関係の修正に係る未措置事項の課題及び改善策に関する分析

表 4-12　超法規的通知の運用改善の案

A	B	C	D ①-1 運用改善 (通知文に行政側がとるべき要件を明記)			E ①-2 運用改善 (通知文に行政側が類推解釈すべき法律の条文を明記)			
通知番号	通知名	効果	緊急性	必要性	相当性	類推解釈する条文	左の条文解釈（緊急性）	左の条文解釈（必要性）	左の条文解釈（相当性）
1	203	損傷家屋等の撤去等に関する指針	民法（所有権規定）の適用除外	大災害が発生した場合または発生しようとしている場合に、	応急措置を実施する際に支障となっている工作物等に対して、	価値がないと認められたものは、写真等で記録して撤去	災対法第64条（市町村長による応急公用負担等）	大災害が発生した場合または発生しようとしている場合に、	応急措置を実施する際支障となる工作物等に対して、	除却した工作物等の保管、所有者返還のための公示を行い、
2	82	病院又は診療所の間での医薬品及び医療機器の融通	薬機法第24条等適用除外	大災害が発生した場合、その被災地に対して	被災者の医療行為に必要な医薬品や医療機器について	被災者に迅速に提供する場合に	国民保護法第92条（外国医薬品等の輸入承認の特例規定）	大災害で医薬品等が著しく不足した場合に	被災者に対する医療のため必要となる医薬品、医療機器に	同左
3	84	被災に伴う医療法等の取扱い	医療法第4章（病院開設等）の適用除外	大災害が発生した場合、その被災地に対して	民間主体が臨時の医療施設を開設し	被災者に医療提供を行う場合に	災対法第86条の3（地方公共団体の長が設置する臨時医療施設特例）	大災害で医療施設が著しく不足した場合に	医療施設が不足した区域、期間に限って	同左
4	88	被災に伴う薬事法等の取扱い	薬機法第10条等薬局の開設等の規制の適用除外	大災害が発生した場合、その被災地に対して	被災者に必要な薬局の開設等を行う	被災者に薬品を提供する場合に	災対法第86条の3（地方公共団体の長が設置する臨時医療施設特例）	大災害で薬局が著しく不足した場合に	薬局が不足した区域、期間に限って	同左
5	120	被災に伴う医療法等の取扱い	医療法第4章（病院開設等）の適用除外	大災害が発生した場合、その被災地に対し	民間主体が臨時の医療施設を開設し	被災者に医療提供を行う場合に	災対法第86条の3（地方公共団体の長が設置する臨時医療施設特例）	大災害で医療施設が著しく不足した場合に	医療施設が不足した区域、期間に限って	同左
6	/	外国人医師通知	医師法第17条の適用除外	大災害が発生した場合、その被災地に対し	被災者に必要な医療行為を	被災者が十分な医療行為を受けられない場合に	国民保護法第91条（外国医療関係者による医療提供特例）	大災害で十分な医療を提供できない場合に	医療提供が不足した区域、期間に限って	被災者が必要な業務に限って

4-3-5　超法規的通知の恒久的対応としての法制定

(1) S評価手法からみた超法規的通知の恒久的対応としての法制定の整理

4-3-4では超法規的通知について、運用改善策を論じてきたが、ここでは、東日本大震災の際に発出された超法規的通知を法制定によって改善するという観点から、S評価手法に基づき、大災害が発生する前に超法規的通知に対応する法制定について、対応必要性、アジェンダ設定の可能性を踏まえて改善方針の分析を行う。

① 対応必要性の確認

4-2-2(2)で述べたとおり、臨時的措置として具体的に実績が確認された事項

表4-13　S評価手法からみた超法規的通知・法制定に関する対応必要性と実現可能性

	A	B	C	D	E	F	G	H	I	J	K
	今後の対応必要性	決定者				対象者（臨時的措置は被災地、恒久化対応は全国）		関心の強さ（記号の数）		決定者・対象者の関心の分類	S評価手法からみた実現可能性
		中央省庁			地方公共団体	利益団体（業界団体）	住民（国民）	決定者	対象者		
		所管省庁	財務省	国会							
1	損壊家屋等撤去特例	□：臨時的措置として実績もあるので必要性あり	○○	－	－	－	－	－	2	0	Ⅳ	●
2	外国人医師通知特例		○○	－	××	××	××	－	4	4	Ⅰ	×
3	医療施設設置特例（民間設置病院）		○○	－	－	－	－	－	2	0	Ⅳ	●
4	薬機法特例		○○	－	－	－	－	－	2	0	Ⅳ	●

（備考）列Aの□は今後の対応必要性が高いという意味である。列Kの●はS評価手法からみて実現可能性が高いという意味であり、×は実現可能性が低いという意味である。グレーのセルは拒否権プレーヤーを意味する。

については、対応必要性があると整理される。超法規的通知については、4-3-4(1)でも整理したとおり、現場のニーズに対応して、現場の求めに応じた国が発出したものであり実績もあった可能性が高い。よって、今後の対応必要性はあると整理できる。これを表4-13の列Aでは、「□」として表示している。

　なお、対象となる項目は、表4-12で列記したものと同じであり、表4-7、表4-9においてグレーのセルで示した、被災者にマイナスの影響があり紛争の可能性が高いとされた6つの超法規的通知に関する法制定である。ただし、本節では法制定に関する分類なので、表4-12の行1の損壊家屋等の撤去に関しては、表4-13の行1に、表4-12の行6の外国人医師通知に対応した項目として、表4-13の行2にそれぞれ対応している。これに対して、表4-12の行2と行5は病院の設置、行4は薬局の設置に関し、地方公共団体設置の病院等の特例のある災害対策基本法の改正とて、民間経営主体に関する法制定を論じているので、表4-13の行3でまとめて表している。

　また、表4-12の行2の医薬品等の融通に関しては、薬機法の特例を論じているので、これは単独として表4-13の行4に記載している。

　結果として、超法規的通知に対応した法制定は、表4-13の行1から行4の4項目になる。

② アジェンダ設定の可能性

　アジェンダ設定の基準については、4-2-2(3)で述べたとおり、大災害の発生から3年以内であれば、その設定は容易と判断される。

超法規的通知に対応した法制定は、超法規的通知の運用改善とは異なり、必ずしも大災害の発生から3年以内に行われるとは限らない。

仮に大災害の発生から3年以内であれば、当然、大災害に対する問題意識は高まっており、法制定についてのアジェンダ設定をするのは容易である。

これに対して、各主体との調整に時間をかけた抜本的な対応については、発災後3年以上経過することも想定でき、法制定のタイミングが大災害の発生から3年以上を経過することもありえる。その場合には単純にいえば、アジェンダ設定が困難となるが、この場合には、アジェンダ設定ができるために工夫が必要である。

例えば、後述するとおり、復興基本法と復興特区法の関係のように、アジェンダ設定が容易なタイミングで、まず、将来の抜本的な改正を位置付けたうえで、将来のアジェンダ設定を容易にする方法が考えられる。

③ 改善方針の推定

超法規的通知に対応した法制定は、大災害が発生した直後の緊急事態期に対応するものであり、大災害が起きてからすぐに適用する必要がある。このため、大災害が発生する前に予め、結果として、将来の大災害に備えた恒久的な法制定を行っておく必要がある。

これを前提にしたうえで、第一に法制定の決定者について述べる。

恒久的な法制定は、表1-1に示したとおり、決定者のうちの所管省庁は自らの権限拡大等に繋がることから、実現する方向で大きな関心を持つ。これを、表4-13の列Bでは「○○」で示している。

これに対して、決定者の1つである財務省は予算に関係ないので無関心となる。これを表4-13の列Cでは「－」と示している。

さらに、決定者である国会も、後述する外国人医師の問題を例外として、表1-1の基準に基づき、お金に関係なく、業界団体に関心がなく、また、将来の大災害に備えているので、特定の被災地に限定しているわけでもないので、法制定について無関心となる。これを表4-13の行1列D、行3列D、行4列Dで「－」と示している。

第二に、法制定によって影響を受ける対象者についてみる。

対象者のうちの地方公共団体は、お金に関係がなく、関係団体が関心がなく、具体の被災地に特化したものでもなければ関心をもたない。表4-13の項目のすべてについて、お金に関係もなく、また、特定の被災地に特化したもの

でもない。また、後述のとおり、外国人医師通知関係以外は業界団体も関心をもたない。よって、行1の損壊家屋等撤去特例と行3の医療施設設置特例、行4の薬機法特例について、地方公共団体は関心を持たない。これを表4-13の表4-13の行1列E、行3列E、行4列Eで「－」と示している。

対象者のうちで住民は、お金に関係がなく、また、特定の被災地に特化したものでなければ関心を持たない。表4-13の全ての項目で、住民は無関心である。これを表4-13の列Gの「－」で示している。

対象者のうちの利益団体（業界団体）について整理する。業界団体は、業界の業務範囲や収益構造を侵害する、またはその可能性がある場合に、実現を阻止する方向で大きな関心を持つ。行1の損壊家屋等の撤去は、関係する業界団体が存在しない。行3の医療施設設置特例と行4の薬機法特例は、医師会、薬剤師会などが関係するものの大災害の際に病院、薬局を設置しやすくしたり、医薬品等を融通することから、既存の業界団体に属している医師、薬剤師などが活動しやすくする側面はあるものの、業界団体の業務範囲などに影響を与えるものではない。このため、以上、行1と行3、行4の業界団体の関心を表4-13の行1列F、行3列F、行4列Fで「－」と示している。

第三に、外国人医師通知に関するものをまとめて整理する。

外国人医師通知は、日本での医師免許なしに医療行為を認めるもので、まさに業界団体の業務範囲、収益構造に直接の悪影響を与える、もしくは与える可能性をもっている。また、超法規的通知の運用改善と異なり、法制定によって恒久的に業務範囲に影響を与えることから、実現を阻止する方向に大きな関心を持つ。これを表4-13の行3列Eで「××」で示している。

そして、業界団体がネガティブな強い反応をすると、表1-1の基準に照らせば、次の選挙での当選を最終目的としている地方公共団体、国会についても、これに連動して、実現阻止の方向で大きな関心を持つ。これを表4-13の行3列Dと列Eで「××」としている。そして、国会が、実現阻止の方向で強い関心を持った場合には、国会が反対すると実現しないという意味で国会が「拒否権プレーヤー」となる。これを表4-13の行3Dのグレーのセルで示している。

以上の決定者の関心と対象者の関心を、記号の数で集計したものが列Hと列Iである。

この決定者と対象者の関心について、表2-6で整理した区分にあてはめる

4　政府組織関係の修正に係る未措置事項の課題及び改善策に関する分析

と、行1の損壊家屋等撤去特例、行3の医療施設設置特例、行4の薬機法特例はいずれもⅣという、実現が容易なと評価される。これに対して、行2の外国人医師通知特例については、決定者、対象者とも関心が大きいⅠの分類に属し、さらに、国会が拒否権プレーヤーとなることから、実現可能性が低いと評価される。

この結果を表4-13の列Kで、行1と行3、行4については、「●」、行2の外国人医師通知特例については、「×」で示している。

以上のとおり、行1と行3、行4については、S評価手法でみると実現可能性が高いことから、漸進的改善と抜本的改善に分けることなく、一度に抜本的な改善まで実現することが想定される。

これに対して、行2の外国人医師通知特例は、既述のとおり、業界団体の業務範囲や収益構造に悪影響を与えると判断される可能性のある内容を有してお

表4-14　超法規的通知に関する法制定の改善方針のまとめ

		A	B	C
		改善策の実現性	漸進主義的改善	抜本的改善
1	損壊家屋等撤去特例	実現可能性は高い（東日本大震災時は所管省庁が不明確なのが法制定阻止の原因の可能性あり）	所管省庁を明確にして法制定を行う	
2	外国人医師通知特例	そのままでは、業界反対が大きく、国会の拒否権プレーヤーとの調整が必要になる。その他の関係者も関心が強く調整に時間がかかる。	時期、対象などを限定し、業界団体の実現阻止の関心をさげた内容で法制定を行う	一般的な災害に対しても拡充する
3	医療施設設置特例（民間設置病院）	実現可能性は大きい（東日本大震災の際の特段の事情は確認できず）	災害時に臨時で行われる民間設置病院にも設置特例を創設する	
4	薬機法特例	実現可能性は大きい（東日本大震災の際の特段の事情は確認できず）	災害時に臨時で行われる薬局等にも設置特例を創設する	

り、S評価手法に基づけば、そのままでは実現可能性が低い。このため、最初の法制定の取組では対象限定などを行い、表1-1の基準によれば業界団体の関心が小さくなる漸進主義的改善を行い、法制定でより抜本的な改善を図るという案が考えられる。

以上の改善方針の内容をまとめたものが表4-14である。具体的な法制定の内容は、次の節で述べる。

なお、超法規的通知に関係する項目については、4-3-4で述べた通知の運用改善と本節で述べている超法規的通知に関係する内容を事前に法律で位置付ける法制定と2つの方向性があるので、実際の大災害が発生した場合には、その組み合わせもありえる。例えば、大災害が発生した際に、まだ、必要な法制定が実現していなかった場合には、大災害直後にアジェンダ設定の容易な超法規的通知を行ったうえで、3年以内のアジェンダ設定が容易な期間に漸進主義的な改善である法制定を行い、さらに、さらにアジェンダ設定を工夫して、抜本的な改善内容となる法制定を行うといったケースが、実現可能性の高い取組として想定される。

(2) 超法規的通知の恒久的対応としての法制定の具体的な改善策の検討

次に、恒久化対応としての法制定の具体的内容について述べる。

① 超法規的通知の恒久化対応としての法制定の2つの方向性

法制定については、法技術上は、

　②-1　大災害時に個別の適用除外となる法律の規定を明記して法制定を行う

　②-2　大災害における行政側の対応に支障となる法律を適用除外する趣旨の包括的な適用除外規定を法制定で創設する

の二つの方法がありうる。

具体的な法律案の作成にあたっては、成立する法案の大部分が内閣提出法案である実態を踏まえ、内閣法制局の審査基準に準拠して案を考える。

最初に内閣法制局の法案作成時の審査基準について論じる。近年、内閣法制局参事官を経験した研究者が内閣法制局の審査基準を明らかにしている[32]ことから、この論考に従い内閣法制局審査基準を抽出する。その具体的な内容は

---

(32)　仲野武志「内閣法制局の印象と公法学の課題」北大法学論叢第61巻6号（2011）183頁-199頁参照。

4 政府組織関係の修正に係る未措置事項の課題及び改善策に関する分析

以下のとおりである。

> ア　国民の権利義務に関係する事項その他法律で規定しないといけない事項（「法律事項」という）でない事項は原則として削除される。
> イ　既存の法体系との整合性がとれていなければならない。特に、国民の権利義務に関する事項で、既存の法体系との整合性がとれない場合には違憲のおそれがあるので、厳重に審査する。
> ウ　立法化しようとする状況と類似の状況に対して立法化された用例（字面だけでなく意味的にも）を明らかにして、その用例と作用、手続き等が同じレベルになっていなければならない。

　大災害の際に発出された超法規的通知のうち、法制定が必要なものは4-3-3で述べたとおり、被災者に対して何らかのマイナスの影響があり紛争になる可能性があるものであることから、これらの超法規的通知に対応した法制定は国民に一定の権利制限を求める内容となることから、上記アの審査基準は満たしている。

　その上で、超法規的通知のような臨時的措置を恒久化対応するための法制定の審査にあたっては、イの違憲審査基準をクリアするため、ウに記述しているとおり、災害時またはそれに類似している状況に対応した「用例」を収集して、具体的な法制定に関する改善策を議論することが必要である。

　これはまとめて述べると、類似の状況に使われている要件などを含めた規定に準拠して法制定の案文を作成するということである。

　以上の内閣法制局の審査基準に基づき、上記②-1と②-2の2つの方向で案文を整理したものが表4-15である。具体的な説明は②の節で行う。なお、順序としては、農林水産省、国土交通省など土地・不動産に関係する省庁をまとめて先に黒枠で示している。

② 　個別の適用除外規定を明記する法制定

　最初に、列Dの「②-1 大災害時に個別の適用除外となる法律の規定を明記して法制定を行う」について論じる。

　まず、表4-15の行1「損壊家屋等の撤去等に関する指針」については、大災害発生直後の所有権が不明で、かつ、有価物が含まれている可能性のある工作物や物件を、所有者の同意なしに異動したり除去することになるので、民法の所有権規定の特例となる。また、表4-2の東日本大震災後の超法規的通知に

表 4-15　超法規的通知の法制定の 2 つの方向の案

	A	B	C	D	E
	通知番号	通知名	効果	②-1　適用除外となる法律の規定を明記する法改正	②-2　包括的な適用除外規定の法改正
1	203	損傷家屋等の撤去等に関する指針	民法（所有権規定）の特例	現行災対法第64条第2項を修正して適用する。災対法第64条第2項　市町村長は、当該市町村の地域に係る災害が発生し、又はまさに発生しようとしている場合において、応急措置を実施するため緊急の必要があると認めるときは、現場の災害を受けた工作物又は物件で当該応急措置の実施の支障となるものの除去その他必要な措置をとることができる。この場合において、工作物等を除去したときは、市町村長は、当該工作物等を保管しなければならない。ただし、保管の費用等が過大であるなど特段の事情があるときにはこの限りではない。（災対法第82条第1項の損失補償の対象に災対法第64条第2項において、除却した工作物等を廃棄した場合を追加する）	
2	82	病院又は診療所の関での医薬品及び医療機器の融通	薬機法第24条等適用除外	以下の条項を災対法に追加する。第八十六条の●　著しく異常かつ激甚な非常災害であつて、当該災害により医薬品及び医療機器の円滑な確保することが困難となったため、公衆衛生上の危害の発生を防止するため緊急の必要があると認められるものが発生した場合には、当該災害を政令で指定するものとする。 2　厚生労働大臣は、前項の規定による指定があったときは、政令で定めるところにより、厚生労働大臣の定める期間に限り、医薬品、医療機器等の品質、有効性及び安全性の確保等に関する法律第二十四条及び第三十九条の二に規定する手続の特例を定めることができる。	災対法第86条の2に以下の条文を追加する。 第86条の2　著しく異常かつ激甚な非常災害が発生した場合において、応急措置を実施するため緊急の必要があると認めるときは、応急措置の実施のために支障となる法令の適用を除外する。
3	84	被災に伴う医療法等の取扱い	医療法第4章（病院開設等）の適用除外	災対法第86条の3第2項で医療法の特例を受けるための事業主体として「地方公共団体の長」に「医療法第16条の6第1項の規定による登録を受けた者」を追加する。	
4	88	被災に伴う薬事法等の取扱い	薬機法第10条等薬局の開設等の規制の適用除外	災対法に以下の条文を追加する。第八十六条の●　著しく異常かつ激甚な非常災害であつて、当該災害により医薬品及び医療機器の円滑に確保することが困難となったため、公衆衛生上の危害の発生を防止するため緊急の必要があると認められるものが発生した場合には、当該災害を政令で指定するものとする。 2　厚生労働大臣は、前項の規定による指定があったときは、政令で定めるところにより、厚生労働大臣の定める期間に限り、医薬品、医療機器等の品質、有効性及び安全性の確保等に関する法律第七条第3項、第十条、第三十八条及び第四十条に規定する手続の特例を定めることができる。	
5	120	被災に伴う医療法等の取扱い	医療法第4章（病院開設等）の適用除外	災対法第86条の3第2項で医療法の特例を受けるための事業主体として「地方公共団体の長」に「医療法第16条の4第1項の規定による登録を受けた者」を追加する。	
6		外国人医師の医療支援	医師法第17条の適用除外	災対法に以下の条文を追加する。第八十六条の●　著しく異常かつ激甚な非常災害であつて、次の各号に掲げる資格を有する者の確保が著しく困難であり、避難住民等に対して十分な医療を提供することができないと認められ、かつ、外国政府、国際機関等から医療の提供の申出があったときは、当該災害を政令で指定するものとする。 2　前項の規定による指定があつたときは、政令で定める区域及び期間において、医師法第十七条の規定にかかわらず、厚生労働大臣は、その従事する区域及び業務の内容を指定して、外国において医師の相当な資格を有する者に対して、必要な限度で医療を行うことを許可することができる。	

関係する訴訟案件のすべてがこの通知に関係するものである。

　この項目については、表4-14の行1列Aに記載してあるとおり、東日本大震災の際の方針を発出する際にも、所管省庁が、法務省、環境省、国土交通省

4 政府組織関係の修正に係る未措置事項の課題及び改善策に関する分析

など多数の省庁にまたがっていると整理されており、東日本大震災後に恒久的な法制定が実現できなかった理由の1つと想定される。

一方で、損壊家屋通知の撤去通知を恒久的措置としての法制定として整理する際には、表4-4の行1と行2で示した実際の訴訟案件において、被告となった市が主張した論拠を尊重することが実用的と考える。具体的には、当該2つの訴訟案件においては、被告となった市町村は、災害対策基本法第64条第2項の「応急公用負担」の適用事例として、その合法性を主張している。

これを踏まえると、「個別の適用除外となる法律を規定して法制定を行う」案としては、所管省庁を災対法を所管する内閣府防災担当と明確化した上で、災対法第64条第2項の規定を現状で存在する課題に対応して改善するのが適切と考える。

さらに、現行の災害対策基本法第64条第2項の課題を学説及び実務上の経験から抽出すると以下の2点がある。

a) 災対法第82条の損失補償規定を引用していないことから、価値のない廃棄物は別として価値のある物件等には適用できないと主張する学説もあること[33]
b) 除却した物件を常に保管することを義務付けており、価物のない廃棄物を保管するのは災害現場の実態にあわないこと

これに対処する案として、災対法第64条第2項について、「原則は保管を義務付けつつ、保管の費用等が過大であるなど特段の事情があるときには廃棄をみとめ、廃棄した場合には、損失補償規定の適用を認める」という改善案が想定される。

この具体的な法制定における改善案は表4-15の行1列Dに記載している。この案文は、現行法災対法第64条第2項の規定ぶりを可能なかぎり尊重しており、4-3-5(2)①で述べた内閣法制局の審査基準にも合致している。

次に、表4-15行2の医薬品及び医療機器の融通の通知に対応した法制定の案を論じる。

---

(33) 大橋真由美「災害対策基本法上の応急措置に伴う船舶の損壊行為に対する国家賠償請求」法学セミナーNo.698（2013）131頁参照。なお、実務的な解釈としては、『逐条解説　災害対策基本法（第三次改訂版）』（ぎょうせい、2016）406頁では、「保管規定があること」などを理由として損失補償規定を置いていないと説明しており、価値のある物件等に適用できないとはしていない。

この項目は、表4-14の行4で記載しているとおり、対応必要性が大きく、また、実現の可能性も高いと評価できる。このため、表4-15の行2の超法規的通知を適法とするために、段階的な改正を行うのではなく、端的に、薬機法第24条及び第39条の2に規定についての特例を定めることが法制定の案になる。具体的な案文としては、国民保護法などに同趣旨の規定がないことから、災害対策基本法第86条の3の臨時の医療施設に関する特例の規定を、同じ医療関係であることから、これを用例として、案文を作成する。

　その具体的な案が表4-15の行2列Dである。なお、第86条の●と記載しているのは、用例として準拠した災害対策基本法第86条の2の前後にこの規定をおくことを意味している。以下、この節において同じである。

　さらに表4-15の行3、行4、行5のうち、行3と行4はほぼ同じ内容であって、災対法第86条の3で既に規定されている地方公共団体の長が設置する場合の医療施設の設置を容易にする特例と同様に、民間主体による病院設置についても、医療法に基づく手続きの特例を設けることが、法制定の内容となる。

　この内容は、表4-14の行3に記載したとおり、対応必要性、実現可能性とも高いことから、段階的な法制定ではなく、端的に、求められている内容の法制定の案を提案する。その具体的な内容は、現行災対法第86条の3の第2項で適用除外としている医療法第4章の規定を、民間主体の医療施設にも適用できるように、「地方公共団体の長が開設する臨時の医療施設」の規定を修正して、「地方公共団体の長又は医師法第16条の6第1項の登録した者が開設する医療施設」と改正する。なお、この修正は、現行災害対策基本法第86条の3の規定ぶりを用例としており、4-3-5(2)①で述べた内閣法制局審査基準に合致している。

　表4-15の行4の薬局開設の特例については、表4-14の行3に病院と一緒に整理したとおり、既述の病院と同じく対応必要性、実現可能性とも高く、暫定的な案と抜本的な案にわけずに、端的に、被災地で薬局を設置する際に特例が必要となる規定を列記した法案を提案する。

　具体的には、当該通知に関係する薬局の開設等にあたって特例が必要な規定は、薬機法第7条第3項、第10条、第38条及び第40条であることからその特例を置く規定とする。その際、緊急性、必要性などの要件を定めた規定は、災害対策基本法第86条の3の臨時の医療施設の設置の特例を用例として、4-3-5(2)①で述べた内閣法制局の審査基準に従って作成する。具体的な案文

4 政府組織関係の修正に係る未措置事項の課題及び改善策に関する分析

は、表4-15の行4列Dのとおりである。

「②-1 大災害時に個別の適用除外となる法律の規定を明記して法制定を行う」の最後に、表4-15の行6の外国時医師通知に対応した法制定の案について論じる。この項目は、表4-13の行2で示しているとおり、医師会等の業界団体の業務範囲や収益構造に影響することから、実現を阻止する方向で大きな関心をもち、これに対応して法制定を実現するには、表4-14の行2の列B及び列Cで述べたとおり、対象や時期を限定して業界団体の関心を下げる内容でまず暫定的な改善を行い、その後の外国人医師の特例の運用を実態を踏まえながら、一般的な災害に活用できる特例を設けるといった案が現実的であり実現性があると考える。

具体的には、4-3-5(2)①で述べた内閣法制局の審査基準に基づき、戦争事態での適用除外規定である国民保護法第91条、第92条の規定を用例にして、条文案を示す。これが表4-15の行6列Dに記載したものである。ただし、この案でも、依然として関係団体からみると対象の災害や時期が広すぎるという指摘もありえる。

その場合には、さらに、以下の2つのいずれかの方向で、対象となり災害又は時期を限定する案を、暫定的な案として提案することもありえる。

a) 対象となる災害について、表4-15の行2、行3、行4、行5、行6の列Dの「著しく異常かつ激甚な非常災害」という法文案の表現を、より限定的なもの、例えば、大規模災害復興法の特定大規模災害のように、「緊急災害対策本部が設置された災害」（大規模災害復興法ではこの規定は東日本大震災クラスの災害に限定する趣旨で規定されている）に限定すること

b) 対象時期について、明文で、建築基準法第84条の被災地建築制限にならって、「災害が発生した日から一月以内の期間を限り」と限定すること

特に、a)の案は、戦争事態を想定した国民保護法では、外国人医師の特例を整備していることとのバランスからみても、戦争事態に類似する、極めてまれな事象に限定したことになるので、業界団体の理解が得やすいと考える。

なお、上記のa)又はb)の案を暫定的な案とすれば、表4-15の行6列Dの案は、対象となる災害を「著しく異常かつ激甚な災害」と一般的に規定し、対象時期も厚生労働大臣の指定の有効期間に委ねていることから、a)又はb)の

暫定的な案よりも一般的かつ恒久的な案である。
③　包括的な適用除外規定を明記する法制定
　次に、表 4-15 の列 E「②-2 大災害における行政側の対応に支障となる法律を適用除外する趣旨の包括的な適用除外規定を法制定で創設する」について論じる。
　この包括的な適用除外規定の案は表 4-9 の列 E である。
　列 E は、大災害が発生した際に個別の法律規定を明記せずに、「応急措置を実施するために支障となる法令の適用を除外する」という規定で、包括的に法律を適用除外する条文案である。この種類の規定は既存の法律には存在しないことから、規定の趣旨を示す案文として作成したものであり、細かな規定ぶりについては様々なバリエーションがありえる。
　なお、規定ぶりは、列 D のセルの案文にならっている。また、応急措置という用語は災対法第 62 条以下で市町村が災害発生直後において行う対応を応急措置と規定している用例にならっている。以上のことから、表 4-9 の行 E の条文案は 4-3-5(2)①で述べた内閣法制局審査基準には合致していると考える。
　包括的な適用除外規定については、東日本大震災当時の泉田新潟県知事が国会で提案しており[34]、また、都道府県、政令指定都市等へのアンケートによっても、1 つの県が包括的な適用除外規定を提案している[35]。
　包括的な適用除外規定は、事前に想定していた法令上の特例内容に限定されないという長所もあるものの、以下に掲げる短所もあり、長所と短所を比較したより慎重な検討が必要である。

①　包括的な適用除外規定を法制定で創設すると、例えば、個人情報保護法に基づく個人情報の保護規定を適用除外して被災者の個人情報を収集することや、デマ防止と称して電気通信事業法の検閲禁止規定を適用除外して通信内容をチェックしたりすることも可能になってしまうことなど、国民権利の侵害の可能性が生じること

---

(34)　第183回国会衆議院災害対策特別委員会（平成 25 年 5 月 21 日）における泉田裕彦新潟県知事の発言参照。
(35)　武田文男ほか「巨大災害に対する法制の見直しに関する課題についての研究」GRIPSDiscussionPaper16-26（2016）1 頁-20 頁 参 照。https://core.ac.uk/download/pdf/51221788.pdf（最終閲覧 2021 年 12 月 20 日）

② この「包括的な適用除外規定」を提案しているのは、他の論考によれば、都道府県、政令市、県庁所在市、特別区のうち1県（新潟県）のみであり⁽³⁶⁾、他の地方公共団体ではすべて不要と答え、さらに緊急事態での特例措置の拡大には私権制限の可能性から慎重であるべきとのコメントが寄せられていること
③ 包括的な適用除外規定を事前に規定しても、実務上、迅速かつ柔軟な対応が困難な場合があること

特に、③の部分を具体的に述べると以下のとおりである。

大災害発生時に、具体的にどの法令が適用除外になるかどうかは、包括的な適用除外規定だけでは、包括的であるが故に明確でない。そのため、地方公共団体等の現場の職員は、国の個別法所管省庁担当官に問いあわせ、さらに、個別法所管部局担当官は、包括的な適用除外規定を規定している法律の所管省庁、例えば、災対法に規定した場合には、災対法を所管している内閣府防災担当に問い合わせることになる。

しかし、内閣府防災担当も個別法が現場でどのように支障があるかどうかが明確でないので、「応急措置の実施に支障がある法令かどうか」を内閣府だけでは判断することができず、関係する省庁と協議して適用除外するかどうかを決めることになる。もちろん、事前に内閣府防災担当と個別省庁所管部局が調整しておくことで相当の手続簡素化にはなるものの、大災害の際には事前に想定していなかった事象に伴う法律適用除外ニーズが発生することがありうるので、個別所管法所管省庁と地方公共団体との間の調整、さらに個別法所管省庁と内閣府防災担当との調整手続が発生せざるをえない。これは実務的には柔軟かつ迅速な対応の大きな阻害要因になる。

4-3-6 超法規的通知の改善策のまとめ

第4章では、超法規的通知に関係する紛争実態を把握した上で、紛争に市町村等が負けないための条件として、緊急避難の法理に基づく3条件（緊急性・必要性・相当性）を抽出した。特に、紛争を生じる可能性の高い超法規的通知6本を対象にして、超法規的通知の運用改善、と法制定の2つの改善内容を明らかにした。

---

(36) 武田ほか（2016）参照。

表4-16 超法規的通知の改善策のまとめ

①法令上の文言に反する運用を認める通知

A 通知番号	B 通知名	C 既に法改正対応	D 被災者にマイナスが小さくそのままで可	E 超法規的通知の運用改善 通知文に要件追記	F 超法規的通知の運用改善 類推解釈の条文追記	G 法制定 個別条文ごと適用除外	H 法制定 包括的適用除外
128	獣医師免許申請手続		-				
168	海技免状、船舶検査、雇入契約等の申請手続き等の取扱い		-				
169	福島原発沖における船舶の航行		-				
171	救助のための航空機の運航		-				
174	漂流物に関する注意喚起		-				
186	船員手帳、雇入契約及び船員の未払い賃金の立替払い等の申請手続き		-				
203	損傷家屋等の撤去等に関する指針			○	○	○	×
6	高齢者講習証明書を亡失等した者による運転免許証の更新申請の受理						
43	救援物資に関する関税免税に関する書類省略の特例措置						
54	被災地域の児童生徒等の就学機会の確保						
56	復旧工事に係る埋蔵文化財に関する文化財保護法の規定の適用						
64	被災者に係る被保険者証等の提示						
68	社会福祉施設における緊急的対応について						
71	墓地、埋葬等に関する法律に基づく埋火葬許可の特例措置	◎					
75	救援物資の取扱い						
77	被災に伴う保険診療関係等の扱い						
79	医師等の医療関係職種の免許申請等に係る取扱い						
80	被災者に係る利用料等の取扱い						
82	病院又は診療所の間での医薬品及医療機器の融通			○	○	○	×
83	介護サービス事務所の人員基準等の数扱い						
84	被災に伴う医療法等の取扱い	一部◎		○	○	○	×
88	被災に伴う薬事法等の取扱い			○	○	○	×
103	応急仮設注宅のグループホーム等に係る共同生活住居への活用について						
120	被災に伴う医療法等の取扱い	一部◎		○	○	○	×

②行政処分の猶予を認める通知

24	JAS法に基づく品質表示義準の経過措置の運用		-				
25	容器入り飲料水(ミネラルウォーター類)1に係るJAS法の運用		-				
26	加工食品に係るJAS法の運用		-				
126	震災地域におけるJAS法の運用		-				
19	震災地域における食品衛生法の運用						
20	製造所固有記号の表示の運用						
21	食品衛生法に基づく表示基準の経過措置の運用						
22	容器入り飲料水(ミネラルウォーター類)に係る食品衛生法の運用						
23	食品衛生法に基づく表示基準の運用						

③本研究で発掘した通知

	道路啓開通知	◎					
	外国人医師通知			○	○	○	×

(備考)「◎」は法制定で対応したことを、「一部◎」は一部を法改正で対応したことを、「-」は対応する必要がないことを、「○」は今回の議論での改善案の提案をしたことを、「×」は改善案を提案することが適切でないことを意味する。

4 政府組織関係の修正に係る未措置事項の課題及び改善策に関する分析

　以上の超法規的通知の改善内容を整理したものが表4-16である。なお、黒枠は土地・不動産に関係する省庁分である。
　表4-16で示したとおり、法制定がまだ行われておらず、被災者へのマイナスの影響が大きい項目については、超法規的通知の運用改善と法制定（個別条文ごとの適用除外）の二つの方法を改善方針として提案している。
　超法規的通知の運用改善と法制定については、4-3-4で運用改善を、4-3-5で法制定による改善をそれぞれ述べてきた。
　以下、運用改善と法制定の得失について、ここで整理しておく。
① 4-3-3で述べたとおり、超法規的通知については、訴訟になったときに行政側が敗訴しないために、将来発出する場合の通知文の文案についての運用改善を提案している。これ自体の合法性は最終的には裁判所の判断が必要となる。これに対して、法制定による改善は、裁判所の判断を待たずに住民などにとって合法であることが明らかである。この観点からは、紛争防止や訴訟リスクの回避という目的実現のためには、超法規的通知の運用改善よりも、法制定による改善が望ましいと言える。
② 4-3-5(1)の表4-13で示しているとおり、S評価手法に基づけば、超法規的通知のうち、外国人医師通知のように利益団体の反発を招くものについては、法制定の実現可能性が低い。また、そもそも法制定のアジェンダ設定も災害発生後3年を超えると実現が難しいことからみて、将来の大災害までの間に、法制定がアジェンダ設定、あるいは、実現可能性の観点からみて、抜本的な法制定が実現していない可能性は否定できない。このような場合には、大災害が発生した後に対応する方法としては、超法規的通知の運用改善が現実的である。

　よって、超法規的通知について、その運用改善と法制定による改善は、双方とも改善策として重要なものである。

4-3-7　超法規的通知発出の際の事後的な国会手続

(1) 超法規的通知発出後の事後手続の必要性
　4-3-1から4-3-6までで超法規的通知の運用改善及び法制定について述べてきた。このうち、超法規的通知の運用改善については、なお、論点が残っている。

大災害の発生時において、2-2-3で述べたとおり、S評価手法からみて、自然災害が発生した後に、対象となる災害やその時期を限定して臨時的な措置として、本来、決定者である中央省庁などの関心事項を限定することによって、法律上の規定の特例的扱いを迅速に行うという点では、中央省庁が単独で行い、法律と異なり国会手続を省略した形式である超法規的通知は、一定の評価をすることができる。

　しかし、超法規的通知を発出すること、さらにその運用改善を図るという手法については、図4-3で示しているとおり、本来経るべき国会という民主的手続を全くとらずに、中央省庁のみで判断し実施したという問題が残っている。

　この点は、次の4-4で述べる条例制定省略の特例が、国レベルでは民主的手続である国会の手続を経たうえで、地方レベルでの地方議会という民主的手続を省略するということで、少なくとも国レベルでは民主的手続きを講じているのに対して、超法規的通知は、国、地方双方で、議会手続を省略していることから、民主的手続の欠如という観点からは、問題がより大きいと考えられる。

　一方で、大災害が発生した直後ではあらかじめ国会の法制定の手続きがとれないからこそ超法規的通知が発出されることから、事前に国会の手続きをとることは無理だとしても、中央省庁が、大災害発生の際に超法規的通知を発出した場合に、事故後的に、通知を発出した行為に対して、国会との関係で何らかの補充手続を実施することは時間的にも可能であり、必要ではないか、という議論がありうる。

　なお、同時に事後的な国会との関係での補充手続を講じた場合であっても、現在議論している超法規的通知の運用改善については、根拠となる法律上の規定が存在しないことが前提であることから、事後的な補充手続きを講じたからといって、法律自体に格上げされるという意味を持たせることはできない。しかし、超法規的通知に基づいて行動した地方公共団体が訴訟で訴えられた場合に、裁判官の心証形成には行政側にとってプラスになる可能性は期待できる。

(2) 議会手続を省略し事後的に補充する既存法の仕組み

　超法規的通知を事後的に補充する仕組みを検討するにあたっても、4-3-5(2)①で述べた内閣法制局審査基準を踏まえて、既存の法律から、類似の用例を探した上で、それが適用できるかを分析することとする。

　そこで、議会の手続を省略したうえで、事後的に国会に承認又は報告を得る

ことを内容としている現行法上の規定を、「国会」という用語と「報告」又は「承認」という用語が1つの条文検索を通じて抽出し、事後的に国会に承認等の手続きを措置しているものをすべて選び出した[37]。その上で、今回の議論では関係が薄い、単純な委員任命など人に関する承認手続きを省略し、さらに、災対法に基づく特例と憲法の特例を追加したもの[38]が、表4-17である。

表4-17のうち、行1から3は、災害対応を目的とするものである。

行1は災対法第109条に基づく、災害緊急事態の布告がでた際に国会閉会中等の条件のもとで、一定の項目に限定して政令を定めることができる規定である。行1列Fに規定しているとおり、事後的に国会の承認を求め、この承認が得られない場合には、列Gに記載のとおり、将来に向けて効力を失う。

行2は災害時には地方公共団体の事務を他の地方公共団体に委託する際に本来必要な事前の議会議決を省略し、事後的に議会に報告することを持って足りるとする。この場合は事後報告なので、当然、効力には当該委託の効果には影響しない。

行3は地方自治法に基づく専決処分であり、表4-17の備考に記載のとおり、災害時に多く用いられることから、災害目的に分類している。地方公共団体の長は本来議会議決事項について、自らの専決処分にし、事後的に議会の承認を求めることが義務付けられている。ただし、承認を求めるものの、承認が得られなくても、地方自治法第179条に効果を失うという規定は存在せず、また、行政実例上も効果は失わないとされている[39]。

行4と行5は経済危機対応で、行4の国会の手続きを経ずに関税を決める、行5の為替管理の対向措置を講じた場合には、行4は事後的な国会報告でとどまり、効力にも影響ないのに対して、行5は事後的な国会承認が必要となり、承認が得られなければ、行1と同じく効力を失う。

行6は、ワクチン確保のために本来は国会の承認が必要な損失補償契約を政

---

[37] 法律の条文で、「国会」と「報告」又は「承認」をセットで用いているものが、委員任命の際の国会承認が34、それ以外の何からの国の行政主体による行為に伴う国会承認を規定してものが、10存在する。Westlawの法令検索システムで検索している(最終検索日2021年12月25日)。

[38] 追加した特例は、行2の災対法特例、行3の地方自治法による特例、行13の憲法による特例である。

[39] 松本英昭『新版 逐条地方自治法解説 第9次改訂版』(学陽書房、2017)629頁参照。

府が締結し、事後的な国会承認が求められている。事後承認が得られない場合の規定は存在しないものの、損失補償契約は将来の国の財政支出を約束するものであることから、承認が得られない場合は当該契約の効力は失われるものと解する。

行7から行9は戦争事態対応を目的とするもので、行7は国際平和共同対処事態に際して講じる対処措置の延長につき、行8は緊急対処事態対処方針の決定つき、行9は重要影響事態に際して基本計画に定められた対応措置の実施につき、事後に国会の承認を求め、承認が得られなかった場合には、それまでに行われた行為を終了するものである。

行9から行12は治安維持を目的としているもので、行9は特定船舶の入港禁止の告示、行11は自衛隊の治安出動、行12は警察法に基づく緊急事態の布告について、本来行うべき事前の国会承認ができないときには、事後承認を国会に求め、それがえられない場合には、すみやかに既に行った行為を終了し、また、布告を廃止するというものである。

行13は、憲法に基づくものであって一般的に緊急の必要があるときには、参議院の緊急集会を求め、緊急集会でとられた措置は、次の会期の衆議院の同意が得られない場合には効力を失うとする。

以上の整理すると、表4-17の列Bに示すとおり、行7から行12の戦争事態対応、治安対応など、国民の基本的人権などへの影響が大きい対応については、国会の事後承認が必要とされた場合には、この承認を得られない場合の効力は、表4-11の列Gのとおり、終了することとされる。しかし、行4、行5の経済危機対応では、国会に事後の報告のみ必要で、効力に影響しない場合（行4）と事後承認で承認が得られない場合には効力を失う場合（行5）が存在する。

これに対して災害対応を目的としている行1から行3の規定は、行1は国会の事後承認が必要で承認が得られない場合には効力が終了するのに対して、行2、行3では事後的な報告又は承認で、事後的な効力には影響しないとなっている。

3）超法規的通知の発出の事後的な対応に関する改善

大災害の際に発出される超法規的通知に関して事後的に議会手続を補完する手続きとしては、4-3-5(2)①で述べた内閣法制局審査基準の前例を踏まえると

4 政府組織関係の修正に係る未措置事項の課題及び改善策に関する分析

表4-17 国会事後承認・国会事後承諾を規定した法律

	A 主体	B 目的	C 項目	D 関係条文	E 事後承認報告	F 内容	G 事後的効力
1	国	災害対応	大災害時における緊急政令	災対法第109条	承認	災害緊急事態の際、国会が閉会中で、かつ、参議院の緊急集会のいとまがないときには、物資の配給、金融モラトリアム、物価統制のために政令を制定できる	事後的に国会の承認が得られない場合は、それ以降は効力を失う
2	地方公共団体	災害対応	災害時における市町村又は都道府県の事務委託の特例	災対法第69条、第75条	報告	他の地方公共団体に事務委託する場合は、地方自治法252条の14第3項に基づき、事前に議会の議決が必要。これを災害時には、他の地方公共団体との協議を先行させ、事後の地方議会報告で足りるとする	議会の承認が得られなくても事後的に効力を失うことはない
3	地方公共団体		専決処分	地方自治法第179条	承認	特に緊急を要するため会議を開くことができないときは、地方公共団体の長は決すべき事項を専決処分できる。次の会議で地方議会に報告し、承認を求めなければならない	議会の承認が得られなくても事後的に効力を失うことはない
4	国	経済危機対応	緊急関税	関税定率法第9条	報告	日本の産業保護のために緊急に輸入品に関税を課すことができる	事後的に効力を失うことはない
5	国		為替管理対抗措置	外国為替法第10条	承認	為替管理の対抗措置を講じたときには、事後に国会の承認を得なければならない	事後的に国会の承認が得られない場合は、すみやかに対抗措置を終了する
6	国	感染症対応	ワクチン確保のための損失補償契約	予防接種法第29条	承認	緊急の場合には国会の承認なしにワクチンの損失補償契約を締結できる。その場合にはすみやかに国会の承認を求めなければならない。	国会の承認を得られなければ契約の効果が発生しない。
7	国	戦争事態対応	対応措置基本計画の延長	国際平和支援法第6条	承認	対応措置を延長する場合で、国会が閉会中又は衆議院が解散中の場合は、事後に国会の承認をえなければならない	事後的に国会の承認が得られない場合は、遅滞なく対応措置を終了する
8	国		緊急対処事態対処方針の策定	事態対処法第22条	承認	緊急対処事態対処方針を定める際、国会が閉会中又は衆議院が解散中の場合は、事後に国会の承認をえなければならない	事後的に国会の承認が得られない場合は、速やかに緊急対応措置を終了する
9	国		後方支援活動等の実施	重要影響事態安全確保法第5条	承認	緊急事態の場合に国会承認なしに後方支援活動等を行うことができる。事後に国会の承認を得なければならない	事後的に国会の承認が得られない場合は、速やかに後方支援活動等を終了する
10	国		特定船舶入港禁止の告示	特定船舶入港禁止法第5条	承認	特定船舶入港禁止の告示をする際、国会が閉会中又は衆議院が解散中の場合は、事後に国会の承認をえなければならない	事後的に国会の承認が得られない場合は、直ちに入港禁止措置を終了する
11	国	治安対応	自衛隊の治安出動	自衛隊法第78条	承認	緊急事態に際して内閣総理大臣が自衛隊に治安出動を命じることができる。事後に国会の承認を得なければならない	事後的に国会の承認が得られない場合は、すみやかに撤収する
12	国		緊急事態の布告	警察法第74条	承認	緊急事態の布告の際、国会が閉会中又は衆議院が解散中の場合は、事後に国会の承認をえなければならない	事後的に国会の承認が得られない場合は、すみやかに布告を廃止する
13	国	その他	参議院の緊急集会	憲法第54条第2項	承認	国会が閉会中のときに緊急の必要があるときには参議院の緊急集会を求めることができる	次の国会で開会後10日以内に衆議院の同意がない場合には効力を失う

（備考）地方自治法第179条に基づく専決処分は、地方自治法は災害対応に限定されていないが、実際には災害時に多く用いられている(40)ことから災害対応の目的に分類している。

いう考え方に基づけば、既存の法律による災害対策での対応の仕方が準拠すべきが用例となる。

そこで、表4-17の行1から行3の災害対応の規定をみると、行1の緊急政令は新たに国会が閉じている間に法律に準じる政令を定める内容なのに対して、行2と行3は、地方自治法の規律（事務委託を行う場合の議会承認、予算の議会帰結）を緩和する内容である。

大災害の際の超法規的通知の内容は、新たな法律に準じるものを制定するのではなく、平時の法律が求めている許可等の手続きや基準を臨時に緩和することを内容である。よって、表4-17の行2と行3の地方自治法の規律を緩和する特例に準拠して、事後的に国会に報告することを求め、事後的な効力には影響しない、という仕組みを整備することが、適切と考える。

ただし、事後的な国会報告を制度化した場合に、中央省庁の職員が大災害の際に超法規的通知の発出を躊躇したり、公表に消極的にならないようにする対応策を同時に検討することが必要である。この論点については、超法規的通知そのものの改善方針の枠を越えることから、6-2で論点を述べる。

なお、超法規的通知を発出した場合には、事後的な国会への報告を求めるという考え方は、行政法学者の大橋洋一[41]も提案している。ただし、この大橋の提案は、同じ結論を述べているものの、現行法における類似の用例などに基づいて分析までは行っていないが、本節では、現行法における国会手続の省略に伴う事後手続を包括的に収集分析した結果から、より具体的に、事後的な国会報告の必要性を明らかにして、大橋の主張を補強した性格を有している。

4-4　条例制定手続の省略特例（政府組織関係修正タイプ3）

政府組織関係を修正する3つめのタイプは、図4-4に示したとおり、平時には地方公共団体の執行機関と地方議会の2つの手続きが必要なのに対して、災害時には、地方議会手続きを省略するものである。

この地方議会省略の特例を実現する法制定は、理念的には想定できるものの、第2章において抽出した「東日本大震災時に東日本大震災特化の対応がなされ、その後の恒久的な対応がなされた事項」や、第3章で抽出した「東日本

---

(40)　宇佐美淳「ローカル・ガバナンスにおける自治体議会の政策サイクルの構築に関する考察」自治体学 Vol.31-2（2018）70頁参照。

(41)　大橋（2019）38頁参照。

4 政府組織関係の修正に係る未措置事項の課題及び改善策に関する分析

大震災時に議論になったにもかかわらず法制定等が行われなかった事項」には存在しなかった。

むしろ、政府組織関係修正タイプ3の地方議会手続きの省略の特例をあえて講じることなく、地方議会手続きを東日本大震災に対応した法制定の際に規定しているものとして、以下の2項目がある。

① 災害弔慰金法に基づく災害弔慰金及び災害援護資金支給のための条例（以下「災害弔慰金条例」という）
② 復興特区法による工場立地法の緑地及び環境施設（以下「緑地等」という）の面積率緩和のための条例（以下「工場立地法条例」という）

そこで、これらの規定について、災害時対応として、これらの条例制定を義務付けて法制定が適切なのか、逆に、地方議会手続きが省略可能かどうかについて、以下、論じる。

4-4-1 東日本大震災の際の災害弔慰金条例及び工場立地法条例の制定状況

宮城県及び岩手県の津波被災市町村を対象にして、災害弔慰金条例及び工場立地法条例を収集したところ、災害弔慰金条例は両県の沿岸域の全27市町に制定されていたのに対して、工場立地法条例は、気仙沼市、石巻市、塩竈市、名取市、多賀城市、岩沼市、東松島市、亘理町、山元町、松島町、七ヶ浜町、女川町、南三陸町の7市6町で制定されている。なお、収集した両条例のリストは、博士論文参考資料Ⅷに掲載している。

まず、災害弔慰金条例の制定状況は、表4-18のとおりである。災害弔慰金法が災害弔慰金及び災害援護資金のために法律の規定を再度条例で定めることを求めているため、全市町で法律とほぼ同じ内容を定めている。しかし、4-4-4で詳述するとおり、国での法改正に対応した条例改正が行われていないケースが存在する。

災害弔慰金及び災害援護資金貸付の実績についての詳細なデータは公開されていないが、被災者支援の基礎的な制度であることから相当な実績があることが推測される。

次に工場立地法条例については、復興特区法において、大臣が定める面積率25%を緩和するために条例で緩和する緑地等の面積率を定めることを求めている。これに基づき定められた条例は表4-19のとおりである。

表 4-18　津波被災市町村における災害弔慰金条例

		A	B	C	D	E	F
		災害弔慰金					災害援護資金
		遺族の範囲	兄弟姉妹の順位	弔慰金の金額	東日本大震災時の利率	東日本大震災時の据え置き期間	現在の利率（据え置き期間後）
1	宮古市	○	あり	○	○	○	保証人がいる場合には無利子、以内場合には、1, 5%
2	大船渡市	○	あり	○	○	○	保証人がいる場合には無利子、以内場合には、1, 5%
3	久慈市	○	あり	○	○	○	保証人がいる場合には無利子、以内場合には、1, 5%
4	陸前高田市	○	あり	○	○	○	保証人がいる場合には無利子、以内場合には、1, 5%
5	釜石市	○	あり	○	○	○	保証人がいる場合には無利子、以内場合には、1, 5%
6	住田町	○	あり	○	○	○	保証人がいる場合には無利子、以内場合には、1, 5%
7	大槌町	○	あり	○	○	○	保証人がいる場合には無利子、以内場合には、1, 5%
8	山田町	○	あり	○	○	○	保証人がいる場合には無利子、以内場合には、1, 5%
9	岩泉町	○	あり	○	○	○	保証人がいる場合には無利子、以内場合には、1, 5%
10	田野畑村	○	あり	○	○	○	保証人がいる場合には無利子、以内場合には、1, 5%
11	普代村	○	なし	○	○	○	保証人がいる場合には無利子、以内場合には、1, 5%
12	野田村	○	なし	○	○	○	3%
13	洋野町	○	あり	○	○	○	保証人がいる場合は無利子、いない場合には別途町長が定める
14	仙台市	○	なし	○	○	○	保証人がいる場合には無利子、以内場合には、1, 5%
15	石巻市	○	あり	○	○	○	保証人がいる場合には無利子、以内場合には、1, 5%
16	塩竈市	○	あり	○	○	○	保証人がいる場合には無利子、以内場合には、1, 5%
17	気仙沼市	○	あり	○	○	○	保証人がいる場合には無利子、以内場合には、1, 5%
18	名取市	○	あり	○	○	○	保証人がいる場合には無利子、以内場合には、1, 5%
19	多賀城市	○	なし	○	○	○	保証人がいる場合には無利子、以内場合には、1, 5%
20	岩沼市	○	あり	○	○	○	保証人がいる場合には無利子、以内場合には、1, 5%
21	東松島市	○	なし	○	○	○	保証人がいる場合には無利子、以内場合には、1, 5%
22	亘理町	○	あり	○	○	○	保証人がいる場合には無利子、以内場合には、1, 5%
23	山元町	○	あり	○	○	○	保証人がいる場合には無利子、以内場合には、1, 5%
24	松島町	○	あり	○	○	○	保証人がいる場合には無利子、以内場合には、1, 5%
25	七ヶ浜町	○	あり	○	○	○	保証人がいる場合には無利子、以内場合には、1, 5%
26	利府町	○	あり	○	○	○	保証人がいる場合には無利子、以内場合には、1, 5%
27	女川町	○	あり	○	○	○	3%
28	南三陸町	○	あり	○	○	○	保証人がいる場合には無利子、以内場合には、1, 5%

（備考）○は災害弔慰金の支給等に関する法律と同じ規定を条例においていることを意味する。

また、適用実績については、復興庁特区担当参事官情報によれば宮城県100事業である[42]。

4-4-2　S評価手法からみた災害弔慰金法及び工場立地法の条例省略の整理

　この節では、S評価手法に基づいて、現状では市町村に条例制定を義務付けている災害弔慰金法及び工場立地法について、条例義務付け規定を省略することの検討の必要性、アジェンダ設定の可能性を推定し、改善方針を設定する。

---

[42]　復興庁特区担当参事官の2020年12月22日発信のメールで提供された資料による。

4 政府組織関係の修正に係る未措置事項の課題及び改善策に関する分析

表4-19 津波被災市町村における工場立地法条例の実態

		A 緑地の面積の敷地面積に対する割合	B 環境施設の面積の敷地面積に対する割合
1	石巻市	3/100 以上	3/100 以上
2	塩竈市	10/100 以上	15/100 以上
3	名取市	1/100〜15/100 以上	1/100〜20/100 以上
4	多賀城市	3/100 以上	3/100 以上
5	岩沼市	1/100 以上	1/100 以上
6	東松島市	10/100 以上	10/100 以上
7	亘理町	10/100 以上	10/100 以上
8	山元町	1/100 以上	1/100 以上
9	松島町	1/100 以上	1/100 以上
10	七ヶ浜町	1/100 以上	1/100 以上
11	女川町	1/100 以上	1/100 以上
12	南三陸町	10/100 以上	10/100 以上

表4-20 S評価手法からみた災害弔慰金法等の対応必要性と実現可能性

	A 今後の対応必要性	B 決定者 中央省庁 所管省庁	C 決定者 中央省庁 財務省	D 決定者 国会	E 対象者(臨時的措置は被災地、恒久化対応は全国) 地方公共団体	F 対象者 利益団体(業界団体)	G 対象者 住民(国民)	H 関心の強さ(記号の数) 決定者	I 関心の強さ 対象者	J 決定者・対象者の関心の分類	K S評価手法からみた実現可能性
1 災害弔慰金の条例制定手続省略	□:全国一律の基準適用になり正義性基準に合致する、法改正と条例改正を大災害の際に実施する無駄がなくなり効率性基準にも合致する	○○	−	−	−	−	−	2	0	Ⅳ	●
2 工場立地法の条例制定手続省略	□:全国一律の基準適用になり正義性基準に合致する、条例改正を大災害の際に実施する無駄がなくなり効率性基準にも合致する	○○	−	−	−	−	−	2	0	Ⅳ	●

(備考) 列Aの□は今後の対応必要性が高いという意味である。列Kの●はS評価手法からみて実現可能性が高いという意味である。

(1) 対応必要性の確認

　4-2-2(2)で述べたとおり、東日本大震災の際に実績がなかった事項については、正義性基準（公平性基準）、すなわち、不公平な結果をもたらさないこと、さらに効率性基準、無駄を省き費用面でも効率的であることの二つの基準を一般的に満たせば、対応必要性があると整理する。

　災害弔慰金法及び工場立地法の条例制定義務付け規定を省略する法制定は、全国一律的用であって正義性基準に合致するとともに、大災害発生直後に法律改正と条例改正の同時に求めなくなることから事務手続の簡素化という意味で、効率性基準にも合致すると想定する。

　なお、4-4-4(4)で述べるとおり、災害弔慰金法に基づく条例義務付けについては、本来必要な条例改正が十分に措置されていない市町村が確認されており、上記の正義性基準等に基づく対応必要性の確認に加えて、本書において具体的な対応必要性が確認されている。

(2) アジェンダ設定の可能性

　将来の大災害が発生した際に、その発生から３年以内であれば、条例義務付けを省略する法制定は、国の政策アジェンダに載ることは容易と考えられる。また、次に述べるとおり、各アクターの関心も小さいことから、大災害発生直後の一回目の法制定によって、条例省略規定を創設する可能性は高いと想定される。

(3) 改善方針の推定

　災害弔慰金法及び工場立地法それぞれの条例制定手続きを省略することについては、中央省庁では表1-1の基準に基づき恒久的な法制定であることから、双方とも実現の方向で強い関心を持つと整理される。これに対して決定者側の財務省、国会ともお金の配分に関係ないので無関心となる。これを、列Ｂでは「○○」、列Ｃと列Ｄでは「－」と表示している。対象者である地方公共団体、住民ともお金の配分に関係なく、また、手続きの簡素化で直接的に被災地に役立つものではないので、関心がない。さらに、利益団体も業務範囲や収益構造にも関係がないので関心がない。この点を、列Ｅから列Ｆで「－」で示している。

　この結果、決定者、対象者の記号の数は、列Ｈ、列Ｉのとおりであり、これを表2-6の基準に当てはめると、Ⅳという実現可能なグループに分類される。

4 政府組織関係の修正に係る未措置事項の課題及び改善策に関する分析

表4-21 災害弔慰金法と工場立地法の条例省略に関する得定の改善方針のまとめ

		A 改善策の実現性	B 漸進主義的改善	C 抜本的改善
1	災害弔慰金の条例制定手続省略	全体として関心が低いので実現可能性大	条例制定義務付けを省略	
2	工場立地法の条例制定手続省略	全体として関心が低いので実現可能性大	条例制定義務付けを省略	

　この結果、表4-20の列Kに示すとおり、災害弔慰金法及び工場立地法において条例義務付け規定を省略する法制定について、S評価手法からみると実現可能性が高いと推定される。

　また、各アクターの関心も小さいことから、抜本的な改善までを一回目の法制定で実現することが可能である。

　その内容は表4-21のとおりである。以上のとおり、災害弔慰金法及び工場立地法の条例制定義務付け規定の省略は、S評価手法からみて、省略の必要性及び実現可能性が高いことが確認できたことから、以下、具体的な法制定の内容について分析を進める。列B、列Cの具体的な改善策の内容は次の節で述べる。

4-4-3 条例制定手続省略の視点

(1) 現行法における地方議会手続省略の実態

　災害弔慰金条例及び工場立地法条例の制定義務付けを法律で行うことが適切かどうかを判断するにあたっては、4-3-5(2)アで述べた内閣法制局の審査基準にならって、平時に法律によって条例制定を義務付けている事項と災害時において、条例制定を省略している事項を包括的に抽出し、その用例に基づいて、条例制定を義務付けている法律についての法制定の適否を議論することが必要である。

　そのため、条例制定を義務付けている法律及び災害時には条例制定義務付けを省略している法律の一覧を示すと表4-22とおりである[43]。なお、表4-22

---

(43) 列Fの項目は条例規定省略可能性の指標に用いるため、網羅的に把握しておくことが必要である。このため、第一に、Westlawの法令検索システムを用いて、現行法及び

には、条例義務付け規定に加えて、議会議決又は議会同意事項についても併せて記載している。

表4-22に示した内容を説明する。

地方自治法において、地方公共団体が行う様々な事務のうち、一定の事務について条例制定を義務付けており（列C）、また、議会の議決又は議会同意を求めている（列D）。

表4-22の行の区分は、概念的に、地方公共団体の組織体制に関するもの、財務に関するもの、権利義務に関するもの、権利制限、その他、罰則と分けたうえで、その内容をさらに、列Bのとおり区分している。

列C、列Cの各欄の数字は地方自治法の条文を示している。さらに、列Eは地方自治法において、唯一災害時に議会議決を省略できる、地方自治法第179条の専決処分を記述している[44]。

なお、行23の権利制限に関することは、表4-22列Aの地方自治法に加え、表4-22では記載しなかったものの、その他の法律で多数の条例委任規定が存在する。これは、地方分権推進委員会意見（2000年8月8日）において、従来、地方公共団体の規則に委任していた権利義務規制について、「機動性という観点から規則等で行うことに相当な合理性のある場合を除き、条例委任とする」という見解が示され、これに基づき、個別法の改正の際に条例委任規定が整備されたためである[45, 46]。

施行令から、（「緊急」又は「災害」）かつ（「条例」又は「議会」）の用語含む条文を検索して、地方自治法以外の法令における条例・議会手続省略特例を抽出した。第二に、東日本大震災の際の条例省略特例を確認するため、国会会議録検索システムを用いて、「東日本大震災」かつ「条例」で検索をかけ、その結果、第183回国会衆議院本会議（平成25年3月14日）の新藤義孝総務大臣の答弁から、「東日本大震災の津波被災地における固定資産税特例が条例ではなく市町村の指定・公示によること」が確認できたことから、それを追記している。第三に、応急時の基本法である災対法及び復旧・復興の基本法である大規模災害復興法の規定と地方自治法の規定とを比較して、都道府県が市町村を代行する規定が災害時での条例不要特例であることを確認して、それを追記している。

(44) 地方自治法及び地方自治法施行令において、「災害」又は「緊急」という用語を用いている条文を抽出して、災害時に議会手続を省略する特例の有無を確認している。

(45) 規則委任から条例委任に個別法改正が行われた経緯については、門山泰明『条例と規則』（ぎょうせい、2003）74頁-78頁参照。

(46) 例えば、2000年の都市計画法改正で、条例で開発許可基準の強化又は緩和ができることを内容とする、都市計画法第33条第3項が追加された。

4　政府組織関係の修正に係る未措置事項の課題及び改善策に関する分析

　列Fは、既述した検索システム等を用いて、地方自治法以外の法律で、災害時に条例又は議会議決を省略した規定を列記している。
　具体的には、
① 災対法第69条に基づく事務委託の特例（議会議決を省略）行5列F
② 災対法第73条に基づく知事の応急措置代行、大規模災害復興法第42条に基づく市町村都市計画決定の県代行、大規模災害復興法第43条以下に基づく市町村が実施する災害復旧工事の県等の代行（議会議決省略）行6列F
③ 地方税法附則第55条に基づく東日本大震災時の固定資産税免除等（条例制定省略）行17列F
④ 災対法第49条の11に基づく災害時の避難行動要支援者名簿の外部提供（条例制定省略）行23列F
⑤ 建築基準法第84条及び建築制限特例法第1条による被災地権利制限（条例省略）行23列F

　これらの規定の解説書などから、条例制定などの議会手続きを踏まえていては、地方公共団体が災害時に機動的に対応できないため、法律によって議会手続きを省略した規定を設けた趣旨が確認できる[47]。

---

[47]　災対法第69条及び第75条の災害時の事務委託について事前の議会承認を省略した特例について、『逐条解説　災害対策基本法第三次改訂版』（ぎょうせい、2016）429頁では「災害時に、地方自治法に基づく議会の議決の手続を経てからでは、緊急の場合に即応し得ないこととなるおそれがあるため、本条は特例を設け」たとする。また、内閣府政策統括官（防災担当）「大規模災害からの復興に関する法律について」（2013年6月21日、いわゆる施行通知）によれば、大規模災害復興法第42条に基づく都市計画代行については、「大規模災害が発生した場合、被災した地方公共団体においては、行政機能の低下や専門的な知識・経験を有する職員の不足などによって、復興のために必要となる都市計画の決定等所要の措置を自ら速やかに講ずることが困難となることも想定され」るため特例を設けたことを、同法第43条から第52条の災害復旧事業に関する代行については、「東日本大震災では、被災による行政機能の低下等によって、自ら災害復旧事業等を実施することが困難な地方公共団体が発生し」「こうした事態は今後発生が懸念される大災害でも想定される」ことから特例を創設したと述べている。内閣府政策統括官（防災担当）通知は以下のURL参照。http://www.bousai.go.jp/taisaku/minaoshi/pdf/shiko_01.pdf（最終閲覧2021年12月20日）さらに、建築制限特例法について、第177国会参議院国土交通委員会（2011年4月28日）において、当時の国土交通省住宅局長は「今回の東日本大震災、被災地域が極めて広範で甚大な被害が出ておりますし、また市町村の行政機能そのものが損なわれているということ」から、条例手続なしに建築制限をする本制度をお願いしていると答弁している。

表 4-22 現行法における必要的条例制定事項等及び災害時での条例制定等省略特例

	A	B	C 地方自治法上、条例制定が必要な事項	D 地方自治法上、議会議決又は議会同意が必要な事項	E 地方自治法での災害時議会議決省略特例	F 地方自治法以外の法律での災害時条例・議会議決省略特例
1	地方公共団体の組織体制に関すること	地方公共団体全般	3、4①、90、91、100、102、102の2、109、138、138の4、156、158、161、172、191、200、202、202の3、202の4、202の5、202の7、202の8、203、203の2、204、204の2、207	6④、6の2、7、7の2、8の2、9、9の2、9の3、9の5、90、91、117、137、145、162、196、196の2、243の2の2、259、263の2	179：専決処分 (162副知事等選任、252の20の2：総合区長の選任を除く議決事項 (条例制定を含む)	
2		連携協約		252の2		
3		協議会		252の2の2		
4		共同設置		252の7、252の7の2		
5		事務委託	252の16、252の17の3	252の14		災対法69：市町村の事務委託、75：都道府県の事務委託 (254の14③の議会議決を省略)
6		代替執行		252の16の2		災対法73：知事の応急措置代行、大規模災害復興法42：市町村都市計画決定の都道府県による代行、43②、45②、46②、47②、48②、50①、51②：市町村が実施する災害復旧工事の県等の代行 (252の16の2③の議会議決を省略)
7		都道府県知事の事務を市町村が処理	252の17の2	252の17の2		
8		政令指定都市	252の20、252の20の2	252条の21の3、252の20の2		
9		中核市		252の24		
10		特別区	282	281の4		
11		一部事務組合		286の2、287の3、287の4、290		
12		広域連合	291の2、291の8	291の2、291の3、291の7、291の11		
13		財産区	295、296、296の2、296の4	295		
14		相互救済事業		263の2		
15		公共的団体等		96①十四		
16	財務に関すること	予算	209、218、233の2、241、243の3	96①二、三、211、233の2		
17		税・分担金、手数料等の徴収に関すること	228、231の2	96①四		地方税法附則55条：東日本大震災の際の固定資産税免除等 (免除等の特例対象について、平時では条例制定を求めているが、東日本大震災対応では、市町村長の指定・公示で特定)
18		支出				
19		契約		96①五		
20		外部監査	252の36、252の39、252の40、252の41、252の43	252の39、252の35、		
21	財産及び地方公共団体の権利義務に関すること	財産の取得、処分、権利の放棄	96①六、八、十、237、243の2、	96①六、七、八、九、十、十二、十三、237、238の6		
22		公の施設の設置及び管理	244の2①、244の2③、④、⑨	96①十一、244の2		

4 政府組織関係の修正に係る未措置事項の課題及び改善策に関する分析

23	権利制限に関すること	住民に義務を課し、または、権利を制限するもの	14②	災対法49の11：避難行動要支援者名簿の外部提供、49の15：個別避難計画情報の外部提供（名簿等の外部提供は平時では同意がなければ条例で可能になるが、災害発生時では条例不要） 建築基準法84：被災地建築制限 建築制限特例法1に基づく被災地制限延長（災害防止のためには条例が必要（建築基準法39）だが、災害後には条例不要で特定行政庁の判断で可）
24	その他	議決範囲の追加	96②	
25	罰則		14③	

（備考）数字は条文、丸数字は項、漢数字は号を表す。法律名のない数字は地方自治法、施行令は地方自治法施行令を示している。
F列の下線の引いてある特例が「平時には条例が必要で災害時には条例制定が不要となる特例」、下線がない特例が、「平時には議会議決が必要で、災害時には議会議決が不要となる特例」を示している。

逆に、表4-22列Fの結果からは、組織全般（行1）や予算（行16）、財産取得（行21）など、市町村運営そのものや財政に長期的な影響が出る分野については、当該特例は存在しないことも確認できる。

(2) 法律における条例制定省略の視点

災害弔慰金条例の前提となる災害弔慰金法、工場立地法条例の前提となる工場立地法について、市町村の事務負担を軽減して、地元の費用削減の観点から、現行法上の規定は一定の合理性を有すると仮定し、現行法での条例制定省略特例を分野ごとに比較して、条例制定手続を省略する法改正の可能性があるか、について分析する。

具体的には、表4-22列Fに示すとおり、現行法において条例省略特例が存在する分野については、法改正によって条例制定省略の可能性があるものとして、具体的に法改正提案を検討する。また、表4-22の列C及び列Dで抽出した、条例制定又は議会議決が必要な事項に該当せず、地方自治法上は条例制定が求められていない分野については、他の個別法で条例制定が義務づけられたとしても、条例制定の必要性が乏しく、一層、条例制定省略の可能性が高いと考えられる。

なお、専決処分については、そもそも条例が対象になるかについては議論があること、現行法の規定上も「議会の招集が困難なこと」が要件となっており、市町村の事務負担軽減という目的では専決処分できないと解されていること[48]

---

(48) 専決処分の対象に条例が含まれるという実務解釈は松本英昭『逐条地方自治法第9

表 4-23 災害弔慰金に関する国会議事録

	国会	委員会等	期日	議事の概要
1	第75回国会	衆議院災害対策特別委員会	昭和50年8月19日	○水田説明員　ただいま御質問のありました災害弔慰金の支給に関します法律は、御承知のとおり公費で、いわゆる<u>市町村の条例で自然災害でお亡くなりになられた方のお見舞い金を支給する自治体がふえてまいりましたこと</u>にかんがみまして、昨年制定されたわけでございます。
2	第76回国会	衆議院災害対策特別委員会	昭和50年11月5日	○水田説明員　御承知のとおり自然災害につきましては、現在弔慰金並びに貸し付けの制度があるわけでございます。弔慰金の制度につきましては、<u>市町村でやはり条例で災害の見舞い金を出すという制度をとられるところがふえてまいりましたので</u>、これを全国的に普及させるために議員立法で一昨年弔慰金に関する制度がつくられたわけでございます。
3	第77回国会	衆議院災害対策特別委員会	昭和51年2月12日	○水田説明員　災害弔慰金に関します法律は、まず一つは沿革的なものが現実にありまして、これを無視するわけにはいかないと思います。それは御承知のとおり、<u>市町村段階におきまして、条例で、いわゆる自然災害で死亡なさった方に対して自治体として死亡弔慰金と申しますか、死亡見舞い金を出す、こういう制度が一般化してきたこと</u>にかんがみまして、これに対して、全国普及の実態を図るために国も応分のてこ入れをしてその助成を図る、こういう意味合いで議員立法によりまして超党派的に制定された法律でございまして、その意味しますところは、いわゆる自然災害が発生して、そこで亡くなられた方に対しまして社会的な一つのお見舞い金を出すという思想のものではないか、このように考えている次第であります。
4	第177回国会	参議院厚生労働委員会	平成23年3月24日	○政府参考人（清水美智夫君）　今お尋ねの災害弔慰金でございますけれども、一定規模以上の災害により亡くなられた方の御遺族に対して支給されるものでございまして、支給する主体は市町村でございます。各々の市町村が既に条例を制定されておりますので、それに従って支給するものでございます。ただ、今市町村の状態がどういう状況かといいますと、もう御承知のとおりでございまして、<u>行方不明の方の関係の問題、あるいは避難所への支援</u>、様々なことで市町村とも非常に大変な状況でございます。一刻でも早く支給したいという思いはみんな市町村関係者も県関係者も私どもも同じ思いでございますけれども、実務上、必ずしも全ての市町村で一斉に早期にということにはなりにくい面がございます。各々の市町村におきます人員、体制等々によるところも多いかと思います。
5	第177回国会	衆議院災害対策特別委員会	平成23年4月7日	○大塚副大臣　災害弔慰金は、一定規模以上の災害により死亡した方々の御遺族に対して支給されるものでありますが、市町村が、条例で定めるところにより支給をするものであります。<u>この支給については、各市町村とも多数の行方不明者がいらっしゃる中で、支給の対象となる御遺族を捜す必要があるということ、さらには、市町村も被害を受けておりますために、今支給事務まで手がつけられないという状況を聞いております。</u>
6	第177回国会	衆議院予算委員会	平成23年4月29日	○細川国務大臣　（弔慰金の）この認定をする前に、どのようにしてやるかということにつきましては、これは市町村におきまして条例で決めるということになりまして、その条例には、災害による死亡、こういうことになっているわけでございます。　そういったことで、市町村が判断をされるということになりますけれども、しかし、どういう場合に判断がなされるのか、そういう事例などについてもいろいろと考えていかなければならないというふうに思っておりますので、<u>国としては、これまで災害によって亡くなられた方、その方に弔慰金が支払われた、そういういろいろな事例を今回の被災地の市町村に示しまして、亡くなられた方の遺族に弔慰金が渡るように、できるだけそういう指導をしてまいりたい</u>、このように考えております。
7	第177回国会	衆議院災害対策特別委員会	平成23年8月23日	○岡本大臣政務官　また、七月二十九日に兄弟姉妹を支給対象に加える法改正がされた際、本来、災害弔慰金は、市町村が条例で定めるところによって支給するものとなっておりますが、<u>市町村の条例改正を待たずして災害弔慰金が支給できる旨の通知を発出した</u>ところでございます。

から、本書では、列 E の専決処分を条例制定省略が可能かの判断にあたっての

次改訂版』（学陽書房、2017、以下「松本（2017）」という）628 頁参照。条例が含まれるべきではないという主張は、岩本浩史「長の専決処分」（鳥取県立大学「総合政策論叢」第 21 号（2011.3）35 頁参照。また、松本（2017）627 頁では、専決処分には、議会招集が困難な客観的状況が必要とする。さらに、2012 年地方自治法改正によって法律上の専決処分発動要件が「普通地方公共団体の長において議会の議決すべき要件について特に緊急を要するため議会を招集する時間の余裕がないことが明らかであると認めるとき」と厳格化されており、この改正の趣旨からも、安易に専決処分を行うことは法律上前提とされていない。改正経緯等は岩崎忠「2012 年地方自治法改正の制定過程と論点」自治総研通巻 411 号（2013）79 頁 -98 頁参照。

148

4 政府組織関係の修正に係る未措置事項の課題及び改善策に関する分析

比較対象事例としては用いないこととする。

4-4-4 災害弔慰金条例の制定義務付けの適否

(1) 条例義務付けの性格

災害弔慰金条例は、災害弔慰金法第3条及び第8条の規定に基づいて、市町村が制定したものである。

災害弔慰金の法的性格を過去の国会議事録から整理すると、災害弔慰金に関する国会会議録を網羅的に抽出した[49] 表4-23でみると、行3の答弁のとおり、災害弔慰金は見舞金の性格のもの、即ち被災者に受給権があるものではないものと政府側は答弁している。

この整理を踏まえると、災害弔慰金の支払い自体は、住民の権利義務に直接は関係しないということを意味している。よって、災害弔慰金に関する分野は、表4-22の行23「権利義務に関すること」に該当せず、ほかの列Bに記載した必要的条例制定事項のいずれの分類にも該当しないことから、地方自治法に基づく必要的な条例制定事項ではなく、単に政策的に条例委任をしていると整理できる。

この分析を踏まえると、条例制定が被災した市町村の事務負担を増加させていることは間違いないことから、これを削減するために、条例制定義務付けを省略できる可能性があると、まず、評価できる。

(2) 東日本大震災時の災害弔慰金条例に関する課題

東日本大震災の際に、災害弔慰金条例の改正に伴う事務負担については、以下のとおり、国会での議論が確認できる。

表4-23の行4及び行5の政府側答弁では、「災害弔慰金の支給自体が市町村の事務が混乱しており遅れていること」を述べ、表4-23の行7の政府側答弁では、「2013年の災害弔慰金法改正で兄弟姉妹を弔慰金の支給対象者に追加する改正を行った際に、市町村の条例改正を待たずに災害弔慰金を支給するという特例通知を発出したこと」を述べている。

---

(49) 弔慰金に関する答弁は、国会会議検索システムを用いて、「災害」+「弔慰金」+「条例」で検索し、その上で、「災害弔慰金法制定時の条例との関係を述べたもの」「東日本大震災直後の条例制定に関する状況を述べたもの」を抽出した。全体の抽出結果は博士論文参考資料Ⅸに記載している。

これらの答弁を踏まえると、「東日本大震災の際に災害弔慰金に関する事務負担が過大となっており、これに加えて、さらに法改正に伴う条例制定作業もその事務負担に追加されたため、市町村の事務負担が極めて過大となり、これを軽減するための対応を国がとった」ことが推定できる。

(3) 災害弔慰金法が条例制定を義務付けている理由
　災害弔慰金法が条例委任、特に、法律で規定した内容を再度条例で定めることを求めている理由について分析する。まず、政府側の国会答弁では、表4-23の行1、行2、行3のとおり、条例義務付けについて、「災害弔慰金法制定より前に市町村の条例による見舞金などの制度が存在した」という沿革的な理由を説明している。また、災害弔慰金法議員立法担当議員による文献[50]においても同旨の説明をしている。

(4) 災害弔慰金条例の実態からみた条例制定の必要性
　災害弔慰金に関する条例の実際の制定状況は表4-18に示したとおりである。
　表4-18によれば、市町村で独自の内容を定めたものは存在せず、災害弔慰金、災害援護資金とも、詳細な内容（列A、列C、列D、列E）まで法律の内容と一致している。
　その一方で、兄弟姉妹を遺族に追加した法律改正に伴い、災害弔慰金の支給順位を従来の遺族順位の最後に位置付ける規定（列B）が必要となるにもかかわらず、改正漏れがあること（行10、行11、行13、行18、行20のB列参照）、2018年の災害弔慰金改正によって、災害援護資金の利率が引き下げられることになったが、内閣府の通知[51]にかかわらず、改正漏れ（行11、行26の列F

---

(50) 佐藤隆『自然災害に対する個人救済制度』（中央法規出版、1987年）107頁では、市町村が条例を定める構成をとった理由として、「第一に災害の発生状況その他の事項について地域性があること、第二に従来から市町村において災害弔慰金・災害見舞金の支給等さまざまな個人救済措置を講じられていたこと、第三に災害発生状況の把握、被害者の状況の調査等の事務にあたるのは市町村が適当であること、第四に住民の死亡に対し弔慰金の支給を行うことは、地域住民のいわば精神的な共同性に基づくものであり、これは市町村が適当であること」と記述している。しかし、第二の経緯的な理由以外は、十分な説得力を持っていない。特に、被災者生活再建支援法が第一、第三、第四のすべての理由又はそれに類似する理由が該当するにもかかわらず、条例に一切委任していないことからみても、その説得力のなさは明らかである。

(51) 内閣府通知は以下のURL参照。https://www.cao.go.jp/bunken-suishin/teianbosyu/doc/tb_h30fu_02cao_196.pdf（最終閲覧 2021年12月20日）

4 政府組織関係の修正に係る未措置事項の課題及び改善策に関する分析

参照）が生じている。以上の改正漏れは、表4-18ではグレーのセルで示している。

(5) 災害弔慰金法に基づく条例制定義務付けの改善策

災害弔慰金法が制度枠組み自体を条例で再度規定していることについては、既述のとおり、表4-14の必要的条例制定事項に該当せず、政策的な理由のみであり、この政策的な理由としても、立案者側の説明では沿革によるということである。

しかし、制定後50年弱経過している現在では、沿革的な理由は、条例義務付けの十分な根拠ではない。また、法律の趣旨に反して、多数の条例の改正漏れが生じ、条例義務付けに伴う実務的な問題が生じている。

よって、現時点で、「災害弔慰金法が法律の内容を再度条例で規定することを求めていること」自体には強い疑義があり、法改正の必要性は高い。例えば、改善策としては、「災害弔慰金法の枠組み自体は、災害弔慰金法の規定のみで、効果が発生するようにする。その上で、国庫補助対象の範囲内であっても、市町村の独自の判断に委ねる部分について、条例で緩和できる旨の規定を設ける」という条文構成が想定される。

これによって、地元市町村にとっての事務負担が軽減され、住民等に対する迅速かつ効率的な支援が可能となる。

なお、災害弔慰金法に基づく条例制定義務付けを省略したとしても、災害弔慰金の仕組みの改正自体は国会という民主的な手続を経て法改正をすることから、超法規的通知の場合と異なり、事後的な地方議会への報告は不要と考える。

以上の災害弔慰金法で条例制定義務付けを省略することは、現在補助制度の枠組みとして詳細に災害弔慰金及び災害援護資金の支給条件等を国が決めているという、国主導の実態を法文上も明確化する性格を有する。この結果として、表3-7の行2列Cの国会未成立法案にある「災害弔慰金の支給基準について法文上明記する」という改正案も、これに反対する政府側の理由である「詳細な支給基準は市町村が定めるべき」というこれまでの政府の説明が説得力を失い、国主導の実態が法文上明記されたことから、同時に、その支給基準も法律に位置付けることが適切であり、この法改正の提案も実現することが適切と考える。

151

4-4-5　工場立地法条例の制定義務付けの適否

(1) 条例義務付けの性格

この条例義務付けは、表 4-14 の行 23 の権利制限に関することに含まれ、地方自治法上は条例制定義務付け規定である。ただし、現行法における災害時の特例として、表 4-14、行 23 列 D 列に条例制定省略の規定も存在することから、市町村の事務負担軽減のために、条例制定を省略する法改正の可能性がある。

(2) 東日本大震災時の工場立地法条例に関する問題

工場立地法において条例制定を義務付けていることの理由を明らかにするため、災害弔慰金制度と同様に、国会議事録を分析した。その結果は、博士論文参考資料Xに掲載している。そのうち、条例委任に関係する部分の議事は表 4-24 のとおりである。

表 4-24 に示すとおり、東日本大震災の際に制定を義務付けた工場立地法条例は、災害弔慰金条例とは異なり、その条例制定事務が市町村に過大な事務負担を生じさせたことを窺わせる国会での議事は国会会議録では、確認できない。

その一方で、表 4-24 の行 4、行 5 の答弁で、工場立地法条例の規定が、経済対策で制定された、総合特別区域法及び国家戦略特別区域法と、復興特区法で同様のものとして整理されていることが確認できる。

(3) 工場立地法に基づく条例義務付けの改善策

市町村に条例制定を義務付けている規定の経緯及び趣旨について述べる。

1997 年の工場立地法改正によって、工場立地法第 4 条の 2 の規定を創設し、地方公共団体の条例で大臣が定めた準則を緩和できることとした。その際に条例制定を必要とした理由として、表 4-24 の行 2 の政府側答弁では、「議会の議決という手続によって、一方的な地域環境の後退を防ぐ」と述べている。

この条例制定を求める理由については、大災害後の際には、まず、工場の再建が大事であり、地域環境の後退を重視すべき状況でもない。実際にも、東日本大震災の際には、表 4-19 のように、もともとの基準である 100 分の 25 の面積率を、市町村ごとに、最低では 100 分の 1 まで認めるという、柔軟な緩和条例を制定しており、これを問題視する議論は、国会会議録でも確認できない。

4　政府組織関係の修正に係る未措置事項の課題及び改善策に関する分析

表 4-24　工場立地法条例に関する国会議事録

	国会	委員会等	期日	議事の概要
1	第141回国会	衆議院商工委員会	1997/11/5	○堀内国務大臣　都道府県及び政令指定都市は、緑地面積率等について、国の定める基準の範囲内において、従来の国による全国一律の基準にかえて、地域の実情に応じて適用すべき地域準則を条例で定めることができることとしております。
2	第141回国会	衆議院商工委員会	1997/11/18	○並木政府委員　当然、この条例の制定におきましては地方の議会の議決ということを経るわけでもございますし、今御心配のような地域の環境を一方的に後退させるような設定が行われることは、環境のいわば立地との両立という基本的方向のこの法律の趣旨も含めまして、考えにくいということでございます。
3	第141回国会	参議院商工委員会	1997/12/4	○政府委員(並木徹君)　その地域の具体的な緑化率の適用ということでございまして、先ほど申し上げましたように、こういった状況については自治体がまさによく熟知しておられるわけでございまして、いわゆる国が上限下限を定める幅の中で、現在は一律二〇％ということでございますけれども、現実的にはより環境の保全が必要と認められるような地域については自治体がそういうことで条例において地域指定とともに上の方に上げていただく。それから、工場の専ら専用的な地域等でありまして、河川とかあるいは運河等で遮断されておるようなところについては、自治体が条例によってそういう地域についてはそういった下の数字を適用することの可能性も今回の改正で行うわけでございます。趣旨はしかし、地域の実情に応じて自治体がまさに環境の保全を図るというような方向で今回の改正を行おうとしておるところでございます。
4	第183回国会	衆議院内閣委員会	2013/5/24	○加藤(利)政府参考人　緑地規制についてのお尋ねでございますが、工場立地に係ります緑地規制の特例は、工場敷地内に設ける緑地面積の割合につきまして、工場立地法または企業立地促進法に基づき適用される準則にかえて、国際戦略総合特区の区域内において市町村の条例により地域の判断で自由に準則を設定できるよう措置する、そういうものでございます。(総合特別区域法の一部を改正する法律案)
5	第204回国会	参議院地方創生及び消費者問題に関する特別委員会	2021/5/7	○政府参考人(桜町道雄君)　平成九年の法改正に始まりまして、最終的には平成二十八年までの累次の法改正を経て、地域の実情に応じて柔軟かつ適切な規制を行う観点から、市町村に対しまして、国の基準に代えて、国が定める一定の範囲内で条例に基づき独自の緑地面積等の基準を定めることを可能とするような措置を講じてございます。また、この間、総合特別区域法や東日本大震災復興特別区域法等におきまして、環境の保全が図られることを前提に、一定の要件を満たした場合には市町村が条例に基づきまして更に独自に緑地面積率等を定めることを可能とする、そういった措置を講じてございます。
6	第204回国会	参議院地方創生及び消費者問題に関する特別委員会	2021/5/7	○田村まみ君　国家戦略特区の中で改正するような内容なのか、そもそも今の技術の発展等を踏まえた世の変化を踏まえて、経産省として、所管の省庁として検討すべき内容かというと、私はどちらかというと経産省の方がきちっとやるべきだというふうに今の答弁を聞いて改めて実感しました(国家戦略特別区域法の一部を改正する法律案)

なお、表4-24の行6の議員発言として、国家戦略特別区域法という経済対策として準則を緩和しており、経済産業省が主導してルールを設定すべき、と述べており、大災害での緩和方向での特例に異論を示しているものではない。

工場立地法の準則緩和については、既述のとおり、東日本大震災の際の条例制定の実態を踏まえると、今後の大災害の際においても、工場再建という場面で当然に課題となりうる。このため、単純に経済対策と同じレベルの条例緩和ではなく、大災害に対応した制度への改善が必要となる。

例えば、大規模な災害が発生した場合には、「市町村長が定める規則による」又は「市町村長の指定による」という形で、工場立地法の準則の緑地及び環境施設の面積率の基準を緩和できると規定する案が想定できる(なお、この工場立地法準則特例は、復興特区法の復興推進計画に基づく規制緩和措置であり、復興推進計画に基づく措置自体をどのように恒久化すべきかについては、5-4-2(2)で述べる)。

一方で、規則で準則を緩和することについては、工場を建設する場合の緑地等の面積率自体が、住民に対して義務を課すものであることから、その緩和についても条例制定が必要であるという議論がありえる。

　しかし、4-4-3(1)で引用した地方分権推進委員会意見においても、機動性が必要な場合には、条例でなく規則等で定めることを許容している。また、表4-22の行17列Fで示したとおり、地方税の用例として、具体的な制限内容である固定資産税の免除等の対象物件について、災害時には、条例でなく市町村長の指定に委ねた規定が存在する。これらを踏まえると、大災害の際に、工場立地法の緑地等の面積率を緩和する際に、工場立地法の規定において、条例ではなく、「市町村長が定める規則による」又は「市町村長の指定による」という規定を創設する可能性は十分ありうると考える。

　また、この工場立地法条例の制定義務付けを省略することは、それ自体を国会の承認をえる法改正で行うことから、民主的手続きは経ており、超法規的通知の場合と異なり、事後的な地方議会への報告は不要である。

4-5　第4章の小括

　本章では、政府組織関係を修正するタイプとして、タイプ1は国の代行制度、タイプ2は超法規的通知の発出、タイプ3は条例制定義務付けの省略に関する分析を行った。

　タイプ1による国の代行制度のうち、将来の災害の際に、法制定が準備されていない分野において国の代行が求められるという事項については、S評価手法に基づいて評価すると、今後の対応の必要性もあり、また、実現可能性もあるという知見が得られた。これに基づき、大災害直後の漸進主義的改善としては、超法規的通知による国の代行制度の実施を、さらに、発災後3年以内に法制定で恒久的な対応を行うことを改善策として明らかにした。

　タイプ2の超法規的通知について、まず、次の大災害の際に超法規的通知を発出することは、S評価手法に基づいて、対応必要性及び実現可能性もあるとの知見が得られた。

　これを踏まえて、第一に、超法規的通知の発出を前提にした場合、東日本大震災の際にも超法規的通知を踏まえた行政側の行動に対して訴訟が住民から提起され、一部行政側が敗訴しているという事実を把握した。第二に、行政側が訴訟で負けないために、判例研究の手法を通じて緊急避難の法理が有効である

4 政府組織関係の修正に係る未措置事項の課題及び改善策に関する分析

こと、そして緊急避難の法理を適用するための適用するための「緊急性」「必要性」「相当性」の3要件が必要であるという知見が得られた。そして、訴訟に負けないために、訴訟になる可能性の高い超法規的通知については、具体的な通知文の改善策を明らかにした。

恒久的な対応として超法規的通知を合法化する法を制定する場合には、S評価手法からみると、実績があることから今後の対応可能性はあると整理した。しかし、実現可能性にはばらつきがあり、特に、外国人医師通知の法制定は実現可能性が低いという知見が得られた。これは、業界団体の反対があることが前提となっているためであり、これを緩和して実現可能性を高めるために、発災後3年以内の漸進主義的な改善とその後の抜本的な改善の2つに分けた改善方針を明らかにした。さらに、その改善方針を具体的な法律案に落とし込む際には、4-3-5(2)アで述べた内閣法制局審査基準を踏まえて具体的な分析を行った。

法制定の案として、個別の法律の適用除外をする案のほか、包括的な適用除外規定を置く案も分析したものの、包括的な適用除外規定には依然として検討すべき課題があることを明らかにした。

また、超法規的通知の通知文を改善して将来の大災害の際に発出する場合であっても、国会手続という民主的な手続を一切経ていないことから、4-3-5(2)アで述べた内閣法制局の審査基準に照らし、他の類似の法律の例を分析して、それを踏まえて事後的な国会報告の必要性と事後手続の効果を明らかにした。

タイプ3の条例制定義務付けの省略については、災害弔慰金法、工場立地法の双方とも、S評価手法からみて、法制定について、今後の対応必要性及び実現可能性が高いと評価された。実現可能性が高いことから、条例義務付けを省略するという漸進主義的改善と抜本的改善が一体となった改善方針を明らかにした。

この改善方針について、現行法において、災害時には平時に必要とされている条例制定を省略している現行法の他の規定を参照して、それと整合性のとれる形で、災害弔慰金法、工場立地法の条例義務付け規定を省略する改善策を明らかにした。

5 恒久的な対応などが未措置の事項についての課題及び改善策に関する分析

5-1 第5章の目的

　本章では、2-5の第2章の小括に記載した表2-13において整理した「東日本大震災の際に講じられた法制定等」、3-3の第3章の小括に記載した表3-7において整理した「東日本大震災時に議論になったにも関わらず法制定等が行われなかった事項」の中から、S評価手法による評価を踏まえて、恒久的な対応などが未措置の事項についての具体的な改善策を論じる。

　既に、第4章では、政策決定の主体である政府組織関係（国と地方、執行機関と議会の関係）を災害時に特別に修正する論点（国の代行制度、超法規的通知、条例制定義務付け省略）を先行して論じた。

　この政策組織関係の修正の論点を前提にしたうえで、これまで第2章と第3章で把握してきた、表2-13の「東日本大震災時の法制定等及びそれ意向の恒久的対応」のうち、恒久化がなされていない事項と、表3-7の「東日本大震災時に議論になったにも関わらず法制定等が行われなかった事項」について、すべての事項を取り上げて、課題と改善策を論じる。

　なお、以下、個別の事項を取り上げる場合には、基本的には個々の事項ごとに論じるが、津波被災地の権利制限に関わるもの、財政支出に係るものは論点が共通するのでまとめて論じる。その結果、第5章で論じる項目は以下のとおりとなる。

① 内閣総理大臣の強い調整権限（表2-13の行2の列E列F（復興庁設置法の恒久対応）、表3-7の行2列A列Bの内閣総理大臣の調整権限）
② 20年程度の寿命がある簡易住宅の供給（表3-7の行5の列E列F）
③ 復興特区法の規制緩和措置（表2-13の行4列E列F、表3-7の行8の列E列F）
④ 用地取得制度の改善（表3-7の行5、行6の列E列F）
⑤ 津波被災地の権利制限関係（建築制限特例法（表2-13の行10の列E列F）、二段階仮換地指定通知（表2-13の行12の列E列F））

⑥ 財政支出関係（復興交付金計画（表2-13の行6の列E列F）、被災者生活再建支援金の増額（表3-7の行3、行5、行6の列C列D）
⑦ その他関係（災害復旧事業に環境影響評価法適用（表3-7の行9の列E列F）

5-2 内閣総理大臣の強い調整権限

5-2-1 内閣総理大臣の大災害時における調整権限の実態

(1) 国の「縦割り」の法律上の根拠

国の行政組織は、国家行政組織法において規律され、同法第5条で各省庁大臣が事務を分担管理すると規定されている。この規定に基づき、各省庁設置法によって具体的な事務が規定されている。このように、国における事務は各省庁に分けられ、各省庁大臣がその事務を執行することが日本の行政組織の基本原則である。この分担管理する点を「縦割り」と通常指摘されるが、縦割りは国の行政組織に本来内在する特徴であることが、本章の分析の前提である。

(2) 災害時における内閣総理大臣の調整権限

大災害の発生の際には、平常時に比べて、国民の生命財産を助けるために、平時の分担管理の原則を例外的に緩和して、縦割りを是正、総合調整を行って対応することが必要となる。

このため表5-1の行1から行3の列Aと列Bで示すとおり、東日本大震災以前の法律においても、緊急事態期・応急期では内閣総理大臣等による調整権限の強化が図られていた。

行4から行6で示すとおり、東日本大震災時の復興庁の設置、さらにそれ以降の法制定によって、緊急事態期・応急期における内閣総理大臣の指揮監督権の創設（指示権よりも強い権限）[52]などの対応が行われている。

---

(52) 指揮監督権及び指示権の正確な定義は以下の通りである。「指揮監督権：上級機関が下級機関に対してその職務の統一を確保するために有する権限。国や地方公共団体などの行政機関は多種多様であるが、それは同一の主体に属し、共通の目的の達成を目ざして、全体として統一的に行動しなければならない。そのため、上級の機関は下級の機関に対して、報告を徴したり、書類帳簿を閲覧したり、実地視察したりする監視権、権限の行使を指示する訓令権、一定の権限の行使について上級庁の許認可を要するという許認可権、下級機関の行為を取消し・停止する権限、かわりに権限を行使する代執行権、下級庁の長を免職にする罷免権などを有する。ただし、代執行権は、法律にとくに

5 恒久的な対応などが未措置の事項についての課題及び改善策に関する分析

表 5-1 大災害時における内閣総理大臣の調整権限

	調整対象	A 緊急事態期 具体的な事実行為	B 応急期 具体的な事実行為と法律・予算措置	C 復旧・復興期 法律・予算措置
1	東日本大震災以前の法律による特例	○内閣法第15条に基づく内閣危機管理監の設置と危機管理のための統理権原		東日本大震災以前には復旧・復興期の調整規定なし
2		○災対法第28条に基づき、非常災対対策本部長である防災担当大臣による指定地方行政機関の長（地方整備局長など）に対する指示権		
3		○災対法第28条の6に基づき、緊急災害対策本部長である内閣総理大臣による関係指定行政機関の長（各省庁大臣）及び指定地方行政機関の長（地方整備局長など）に対する指示権		
4	東日本大震災対応の法改正による特例	東日本大震災対応の緊急事態期・応急期対応の調整規定なし		○復興庁設置、内閣総理大臣による総合調整、予算の一括計上、公共事業計画策定、関係行政機関の長に対する資料提出を求め、意見を述べることができる（指示権なし）
5	東日本大震災以降の法改正による特例	○災対法第108条に基づき、災害緊急事態の布告後に閣議で定めた対処基本方針に基づいて、内閣総理大臣が各省庁を指揮監督（指示権より強い権利）		
6				○大規模災害復興法第6条に基づき、復興対策本部長である内閣総理大臣の各省庁に対する総合調整権限（資料提出要求権、意見の述べる権利、指示権なし）

特に、復興庁(53)においては、表 5-1 の行 4 列 C（グレーのセル）のとおり、

明文の規定がある場合にのみ認められる。"指揮監督権"、日本大百科全書（ニッポニカ）、JapanKnowledge、https://japanknowledge.com」「指示：ある機関が関係機関又は関係者に対し、その所掌事務に関する一定の事項（方針、基準、手続等）を示して、これらを実施させること。通常、上級機関が下級機関に対してする命令である「指揮」と比べて、指示は、必ずしも下級機関に対してばかりでなく、関係機関等に対しても行われる。"指示"、法律用語辞典（第4版）、JapanKnowledge、https://japanknowledge.com」（最終閲覧 2021 年 12 月 20 日）

(53) 復興庁には復興大臣をおくものの、組織の長は内閣総理大臣という整理である。復

復興庁設置法第4条第2項第3号に基づき、東日本大震災の復興に関係する公共事業や復興交付金事業などの予算を一括計上し[54]、また、公共事業計画に基づき個別の箇所付けを行う権限を有している。ただし、災対法第108条（表5-1の行5列A・B）に対応するような他の省庁大臣等に対する強い調整権限は存在せず、資料提出を求め、意見を述べるにとどまっている[55]。

以上の復興庁が設置された状況を前提にして、さらに改善措置として、表3-5行14記載のとおり、2012年6月28日に村井宮城県知事が県議会において、予算を含めた内閣総理大臣の強い調整権限について述べている。

なお、第3章の分析によれば、国会での未成立法案、国会での議事録、地方議会の議事録のうち、上記村井宮城県知事の発言以外では、内閣総理大臣の調整権限強化に関する具体的な指摘は確認できない。

5-2-2 内閣総理大臣の調整権限の課題及び改善方針

(1) 内閣総理大臣の調整権限の課題

災害時における内閣総理大臣の調整権限については、緊急事態期及び応急期に対応して、2013年災対法改正によって、表5-1の行5の列A及び列Bのとおり、各省庁を指揮監督する権限が創設されている。

これに対して、復旧・復興期については、表5-1行6列Cのとおり、大規模災害復興法で復興庁程度の弱い調整権限しか規定されていない。また、予算一括計上及び箇所づけの権限は、東日本大震災に特化した復興庁設置法にのみ規定され、大規模災害復興法では規定できていないので、予算に関する調整権限は恒久的な対応としては存在しない。

この点は、課題であると考える。

興庁設置法第6条参照。

(54) 復興庁一括計上予算の対象は、以下の資料参照。https://www.reconstruction.go.jp/topics/120123ikkatukeijoutaisyou.pdf（最終閲覧2023年12月19日）

(55) 復興大臣の権限も内閣総理大臣の権限とほぼ同じである。ただし、復興庁設定法第8条第6項で各省庁に対する勧告権限があり、各省庁は勧告の尊重義務がある。しかし、この規定は、勧告という用語から明らかなとおり、指揮監督や指示よりは権限は弱いものである。

5 恒久的な対応などが未措置の事項についての課題及び改善策に関する分析

(2) S評価手法からみた内閣総理大臣の調整権限の整理
① 対応必要性の確認
　4-2-2(2)で述べたとおり、東日本大震災の際に実績がなかった事項については、「正義性基準（公平性基準）、すなわち、不公平な結果をもたらさないこと」、さらに、「効率性基準（無駄を省き費用面でも効率的であること）」の二つの基準を一般的に満たせば、対応必要性があると整理している。
　内閣総理大臣の調整権限は、全国一律的適用であって公平性の論点はなく正義性基準に合致するとともに、各省庁の調整を行って円滑に復旧・復興事業を行うという点で、一般的には効率性基準にも合致する。よって検討必要性は高いと整理される。これを表5-2の列Aでは「□」で示している。
② アジェンダ設定の可能性
　アジェンダ設定の基準については、4-2-2(3)で述べたとおり、大災害の発生から3年以内であれば、その設定は容易と判断される。内閣総理大臣の調整権限拡充のための法制定は、この基準に従って、大災害の発生から3年以内に提案されるのであれば、国の政策アジェンダに載ることは容易と整理される。
　ただし、次に述べるとおり、内閣総理大臣の調整権限拡充については、予算に関する権限も含まれ、財政支出増につながる可能性が存在することから、財務省が実現阻止の方向で関心を持つ可能性がある。このためには、アジェンダ設定にも工夫が必要である。
　例えば、復興基本法と復興特区法の関係のように、大災害に近接して、最初の法制定で、将来の抜本的な法制定を検討するなどの規定を定めることによっ

表5-2　S評価手法からみた内閣総理大臣調整権限の対応必要性と実現可能性

A	B	C	D	E	F	G	H	I	J	K
今後の対応必要性	決定者			対象者（臨時的措置は被災地、恒久化対応は全国）			関心の強さ（記号の数）		決定者・対象者の関心の分類	S評価手法からみた実現可能性
	中央省庁		国会	地方公共団体	利益団体（業界団体）	住民（国民）	決定者	対象者		
	所管省庁	財務省								
内閣総理大臣の強い調整権限（復旧・復興期）	○○	×	□：全国一律での制度改正であり、正義性基準に合致、内閣総理大臣の調整権限を強化することは、効率的な被災地復興につながる	－	－	－	3	0	Ⅲ	●

（備考）列Aの□は今後の対応必要性が高いという意味である。列Kの●はS評価手法からみて実現可能性が高いという意味である。

て、将来の法制定のアジェンダ設定を容易にする方策が想定される。

③　改善方針の推定

内閣総理大臣の調整権限拡充については、中央省庁では表1-1の基準に基づき恒久的な法制定であることから、実現の方向で大きい関心を持つと整理される。これを表5-2列Bでは「○○」で示している。これに対して決定者側のうち、財務省は自らの予算配分権限が間接的に削減され、財政支出が増える可能性も限定的には存在することから、実現を阻止する方向で小さな関心を持つ。これを表5-2の列Cでは「×」で示している。決定者のうちの国会はお金の配分には関係なく、次に述べるとおり利益団体の関心もないので、内閣総理大臣の調整権限拡充の法制定には関心を持たない。これを表5-2の列Dで「−」で示している。

対象者のうち、地方公共団体及び住民は、お金の配分に関係がないので関心を持たない。これを、表5-2の列E及び列Gで「−」で示している。最後に利益団体は業界の業務範囲や収益構造には影響がないので、関心を持たない。これを表5-2の列Fで「−」で示している。

この結果、決定者、対象者の記号の数は、列H、列Iのとおりであり、これを表2-6の基準に当てはめるとⅢという実現可能なグループに分類される。この結果、表4-5-2の列Kに示すとおり、内閣総理大臣の調整権限拡充は、S評価手法からみると実現可能性が高いと推定される。

ただし、決定者のうち、財務省については、実現を阻止する方向での小さな関心があるため、②アジェンダン設定で述べたとおり、いきなり抜本的な改善までを一回目の法制定で実現するのではなく、大災害が発生してから最初の法制定で、限定的な法制定を行い、第2段階目でより抜本的な法制定を行うことが想定される。

その内容は表5-3のとおりである。以下、次の節において、具体的な法制定の改善策について分析を進める。

なお、内閣総理大臣の調整権限の強化については、現状の中央省庁の組織に新しい組織をつくる改善策となる可能性があり、現在の中央省庁側に改善対応を図る具体的な組織自体が存在しないことがありうる。このような場合には、中央省庁以外の者が改善策の主体となる必要がある。この改善策の主体についての論点は、6-1-4(3)でまとめて述べる。

5 恒久的な対応などが未措置の事項についての課題及び改善策に関する分析

表 5-3　内閣総理大臣の調整権限に関する改善方針のまとめ

	A 改善策の実現性	B 漸進主義的改善	C 抜本的改善
内閣総理大臣の強い調整権限（復旧・復興期）	全体として関心が低いので実現可能性大、ただし、予算に関する調整権限までを含もうとすると財務省の実現阻止の方向での関心を招く可能性があり、調整に時間がかかる可能性がある	時期・対象を限定した災害に対応する調整権限を創設	時期・対象を限定せず恒久的な調整権限を創設

(3) 内閣総理大臣の調整権限の改善策

(2)でも述べたとおり、内閣総理大臣の調整権限のうち、復旧・復興期という災害復旧事業や復興事業という大きな予算が動く事業が実施される場合に、予算を含んだ強い調整権限を創設することには、財務省から実現阻止の方向での関心をよぶ可能性がある。

このため、対象となる災害を限定し、その組織の存続期間を限定して、財務省やその他の省庁が持つ、実現阻止の方向での関心を最小化する観点から、東日本大震災に特化して創設した、現在の「復興庁」という制度に倣って、

① 将来の大災害が発生した時点では、現在の復興庁が存在していれば、現在の復興庁が保有していた一括予算計上及び箇所付け権限について、将来の大災害まで対象を拡大すること

② 仮に、将来の大災害の際に、現在の復興庁が既に廃止されていれば、その将来の大災害の復興を担う復興庁を改めて創設すること

が適切であると想定される。これを表 5-3 の列 B で示している。

その上で、(2)②に記述したアジェンダ設定の工夫を行って、再度の法制定の際には、対象となる災害を限定せず、復興庁で認められた効率的な予算編成及び執行を持続的に可能にするために、

③ 持続的な組織として、復興を所管する組織を創設し、

④ その組織に一括予算計上及び箇所づけの権限などを創設する

ことが、より抜本的な改善策として想定される。これを表 5-3 の列 C で示

している。

5-3　20年程度の寿命がある簡易住宅

5-3-1　20年程度の寿命がある簡易住宅の実態

(1) 20年程度の寿命がある簡易住宅の実態及びこれまでの議論

　20年程度の寿命がある簡易住宅は、国会では、表3-3の行4及び行9で議論されている。このうち、より具体的に提案を行った行9の末松信介参議院議員の案によれば、応急仮設住宅と災害公営住宅の間の中間に位置付けられる、20年程度の寿命がある簡易住宅（以下「簡易住宅」という）を復興対策として活用すべきというものである。この末松議員の提案に対して、河野防災担当大臣は「前向きにしっかり検討する」と答弁している。

　しかし、簡易住宅は、実際には東日本大震災の際には供給はされていない。
　一方で、その後の熊本地震の際には、木造の応急仮設住宅については、当初から恒久的な利用を前提にした対応、すなわち、簡易住宅を想定した対応がなされた[56]。さらに、熊本地震の前後に内閣府防災担当が設置した検討会議においても、簡易住宅の必要性が指摘されていた[57]。

　また、東日本大震災以降、民間賃貸住宅を借り上げる借上げ型応急仮設住宅の供給戸数が増え[58]、借り上げ型応急仮設住宅と借上げ災害公営住宅の実態

---

[56]　一般社団法人熊本県建築住宅センター「熊本地震仮設住宅はじめて物語」（2019.3）において、RC基礎を用いた理由や恒久的な利用を前提にした経緯が詳細に記述されている。

[57]　内閣府「被災者の住まい確保策に関する委員の意見整理」（2014.8）では、16頁に「（応急仮設住宅について）公有地で中長期的に使用できるところがあれば、原則2年後から公営住宅としてしようできるよう、当初から基礎等を強化して、耐久性を向上させるべきである。」と、17頁には「従来型の応急仮設住宅に加え、将来、災害公営住宅に転用できる応急住宅、応急借上げ住宅といった多様な住まいの選択肢を提供する仕組みが必要である。」との指摘がある。また、内閣府の「大規模災害時における被災者の住まいの確保策に関する検討会論点整理」（2017.8）本編9頁では、「3-2(2)②応急建設住宅の活用」の項目で「建設資材や建設技術者が不足し、住宅再建には長期間を要するという前提で、応急対策と復旧・復興対策を連続して一体的に実施することが必要となる。」及び20頁「6-1(1)被災者に状況に応じた適切な支援」の項目で「地方公共団体は、災害救助法の救助期間の終了に伴い、広域避難している被災者も含めて円滑に住まいの再建にうつることができるよう、被災者の属性や居住形態に応じた支援を講じるべきである。」とその一つの方策として応急仮設住宅の再活用を挙げている。

[58]　以下の内閣府資料参照。http://www.bousai.go.jp/kaigirep/kentokai/hisaishashien2/

5　恒久的な対応などが未措置の事項についての課題及び改善策に関する分析

には違いがなくなり、応急仮設住宅と災害公営住宅の連続的な利用が論点として発生してきている。

さらに、熊本地震の際の応急仮設建設の担当者[59]によれば、「一部の応急仮設住宅では、建築基準法上は恒久的な住宅の基準を満たしており、地元町村でも、政策的に公的住宅として継続して維持したいと考えていたにもかかわらず、公営住宅法の縛りが厳しいため、自主条例に基づく、公営住宅法の枠外の住宅として維持している」とのことである[60]。

(2) 国土交通省側の解釈

2016年の国会会議録によれば、河野防災担当大臣は簡易住宅の供給について、既述のとおり、「前向きに検討」と積極的に答弁したが、石井国土交通大臣は「簡素な工法開発が大事」という、ややすれ違いの答弁をしている[61]。

表5-4　借上げ応急仮設住宅をそのまま借上げ公営住宅とすることへの国会会議録

第186回国会　衆議院　東日本大震災復興特別委員会（平成26年2月25日）

1	○高橋(千)委員	（前略）もう一問伺いたいと思うんですけれども、公営住宅のみなしということも制度としてありますよねということを確認したいと思うんです。（借上げ仮設住宅として）アパートなどを借りていた場合、それを借り上げとか、あるいは買い上げという形で公営住宅にみなすということは当然あったと思いますが、いかがでしょうか。
2	○坂井大臣政務官	お尋ねの点に関しましては、地方公共団体が条例に定める整備基準がございますが、これに合致をしているということであれば、一般論としては可能だということでございます。しかし、実際問題といたしまして、災害公営住宅への入居を希望する被災者をアンケート等により把握いたしながら、直接建設をしたり、買い取ったり、また借り上げ等の整備手法で、今いろいろと準備、必要戸数を確保いたしております。また、抽せん等の公平公正な選考方法で入居者を決定する、こういう方針であるということも認識をいたしております。こういった中におきまして、実際問題といたしまして、個々のみなし仮設住宅をそのまま災害公営住宅として家賃補助を行うということは今想定しておらず、同時に、公平性という観点からなじまないのではないかということも考えているところでございます。
3	○高橋(千)委員	今の、一般論としては可能である、ただ、いろいろな条件があったというお答えだったと思うんです。実は、根本大臣、この質問は、私、以前、大臣に対して質問したことがあったと思います。公営住宅をみなし公営住宅として、今アパートを借り上げている人たちに対応できないかと。これは何でそういう質問をしたかというと、思い出していただきたいんですけれども、要するに、みなし仮設住宅という形で借り上げに入っていた方たちが、期限が来ましたよとか、家主さんから条件をつけられて退去を迫られる、そういうことがあったわけですよね。ですから、誰でも彼でもという話ではないんです。ここで本当に定着をしていて、条件があれば住み続けたいという方たちが、だったら、そのまま公営住宅という形で家賃補助をすればコスト的にも非常に逆にいいことではないかということで、一般論として借り上げとか買い上げという概念があるわけですから、今の起こっている事態に対して、条件があれば、みなし公営住宅ということで認めてもよろしいのではないか。いかがですか。
4	○根本国務大臣	今、坂井政務官から答弁がありました。そこはなかなか、いろいろな政策判断があろうかと思います。基本はやはり、公営住宅政策は、それぞれの自治体がどの程度市民のために公営住宅として供給するかという、その計画と、実際の供給をどう対応していくかだろうと思います。民間の賃貸住宅を借りて公営住宅にするという道も開かれているのではないか、これは私ももう覚えだから確たることは申し上げませんが、やはりそれぞれの市町村の住宅行政、そこが基本になると思います。

---

wg/pdf/dai4kai/siryo2.pdf（最終閲覧2023年12月19日）
(59)　熊本地震の際の熊本県住宅課課長補佐から2020年10月14日発信のメールにおいて確認している。
(60)　記述の住宅課長補佐によれば、熊本県が建設した木造の応急仮設住宅683戸のうち300戸が市町村に譲渡され市町村有住宅として維持管理されているとのことである。

さらに、この答弁の2年ほど前の2014年には、借上げ型の応急仮設住宅をそのまま借上げ型の公営住宅に活用することが議論になっている。借上げ型の応急仮設住宅をそのまま借上げ型の公営住宅にすることも、応急仮設住宅と災害公営住宅の中間的な住宅として20年程度活用するという目的に合致した議論である。

　この点については、国土交通省側は、表5-4の行2で示すとおり、「公平性という観点からなじまない」と答弁している。

　表5-4の行2の答弁は、現行の公営住宅法の基本的な枠組みの建前からは、そのような説明になるという意味としては、理解が可能である。

　その一方で、現行の公営住宅法の規定において、既に、借上げ公営住宅の借上げ契約期間の終了や公営住宅の用途廃止の場合には、入居者資格を自動的に充足しているとみなしていること（公営住宅法第24条第1項）という規定を置くなど、特別の事情がある場合には、選考手続きやその判定に特例を置くことを認めている。

　この公営住宅の入居資格特例の対象として規定している「借上げ公営住宅の期間満了」や「公営住宅の用途廃止」は、「公的住宅を居住者が一方的に追い出される場合には、選考手続等について公平性の例外を設けてもよい」という趣旨と理解できる。

　そうであれば、応急仮設住宅に居住している被災者も、災害救助法の原則である2年間終了後に追い出されるという状況であることから、既に公営住宅法の特例として設けられている「借上げ公営住宅の期間満了」等と同じく、選考手続き等に特例を設けることも十分検討の余地がある。

　さらに、公営住宅法では、後述のとおり、災害時には公募手続を不要としており（公営住宅法第22条）、災害時への特例という観点からも、応急仮設住宅居住者への特例は検討の価値があると考える。

　よって、立法政策として、簡易住宅を実現する際の制度的な課題、特に、応急仮設住宅を規律する災害救助法と災害公営住宅を規律する公営住宅に焦点をあてて[62]検討を行うことは、公営住宅法の考え方と矛盾するものではないと

---

(61)　第190回国会参議院決算委員会（平成28年5月23日）の国会会議録参照。
(62)　本書においては、建築基準法上の問題は議論の対象外としている。その理由としては、内閣府の「大規模災害時における被災者の住まいの確保策に関する検討会論点整理」（2017.8）本編9頁「3-2(2)②応急建設住宅の活用」の項目及び20頁「6-1(1)被災

5 恒久的な対応などが未措置の事項についての課題及び改善策に関する分析

考えられる。

5-3-2　簡易住宅の課題及び改善策

(1) Ｓ評価手法からみた簡易住宅の整理
① 対応必要性の確認

　簡易住宅は、全国一律適用であって公平な仕組みであることから、正義性基準に合致するとともに、建設型応急仮設住宅を撤去しないで災害公営住宅に活用するなど、災害救助法と公営住宅法で供給される住宅を効率的に活用するものであることから、一般的には効率性基準にも合致すると想定される。これを表5-5の列Ａでは「□」として整理して記述している。

　なお、5-3-1(1)で述べたとおり、熊本地震の際の担当者からは、応急仮設住宅を恒久的な利用する実際にニーズがあったものの、公営住宅法では対応できずに、公営住宅に類似した市町村有住宅として対応したことなど具体的な問題が指摘されている。この意味では、上記の正義性基準等を機械的に当てはめた対応必要性の確認以上に、具体的な対応必要性が、本書において、具体的に明らかになっている。

表5-5　Ｓ評価手法からみた簡易住宅の対応必要性と実現可能性

A	B	C	D	E	F	G	H	I	J	K
今後の対応必要性	決定者		国会	対象者（臨時的措置は被災地、恒久化対応は全国）			関心の強さ（記号の数）		決定者・対象者の関心の分類	Ｓ評価手法からみた実現可能性
	中央省庁			地方公共団体	利益団体（業界団体）	住民（国民）	決定者	対象者		
	所管省庁	財務省								
20年寿命の簡易住宅	□：全国一律の制度改正であり正義性基準に合致、建設型応急仮設住宅を撤去せずに災害公営住宅に活用できるようになり効率性基準に合致	○○	-	-	-	-	-	2	0	Ⅳ	●

（備考）列Ａの□は今後の対応必要性が高いという意味である。列Ｋの●はＳ評価手法からみて実現可能性が高いという意味である。

に状況に応じた適切な支援」の項目で整理済みであり、応急仮設住宅の設計上の工夫によって対応可能とされているからである。

② アジェンダ設定の可能性

アジェンダ設定の基準については、4-2-2(3)で述べたとおり、大災害の発生から3年以内であれば、簡易住宅の法制定が国の政策アジェンダに載ることは容易と整理される。ただし、抜本的な改善策を講じるには、大災害が発生した後3年間では調整が困難なことも想定され、その場合には、アジェンダ設定について工夫が必要になると考える。

例えば、復興基本法と復興特区法の関係のように、最初の政策サイクルにおける法制定の際に、例えば、附則でより抜本的な改正を検討するなどの規定を定めておいて、将来のアジェンダ設定を容易にする方法が案として想定される。

③ 改善方針の推定

S評価手法から簡易住宅についての実現可能性を分析する。

簡易住宅に関する法制定は、恒久的な法制定であり、表1-1の基準から、決定者のうち、所管省庁は実現の方向で、大きな関心を持つ。これを列Bでは「○○」で示している。財務省は、財政支出規模に影響しないので、関心を持たない。これを列Cで「-」で示している。決定者である国会は、予算に関係せず、業界団体も反対しないことから、関心を持たない。これを列Dで「-」で示している。

対象者のうち、地方公共団体、住民ともお金の配分に関係ないことから、関心を持たない。これを列E及び列Gで「-」で示している。さらに、利益団体も業界の業務範囲や収益構造に影響しないことから関心を持たない。これを列Fで「-」と示している。

これらの決定者、対象者の関心の強さを整理すると、決定者は所管省庁の○○のみで2、対象者は記号の数がゼロであり、表2-6の区分によれば、Ⅳのグループに該当し、実現が容易と整理できる。これらの結果を列Hから列Kに示している。

その一方で、簡易住宅は、現在存在しない制度なので、所管省庁が、応急仮設住宅を所管する内閣府防災担当と、災害公営住宅を所管する国土交通省のうち、どちらが主体的に制度化する省庁なのか不明な点が課題にはなりえる。また、法制度と新しい予算制度までを一体として構築しようとすると、既に述べたとおり、アジェンダ設定が容易な発災後3年間に法案をまとめることが困難な場合がありうる。

このため、将来の大災害の発生から3年目以内に、現状の災害救助法と公営

5 恒久的な対応などが未措置の事項についての課題及び改善策に関する分析

表 5-6　簡易住宅に関する改善方針のまとめ

	A 改善策の実現性	B 漸進主義的改善	C 抜本的改善
20年寿命の簡易住宅	全体として関心が低いので調整が容易で実現可能性大 （東日本大震災の際には、担当する所管省庁が明確でなかったことから、所管省庁の連携・明確化が重要）	現行の法律を前提にして必要な調整のための法改正を実施	現在の法律にとらわれない新しい法制度を実施

住宅法を前提にして、それを連携させて、新しい予算制度までは必要としない漸進主義的な改善を図り、その後、新しい予算制度の創設までを含んだ、より抜本的な恒久的な対応を図るという改善方針を想定される。

その内容は表5-6のとおりである。なお、表5-6の列Bと列Cの法制定の具体的な内容は次の節で述べる。

(2) 簡易住宅の法制定に向けての既存の法律との関係整理

現行法によれば、応急仮設住宅は内閣府防災担当が所管する災害救助法に、災害公営住宅は国土交通省が所管する公営住宅法で、その内容が規律されている。

応急仮設住宅と災害公営住宅との中間的な簡易住宅については、現行制度との関係で整理すると、図5-1のとおり、全く新しい公物管理方式を創設するか、それとも応急仮設住宅と災害公営住宅という2つの現行制度を前提にして、その中間的な簡易住宅について、この2つの制度を適切に連続させる、という方式が論理的には想定できる。具体的には、以下の3つの方式がありえる。

① 2つの制度をそのまま残すのではなく、統合した新しい公物管理法を制定して、中間的な簡易住宅自体を位置付ける新公物管理方式（図5-1の行2）

② 2つの制度を残したうえで、2つの制度が一定時期は併存することを認める、応急仮設住宅と災害公営住宅の兼用工作物方式（図5-1の行3）

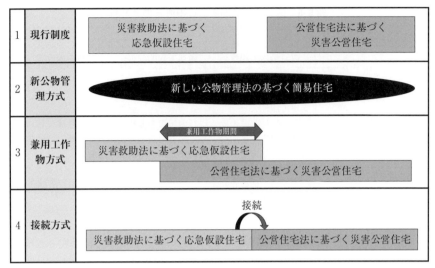

図 5-1　応急仮設住宅と災害公営住宅との中間的な簡易住宅を実現する方式
(備考) 応急期から復旧・復興期に左から右に向かって、時間が流れる前提のイメージ図となっている。

　③　2つの制度を残した上で、応急仮設住宅から災害公営住宅という2つの制度が間を置かずに切り替わる接続方式（図5-1の行4）

　以下、この3つの方式について、それぞれの具体的な制度設計の内容を論じたうえで、その得失を議論する。

(3) 新しい公物管理法に基づいて簡易住宅を位置付ける方式（新公物管理方式）

　新公物管理方式は、既存の2つの制度を統合した新しい公物管理方式を創設することになる。そのために必要となる法改正事項の具体的な内容を以下に論じる。

　新しい公物管理方式を創設するにあたっては、応急仮設住宅とも災害公営住宅とも異なる、新しい公物管理法、例えば、災害対応簡易住宅法（仮称）を創設することになる。

　この制度は、議論している簡易住宅自体が、災害救助法に基づく応急仮設住宅と公営住宅法に基づく中間的な公共施設であることから、制度設計の内容自体も双方の制度設計の中間的なものとすることが求められる。

　具体的には、まず、整備主体としては、災害公営住宅が原則として都道府県、災害公営住宅が都道府県又は市町村であることから、この新しい公物管理

170

5 恒久的な対応などが未措置の事項についての課題及び改善策に関する分析

である簡易住宅の整備主体は都道府県又は市町村であることが想定される。

次に、整備基準としては、現状の応急仮設住宅で既に準拠を求めている、給排水等の衛生施設、電気、ガス設備、断熱性能、酷寒地での二重サッシや風除室、バリアフリー対応などは当然に満たす必要がある。また、一定期間の持続的な施設であることから、建築基準法、消防法などの適合が必要である。なお、応急仮設住宅から改良工事を行って、この整備基準に適合させることも、想定した基準とする必要がある。

家賃水準は当初は、応急仮設住宅の無償に準拠して無償としつつ、時間の経過とともに、災害公営住宅家賃へと段階的に上昇していくことが適当と考える。また、国の補助率などは、応急仮設住宅と災害公営住宅の中間的な補助率とすることが想定される。

管理開始手続きは、応急仮設住宅は仮設的な公共施設として条例制定が求められないのに対して、災害公営住宅は条例制定が必要である。今回議論している簡易住宅は、災害公営住宅より前の市町村等の事務混乱状態のなかで設置することから、条例制定まで求めると管理開始が困難となる一方で、応急仮設住宅のように短期で撤去する前提で特段の管理開始手続きが存在しないということも、いきすぎである。このため、ある程度の期間存在する公共施設で最も管理開始手痛が簡素な、市町村等の告示のみで済む、都市公園法第2条の2の規定に準じて、市町村等の公告で管理開始ができるような制度設計が適切と考える。

以上の点について整理したものが、表5-7の行1列Bの記載である。

以上の内容とする新しい公物管理法を創設するにあたっては、制度の枠組みを論理的に構築する以外に、さらに、以下の3点に注意が必要である。

① 新しい公物管理法を創設するにあたって、応急仮設住宅を所管する内閣府防災担当と災害公営住宅を所管する国土交通省の間で消極的な権限争いにならないよう、所管省庁を適切に定めること
② 上記の所管省庁を定めることに併せて、新しい補助制度を財務省に対して事前に要求して制度創設に併せて創設すること
③ 災害対策基本法第86条の2に基づき応急仮設住宅について消防法の特例について、一定期間に限って新しい公物管理法に基づく簡易住宅にも適用できるよう、必要な改正を行うこと

以上の点について、整理したものが、表5-7の行1列Cの記載である。

表5-7 3方式ごとの法制定事項等

		A 方式の概要	B 必要となる法改正事項	C 法改正にあたっての課題
1	新公物管理方式	応急仮設段階の建設からに恒久的な公営住宅時期まで共通した、新しい公物管理方式	○災害対応簡易住宅法（仮称）という新法を制定する必要あり ○法律の基本的枠組は以下のとおり（応急仮設住宅と災害公営住宅との中間的な仕組みとするのを原則する） ・整備主体：都道府県又は市町村 ・整備の対象：住宅、共同施設（借上げ住宅を含む） ・整備基準：建築基準法、消防法適合（当初2年間（一定期間の延長も可）は不適合でその後改良することも可）、応急仮設住宅で求めている給排水等の衛生施設、電気、ガス設備、断熱性能、酷寒地での二重サッシ・風除室、バリアフリー対応などの基準を明記 ・国の補助率（建設及び借上げ住宅改良について、災害公営住宅（原則3分の2、激甚指定で4分の3）と応急仮設住宅の補助率との中間程度を担保） ・管理開始規定：都道府県又は市町村の告示（都市公園法並） ・家賃決定手続（当初2年間（一定期間の延長も可）は家賃無償、その後は災害公営住宅家賃へ移行） ・家賃に対する国の補助（整備と同じく、災害公営住宅と応急仮設住宅と中間的な補助） ・入居者資格として、現行法における公営住宅入居資格と同一（被災市街地復興法等に基づいて被災者に対して所得要件撤廃） ・その他の管理規定は公営住宅法を準用	・制度所管省庁をどこにするかの調整が必要 ・災害救助法に基づく応急仮設住宅と公営住宅法に基づく災害公営住宅との間の中間的な被災者向け住宅の概念整理と、新しい補助制度の創設が必要 ・災対法第86条の2に基づく応急仮設住宅に対する消防法に基づく消防設備等の適用除外に準じる新たな規定が必要（建築基準法第85条は解釈で対応可能）
2	兼用工作物方式	応急仮設住宅に対して、一定時期以降は災害公営住宅としての法的位置づけを同時並行的にに付与する方式	○公営住宅費に必要な法改正は、下の接続方式と同じ ○これに加えて、公営住宅法に兼用工作物の規定を設ける必要あり ○応急仮設住宅として管理が終了することを通知する位置付けを災害救助法の運用基準側に整備することが必要（終了期限の6ヶ月前に居住者に通知する）	・公営住宅法に道路法、都市公園法等で整備されている兼用工作物の規定を設けることが必要 ・応急仮設住宅と公営住宅を兼ねている時期での居住要件等をあらかじめ、居住している被災者に丁寧に説明する必要がある
3	接続方式	応急仮設住宅から間を置かずに災害公営住宅に移管する方式	○応急仮設住宅から災害公営住宅に移管した場合に、被災者が居住し続けることができるための制度改正が必要 ・応急仮設住宅側は、災害救助法及び運用基準等において特段の課題なし（応急仮設住宅実施主体が混乱しないように確認的な通知を出すことが望ましい） ・公営住宅側では被災者が居住しつづけるための法改正が必要	・応急仮設住宅に居住している居住者の居住関係の安定性を維持する工夫が必要 ・制度所管省庁が責任をもって運用改善及び制度改正に取り組むことが必要

(4) 既存の2つの制度を一定期間併用する兼用工作物方式

次に、応急仮設住宅と災害公営住宅という2つの制度を併用する方式について、必要となる法改正事項を検討する。

まず、2つの公的な管理方式を併用する仕組みは、行政法上、「兼用工作物」という。この兼用工作物とは、例えば、道路とダムの二つの機能を発揮している工作物をいう[63]。この方式では、一定期間は、応急仮設住宅と災害公営住宅の二つの機能が同時にあるという意味で、兼用工作物と整理可能である。

5　恒久的な対応などが未措置の事項についての課題及び改善策に関する分析

表5-8　現行法で存在する兼用工作物規定

1	港湾法第43条の2
2	漁港漁場整備法第20条の3
3	道路法第20条
4	道路整備特別措置法第39条
5	高速自動車国道法第8条
6	都市公園法第5条の10
7	空港法第11条
8	海岸法第15条
9	津波防災地域づくりに関する法律第30条
10	下水道法第15条
11	地すべり等防止法第13条
12	河川法第17条

　兼用工作物制度は、現行法では、表5-8のとおり、12の法律で規定されている。現状では、土木施設が多いものの、表5-8の行6、行7は、建築物も対象になる施設もあり、制度的には建築物を対象外にしているものではない。よって、4-3-5(2)アで述べたとおり、内閣法制局が審査基準としているところの用例も存在することから、兼用工作物方式も法制定の1つとして実現可能と考える。

　なお、兼用工作物方式を実現するための法改正によって、応急仮設住宅と災害公営住宅が併存することに伴う課題は、同じく2つの制度が残る(5)に述べる接続方式と原則は同じになることから、その詳細は(5)に述べる。ただし、兼用工作物方式を実現するためには、公営住宅法に表5-8の法律に準じた兼用工作物規定を創設することが必要となる[64]。

　兼用工作物方式による改善方針の概要は、既に述べたとおり、兼用工作物規

---

(63)　国土交通省道路局路政課「道路法令Q＆A兼用工作物協定について」道路セミナー(2020.1)、1頁-7頁https://www.hido.or.jp/14gyousei_backnumber/2019data/2001/2001houreiQ&A.pdf（最終閲覧2021年12月20日）参照。
(64)　表5-8に示した兼用工作物の規定もそれぞれの法制定当初から存在したのではなく、実際の兼用工作物のニーズに応じて創設されている。例えば、都市公園法では、法律自体の制定は、1956年だが、兼用工作物規定が制定されたのは、1976年である。

定を創設することになる。この兼用工作物規定は、応急仮設住宅の根拠規定は災害救助法の1条のみの規定しかないこと、また、最初は応急仮設住宅で、後から、災害公営住宅の機能が付加されることから、立法政策上は公営住宅法に兼用工作物の規定を設けることが適切である。

　また、応急仮設住宅に居住している被災者からみると、物理的には同じ住宅に居住しながら、図5-1の行3で示すとおり、「応急仮設住宅単独」から、「応急仮設住宅と災害公営住宅の兼用状態」、さらに「災害公営住宅単独」という形で、当該住宅の管理方式が移行することになる。この際、特に、応急仮設住宅の兼用が外れ、災害公営住宅単独となる時点では、応急仮設住宅にのみ認められていた、家賃無償の特例がなくなり、低額ながら一定の家賃支払い義務が居住者に生じることになる。このため、この家賃負担が発生する原因である、応急仮設住宅の管理が終了するという管理方式の変更を居住者に一定の猶予期間をもって、居住者に通知して、居住者に他の住宅に転居するか、応急仮設住宅となる当該住宅に住み続けるかの判断をする期間を提供することが必要である。この一定の猶予期間は、借地借家法第26条では、借家契約の更新拒絶にあたって6ヶ月前に更新しない旨の通知が借家人に求められていることから、これと同じく、6ヶ月とすることが適切と考える。

　以上の改善方針及び課題については、表5-7の行2列B及び列Cに記載している。

(5) 既存の制度の隙間なく連続させる接続方式

　応急仮設住宅から災害公営住宅に隙間なく接続する方式（以下「接続方式」という）は、災害救助法に基づく応急仮設住宅に関する制度と、公営住宅法に基づく災害公営住宅制度のそれぞれについて、被災者が移転することなく住み続けられるようにするという観点から、必要な法改正事項を論じる。

　まず、災害救助法に基づく応急仮設住宅側の制度としては、災害救助法では応急仮設住宅という用語のみ規定されており、具体的な基準の大部分は、災害救助法事務処理要領に規定されている。そこでは3年経過の処分については都道府県の判断で可能とされており[65]、災害救助法側での制度的な課題は存在しない[66]。

---

(65)　内閣府政策統括官（防災担当）「災害救助事務取扱要領」（2021年6月）59頁参照。
(66)　災害救助法として接続方式に制度的な課題はないものの、佐々木晶二「応急仮設住

5 恒久的な対応などが未措置の事項についての課題及び改善策に関する分析

　応急仮設住宅から災害公営住宅に移行する接続方式には、次に述べるとおり、被災者である居住者の居住の安定のために、公営住宅法に必要な法改正が必要であるが、その細部の法改正事項に入る前に、応急仮設住宅の所管する内閣府防災担当と災害公営住宅を所管する国土交通省が連携して運用改正及び制度改正に取り組むことが必要である。以上の接続方式に関する法改正事項及び課題については、表5-7の行3列B及び列Cに記載している。

　次に、公営住宅法に基づく災害公営住宅側としては、現行の公営住宅法では、以下の4点の課題がある。

① 公営住宅法には管理開始規定が存在しないが、応急仮設住宅から制度が公営住宅に移管する場合には、管理開始規定が必要になること。また、この際には、応急仮設住宅に居住している被災者に管理制度の移管が不意打ちにならない対応が必要なこと

② 公営住宅法では入居者資格及び選考手続が定められているが、現行法のままでは、応急仮設住宅の居住者よりも住宅困窮度が高い被災者がいる場合、例えば、避難所生活者が応急仮設住宅に居住している者よりも優先されてしまい、被災者が居住し続けることができないこと

③ 公営住宅法では、家賃ゼロの応急仮設住宅から、応急仮設住宅設置期間内に災害公営住宅に移行した場合に、家賃の減額調整の規定が存在しないこと

④ 応急仮設住宅から建物が公営住宅に移行することに伴って、実態として求められる、公営住宅で通常求められる整備水準の緩和や耐用年数の緩和ができないこと

　以上の4点については、現行の公営住宅法を改正する必要がある。その具体的な改正内容は以下のとおりである。

　第一に、上記①の課題に対応した、公営住宅の管理開始規定は、(4)にも述べたとおり、居住者に対して6ヶ月の猶予期間をおいて通知をした上で、公営住宅としての管理を開始するという制度設計が適切である。また、公営住宅としての管理開始は、(3)に述べたとおり、現行公営住宅法の条例に委ねるのではなく、都市公園法に準拠して公告によって行えるようにすべきである。表

宅と災害公営住宅との連携のための法制度上の提案について」日本災害復興学会論文集 No.13（2019）（以下「佐々木（2019）」という）14頁おいて、災害公営住宅への移行が問題がないという趣旨を明確化するための事務処理要領の追加改正案を提示している。

5-9の行1の列B及び列Cはその趣旨を述べている。具体的な法文の案は、被災市街地復興特別措置法に規定をおく前提で具体的な条文案を、表5-9の行1列Cに記載している。なお、条文案は4-3-5(2)アで述べた内閣法制局の審査基準に基づき、用例に基づいて検討している[67]ものの、同じ趣旨であれば他の文言による条文案を否定するものではない。この趣旨は、以下、表5-9の列Cの条文案に共通する。

　第二に、上記の②の課題に対応した、被災者である居住者が入居し続けるための、入居者資格、選考手続きの特例については、5-3-1(2)で述べたとおり、現行の公営住宅法第24条第1項において、借上げ公営住宅の借上げ期間満了等の場合には、入居者資格を満たしたものとみなすといった規定があることを踏まえ、公営住宅法第23条の入居者資格と、同法第25条の選考手続きについて、応急仮設住宅居住者がそのまま居住して災害公営住宅に居住できるための特例規定を設けることが適切である。ただし、公営住宅法第25条の選考手続きは、具体的な内容を条例に委任していることから、応急仮設住宅からの移行に伴う選考手続きについても条例によって手続きを追加することが可能であることを、条文上明記することが適当と考える。以上の内容は、表5-9の行3及び行4の列A及び列Bに記載している。

　また、具体的な改正条文案は行3及び行4の列Cに記載している。

　第三に、上記③の災害公営住宅になった場合に家賃ゼロから通常家賃になってしまい家賃の減額調整規定がないことについては、少なくとも、災害公営住宅としての設置管理をしなければ、応急仮設住宅として家賃ゼロで生活できた期間については、「建築基準法第85条第4項に基づいて特定行政庁の許可を受けている期間その他応急仮設住宅の居住者が安定して居住することができる期間として国土交通省令で定める期間内」という条文案を考え、その期間内に災害公営住宅としての管理が開始した場合には家賃減額措置を講じることができると規定している。詳細は、表5-9の行5列Cのとおりである。

　第四に、応急仮設住宅から災害公営住宅に移行する場合には、必ずしも、最初から恒久的な公営住宅を整備する場合に比べて、整備基準、耐用年限を緩和することが、応急仮設住宅の実態を踏まえると適切である。なお、その具体的

---

[67] 佐々木（2019）16-18頁にこのような条文案になった、他の法令の用例を記述している。

5　恒久的な対応などが未措置の事項についての課題及び改善策に関する分析

表5-9　接続方式のために必要となる法改正事項

	対象事項	A 制度改善事項	B 必要な法改正内容	C 改正条文イメージ
1	管理開始規定 48、地自244の2	応急仮設住宅を災害公営住宅として管理開始する規定	・応急仮設住宅の居住者に対して、6ヶ月以上前に通知を行ったのちに、応急仮設住宅を公営住宅として設置することができることとする	第A条　公営住宅事業主体は、応急仮設住宅に対して公営住宅として設置管理を開始しようとする場合には、当該設置管理の開始時期の6ヶ月以上前に、国土交通省令に定めるところに従い、当該応急仮設住宅の居住者に対して、公営住宅として設置及び管理する旨を通知しなければならない。 2　前項の通知を行って6ヶ月が経過して以降、公営住宅事業主体は、当該応急仮設住宅を対象として、公営住宅として設置し管理を開始することができる。ただし、当該応急仮設住宅の居住者が公営住宅としての設置管理に同意している場合その他国土交通省令で定める場合においては、6ヶ月の期間を経過前であっても、公営住宅として設置し管理を開始することができる。 3　前二項に基づき、公営住宅事業主体が、応急仮設住宅を公営住宅として設置管理を開始するにあたっては、当該公営住宅の名称その他政令で定める事項を公告するものとする。
2	募集方法の特例 22	災害公営住宅としての公募を省略する規定	・なし（現行法の「災害」で対応可能）	
3	入居者資格の特例 23、24	応急仮設住宅居住者が入居者資格を自動的に満たすための特例	・応急仮設住宅の居住者が現に居住している住宅に設置される公営住宅に申し込んだ場合には、第23条各号の入居資格を具備するとみなすこと	第B条　応急仮設住宅の居住者が、当該応急仮設住宅に対して、第A条の規定に基づき設置された公営住宅に入居の申し込みをした場合においては、その者は、公営住宅法第23条各号に掲げる条件を具備する者とみなす。
4	選考手続 25	応急仮設住宅居住者が選考されるための特例	・応急仮設住宅の居住者は、当該応急仮設住宅に設置された公営住宅に入居できるものとすること ・この手続の際に条例で専門家からなる審査などの手続を付け加えるのを妨げないようにすること	第C条　応急仮設住宅の居住者が、第B条の規定の入居の申し込みをした場合においては、公営住宅法第25条第1項の規定にかかわらず、その者を当該公営住宅に入居させることができる。この際、公営住宅法第23条に追加して条例で定めた入居者資格要件その他の事項を審査するため、条例で必要な手続を定めることを妨げるものではない。
5	家賃の減額 16、28、29	応急仮設住宅からの移行に伴う家賃激変緩和の特例	・応急仮設住宅の居住が認められている期間内に当該住宅が公営住宅として設置される場合には、家賃を減額できることとすること	第D条　公営住宅事業主体は、第C条の規定に基づき、応急仮設住宅の居住者を当該応急仮設住宅に設置した公営住宅に入居させる場合において、建築基準法第85条第4項に基づき特定行政庁の許可を受けている期間その他応急仮設住宅の居住者が安定して居住することができる期間として国土交通省令で定める期間内に当該設置行為が行われた場合には、公営住宅法第16条第1項の規定にかかわらず、当該公営住宅の家賃を減額することができる。
6	整備基準の緩和 5	応急仮設住宅を公営住宅として許容するための整備基準の特例	・応急仮設住宅に対して公営住宅として設置管理する場合には、一定の水準までその基準を緩和できることとすること	第E条　公営住宅事業主体は、応急仮設住宅を公営住宅として設置管理する場合には、公営住宅法第5条第1項の規定にかかわらず、別に国土交通省令で定める基準を参酌して、応急仮設住宅の改良など必要な整備を行わなければならない。
7	耐用年限の緩和 44、令12	応急仮設住宅には耐用年限を緩和する特例	・応急仮設住宅を公営住宅として設置管理する場合には、耐用年限を短縮することができること	第F条　公営住宅法第44条第1項の規定にかかわらず、応急仮設住宅を公営住宅として設置管理した場合には、第E条の規定に基づき必要とされる改良工事その他の整備を踏まえ、政令で適切な耐用年数を政令で定めることとする。

（備考）対象事項の列の数字は、単独では公営住宅法の条文を、地自は地方自治法を、令は公営住宅法施行令を、その次の数字はその条文を示す。

な緩和内容は、居住者の適切な居住環境を確保するレベルを維持する内容であることは当然である。この趣旨については、表5-9の行6及び行7の列A及び列Bに記載している。また、具体的な条文案は、行6及び行7の列Cのとおりである。

(6) 3方式の得失

5-3-2(1)③で述べたとおり、(3)で整理した新公物管理方式は、全く新しい公物を創設する法律をつくること、さらに新しい予算制度の創設が必要なことなど、制度創設のため調整が、他の2つの制度に比べ、時間がかかると想定される。

このため、(1)②でのべたとおり、将来の大災害発生直後から3年以内というアジェンダ設定が容易な時点では、(4)の兼用工作物方式、又は(5)の接続方式の実現を図り、その後、一定の調整期間をおきつつ、抜本的改善のための法改正が可能となったタイミングで、(3)で述べた、公物管理方式の実現を図るという、二段階で法制定の実現を図ることが適切である。

ただし、3つの方式とも、被災者が応急仮設住宅から移転することなく住み続けられるという点からみれば、特段の得失はない。敢えて言えば、応急仮設住宅と災害公営住宅の中間的な被災者向けの住宅というニーズに対して、(3)の新公物管理方式の方が、そのニーズに正面から答え、また、2つの制度を組み合わせる(4)の兼用工作物方式や(5)の接続方式よりは、関係する地方公共団体職員にとっての運用のしやすさという長所があることが挙げられる。

なお、3方式がS評価手法からみて実現可能性が高いと推定され、表3-3の行4及び行5で示したとおり、東日本大震災の際に国会などで議論されたことからわかるように、現場のニーズが実際にも存在した。それにもかかわらず、東日本大震災時及びそれ以降でも簡易住宅が実現していないことの特殊事情としては、(1)③にものべたとおり、簡易住宅の担当省庁が、応急仮設住宅を所管する内閣府防災担当と、災害公営住宅を所管する国土交通省の何れかになるべきか、について論理的には明確に整理できない点がある。

この点については、内閣府が、国土交通省を含む他の省庁を総合調整する立場にあること（内閣府設置法第4条柱書参照）から、内閣府が調整権限を強力に発揮して担当省庁を明確化すること、さらには、5-2で分析した、復旧・復興期における内閣総理大臣の調整権限の強化によって、その調整を一層徹底することによって、解決が可能になると考える。

5-4 復興特区法に基づく規制緩和措置

5-4-1 復興特区法に基づく規制緩和措置の実態

復興特区法に基づく措置については、2-4-1(1)の表2-9において臨時的措置

5 恒久的な対応などが未措置の事項についての課題及び改善策に関する分析

及び恒久化対応について整理している。

本節では、このうち、恒久的対応としての法制定が未実施の項目について分析を行う。

最初に、復興特区法の対応未実施項目について、復興庁復興特区法担当の参事官から提供された資料[68]に基づいて、東日本大震災の際の実績を整理すると、表5-10のとおりである。

整理の仕方としては、列Aにおいて、東日本大震災復興特別区域法のうちで規制緩和措置を規定している、復興推進計画と復興整備計画の区分をした上で、列Bには東日本大震災復興特別区域法のうちで恒久的な措置が未実施を項目を列記し、列Cにはその項目についての東日本大震災大震災の際に活用されたかどうかの実績を規定している。

白色のセル（行1から行23、行7、行10、行13から行15、行17）が実績のあるもの、グレーのセル（行4、行6、行8、行9、行16）が実績のないものである。

2-4-2(2)で述べたとおり、復興特区法に基づく復興推進計画の規制緩和措置については、大規模災害復興法の立案作業過程では、個別の法律所管省庁からは、「具体的な被害の規模態様が分からなければ、特例を規定できない」という、恒久化対応に対して消極的な主張が寄せられた。しかし、2-4-2(2)で述べたとおり、この法律所管省庁の意見については十分な説得力を有していないといわざるをえない。

一方で、国会議員等から法制定の要望のあった事項をまとめた表3-3の行3の議事録で明らかなとおり、小宮山議員が、大規模災害復興法案の審議において、復興特区法の復興推進計画に基づく規制緩和措置が盛り込まれていないことを問題として指摘し、せめて、復興における規制のあり方などを規定すべきだとの意見を述べている。

以上の実態を踏まえると、少なくとも、復興特区法の特例のうち、恒久化対応されていない事項について、恒久化対応のための法制定を課題として検討する意義はあると考える。

---

[68] 復興庁特区担当参事官からの2020年12月22日発信のメールで提供された資料による。

表 5-10　復興特区法に基づく規制緩和措置の実績

	A	B	C
		東日本大震災復興特別区域法での未措置事項	東日本大大震災復興の際の具体的な実績
1	復興推進計画	地方公共団体による復興に必要な新たな規制の特例措置の意見提出	○3項目（岩手県、宮城県）
2		用途地域に基づく建築規制の緩和	○岩手県：○3施設○宮城県：○18施設
3		応急仮設建築物として建設された店舗・工場、社会福祉施設、校舎等の存続期間の延長	○岩手県：○378施設○宮城県：○170施設○福島県：○197施設○茨城県：○17施設○栃木県：○1施設
4		一般バスの路線の新設等に係る認可等の簡素化	実績0
5		公営住宅の入居資格要件の特例期間の延長、譲渡処分要件の緩和	（入居要件の緩和）○岩手県：○1,910世帯○宮城県：○5,714世帯○福島県：○1,076世帯○茨城県：○13世帯○○千葉県：○0世帯、（譲渡処分要件の緩和）○福島県：○17戸
6		農林水産業の復興に必要な施設整備事業に係る優良農地の転用許可等	実績0
7		工場立地法で定める準則による緑地等規制の緩和	○青森県：○16事業○宮城県：○100事業○茨城県：○39事業
8		小水力発電に係る水利権の許可手続の簡素化・迅速化	実績0
9		鉄道ルートの変更に係る手続の簡素化	実績0
10		確定拠出年金制度からの中途脱退の要件を緩和	○推進計画4（岩手県、宮城県、福島県、茨城県）
11		政省令に規定する規制についての地方公共団体の申請による特例措置	（訪問リハビリ事業所の要件緩和）○岩手県：6事業所○宮城県：3事業所○福島県：4事業所（医療従事者の配置基準の緩和）○宮城県：2○福島県：9
12		新規立地新設企業を5年間無税とする特例措置等	
13		被災者向け優良賃貸住宅の取得価額の特別償却又は税額控除	○地方公共団体の指定件数5837、地方公共団体の指定事業者4427（2020年3月末時点）
14		事業税、不動産取得税又は固定資産税の課税免除又は不均一課税による減収への補填	
15		事業実施者による指定金融機関からの資金借入れに対する利子補給	○認定計画数221，利子補給額76億円（2020年11月末時点）
16		補助金等により取得した財産の目的外使用等に係る承認の簡素化	実績0
17	復興整備計画	復興整備事業に係る環境影響評価手続の迅速化	○2地区（宮城県1，福島県1）

5-4-2　復興特区法に基づく規制緩和措置の改善策

(1) S評価手法からみた復興特区法に基づく規制緩和措置の整理

① 対応必要性の確認

　この節で論じている特区法の規制緩和措置はいずれも実績があることから、4-2-2(2)で設定した基準に照らし、いずれも対応の必要性があると整理できる。

　ただし、特区法の規制緩和措置のなかでも、通常の単純な規制緩和措置とは異なる性格を有するものが含まれているので、これについての留意点を明らかにする。

　まず、表5-10の行17の「復興整備事業に対する環境影響評価手続の迅速化（鉄道事業と土地区画整理事業に対して環境影響評価法の適用除外）」は、事業によってメリットを受ける被災者と環境悪化の被害を受ける一般住民との間の公

5 恒久的な対応などが未措置の事項についての課題及び改善策に関する分析

表 5-11 　S 評価手法からみた規制緩和措置の対応必要性と実現可能性

	A	B	C	D	E	F	G	H	I	J	K
	今後の対応必要性	決定者			対象者（臨時的措置は被災地、恒久化対応は全国）			関心の強さ（記号の数）		決定者・対象者の関心の分類	S評価手法からみた実現可能性
		中央省庁		国会	地方公共団体	利益団体（業界団体）	住民（国民）	決定者	対象者		
		所管省庁	財務省								
1	復興特区法の規制緩和措置（予算、税制措置なし、下の項目以外）	□：東日本大震災の際に活用実績があり、対応必要性あり	○○	−	−	−	−	−	2	0	Ⅳ	●
2	復興整備事業に係る環境影響評価手続の迅速化	□：東日本大震災の際に活用実績があり △：アセス法適用除外に伴ってマイナスの影響を生じる被災者と他の被災者との正義性基準の調整が難しい	○○	−	−	−	−	−	2	0	Ⅳ	●
3	復興特区法の規制緩和措置（予算、税制措置あり）	□：東日本大震災で実績があり △：予算等財政支出事項は、災害時及び将来世代の負担配分の議論に関係して、正義性基準を満たす結論が得にくい	○○	××	○○	○○	−	○	6	3	Ⅰ	×

（備考）列 A の□は今後の対応必要性が高く、△は対応必要性が低いという意味である。列 K の●は S 評価手法からみて実現可能性が高いという意味、×は実現可能性が低いという意味である。グレーのセルは拒否権プレーヤーを意味する。

平性のバランスをどう確保するかという、実績のない項目における判断基準である、正義性基準に反する可能性が論理的にはありえる。この点については、留意が必要である。

　また、予算・税制措置と一体化している規制緩和措置（詳細については表5-13で示す）については、お金の配分に関係してくることから、大災害が発生した時点での被災者と被災していない者との負担配分、さらには大災害発生時とその後の将来世代の負担配分といった、正義性基準に関する難しい議論が生じる可能性がある。この項目も実績があるものの、留意する必要がある。

　以上の観点から、今後の対応必要性について、復興特区法の通常の規制緩和措置と、復興整備事業に対する環境影響評価手続の迅速化、さらに、予算、税制措置と一体化している規制緩和措置について、分けて、表5-11 の列 A では今後の対応必要性を記述している。

② アジェンダ設定の可能性

　将来の大災害の発生から3年以内であれば、4-2-2(3)で設定した基準に照らし「復興特区法の規制緩和措置が、国の政策アジェンダに載ることは容易と整理される。ただし、より抜本的な改善策を講じるには、大災害が発生した後3年間では調整が困難なことも想定され、その場合には、アジェンダ設定について工夫が必要になると考える。

　例えば、5-3-2(2)③の簡易住宅に関して述べたのと同様に、復興基本法と復興特区法の関係のように、最初の法制定の際に、例えば、附則でより抜本的な改正を検討するなどの規定を定めておいて、将来のアジェンダ設定を容易にする方法が具体的な案として考えられる。

③ 改善方針の推定

　予算・税制措置と関係しない規制緩和措置については、表1-1の各主体の選好に基づけば、法制定を行う所管省庁のみが、恒久的な法制定であることから実現の方向で大きな関心を持つ。これを表5-11の行1列Bでは「〇〇」で示している。これに対して、決定者のうちの、財務省、国会ともお金に関係しないことから、関心を持たない。これを表5-11の行1列Cと列Dで「-」と示している。

　対象者である、地方公共団体と住民はお金の配分に関係しないことから、関心を持たない。また、業界団体も業界の業務範囲や収益構造に影響しないので関心を持たない。これを行1の列E、列F、列Gでは「-」で示している。

　「復興整備事業に対する環境影響評価手続の迅速化」については、①で述べたとおり、規制緩和による被災者のメリットと環境悪化に伴い一般住民のデメリットの調整という難しい課題があるものの、表1-1で示した各主体ごとの選好という観点からは、既述の予算・税制措置と関係しない規制緩和措置と、同じ判断となる。このため、表5-11の行2の列Bから列Gの記載は、行1と同じとなる。

　これらに対して、表1-1の基準に照らして、予算・税制措置と一体化している規制緩和措置は、恒久的な法制定であることから、決定者のうちの所管省庁は実現の方向で大きな関心を持つと整理される。表5-11の行3列Bの「〇〇」はこれを表している。これに対して、決定者のうちの財務省は、財政支出が増える法制定であることから、実現を阻止する方向で大きな関心を持つとともに、拒否権プレーヤーとなる。これを行3列Bでは「××」で表すとともに、

5 恒久的な対応などが未措置の事項についての課題及び改善策に関する分析

グレーのセルで「拒否権プレーヤー」であることを示している。

決定者のうちの国会は、お金を地元に配る法制定となることから、実現する方向での大きな関心を持つ。これを行3列Cでは「○○」で示している。

次に対象者について整理する。

対象者のうちの地方公共団体は、表1-1の基準に照らすと、お金を地元に配ることができる内容なので、実現の方向で大きな関心を持つ。これを行3列Eでは、「○○」で示している。また、対象者のうちの住民も、被災地に特化したものではないもののお金の配分に関係するので、実現する方向での小さな関心を持つ。これを行3列Gでは「○」で示している。これに対して、業界団体は、業界の業務範囲や収益構造に影響しないことから、関心を持たない。これを行3列Fでは、「－」で示している。

次に、各主体における選好を踏まえた、実現可能性を分析する。

その基準は、2-2-2(3)で示したとおり、決定者、対象者の関心の強度を、それぞれの記号の数でまず集計する。

予算・税制に関係のない規制緩和措置と、「復興整備事業に対する環境影響評価手続の迅速化」は、記号の数がいずれも列Bの「○○」だけなので、決定者の記号の数は、2、対象者の記号の数はゼロである。これを表2-6の決定者、対象者の関心の大小の区分に当てはめると、Ⅳの分類となり、S評価手法からみて、実現可能性が高いと整理される。この点について、表5-11の行1と行2の列Hから列Lに示している。

これに対して、予算措置と一体化した規制緩和措置は、財務省が「拒否権プレーヤー」になるとともに、決定者としての関心を示す記号の数が、所管省庁の「○○」、財務省の「××」、国会の「○○」と、合計で6、対象者としての関心を示す記号の数が、地方公共団体の「○○」、住民の「○」と合計で3となる。これを、表2-6に当てはめると、Ⅰの分類となり、S評価手法からみて、実現が困難と整理される。これらの分析結果については、表5-11の行3の列Hから列Lで示している。

次に、以上の実現可能性の分析を踏まえて、それぞれの改善方針を整理する。

まず、予算・税制と関係しない規制緩和措置については、実現可能性が高く、特段の実現を阻止する要因もないことから、将来の大災害の際に恒久的な対応としての法制定を行うと整理される。

次に、予算税制措置と一体化した規制緩和措置については、財務省がいわゆる「拒否権プレーヤー」となること、さらに、決定者、対象者とも関心が大きく、また①で述べたとおり、正義性基準を満たす結論を得るための調整に時間がかかることが想定される。このため、将来の大災害の発生時に、漸進主義的な改善として、その災害に特化した措置を講じる[69]こととし、さらに、東日本大震災及び将来の大災害においても実績があがった特例については、その次の大災害の際には、より抜本的な改善としての法制定を「検討する」とする。ここで「検討する」としているのは、①で述べたとおり、お金の配分に伴う正義性基準を満たす成案が得られるかどうかについての不確実性があるため、必ず実施すべきとは断言できないという意味である。

　さらに、復興整備事業に対する環境影響評価手続の迅速化は、S評価手法からは実現可能性が高いものの、①で述べたとおり、東日本大震災での実績などを踏まえた正義性基準での評価が必要であることから、まず、将来の大災害の発生時には、その災害に特化した措置を講じるとともに、より抜本的な措置については、改善策について「検討する」という位置付けにしている。その趣旨は、予算税制措置と一体化した規制緩和措置と同様である。

　その内容は表5-12のとおりである。以下、具体的な法制定の内容について分析を進める。なお、表5-12の列B、列Cの法制定の具体的な改善策は次の節で述べる。

(2) 個別の規制緩和措置ごとの改善策

　(1)の視点に基づいて、東日本大震災の際に実績があったかどうか、予算、税制措置と一体的な規制緩和措置であるかどうかを整理したものが表5-13である。

　まず、列Bで示している項目は、2-4-1の表2-9で整理した、復興特区法で措置され、未措置の項目を列記しており、列Cの実績の有無は、表5-10の実績のリストを反映させたものである。

　列Dは、個別の事項ごとに確認したうえで、財政支出などと特例措置がリ

---

[69] この考え方は、大規模災害復興法第57条において、将来大災害が発生した場合の財政上の措置等については、「当該特定大規模災害の規模その他の状況を踏まえ、当該特定大規模災害の発生時における国及び地方公共団体の財政状況を勘案しつつ、別に法律で定めるところにより、当該特定大規模災害からの復興のための財政上の措置その他の措置を速やかに講ずるものとする」と規定している点とも整合的である。

5 恒久的な対応などが未措置の事項についての課題及び改善策に関する分析

表5-12 復興特区法に基づく規制緩和措置に関する改善方針のまとめ

		A 改善策の実現性	B 漸進主義的改善	C 抜本的改善
1	復興特区法の規制緩和措置(予算、税制措置なし、行2の項目以外)	もともと全体として関心が低く実現可能性大(所管省庁が複数なので省庁の協力が重要)	恒久的な規制緩和措置を実現	
2	復興整備事業に係る環境影響評価手続の迅速化	全体として関心が低いので実現可能性大	将来の大災害が発生した際には、当該災害に特化した形で実現	東日本大震災及び将来の大災害でも実績を踏まえて、恒久化を検討する
3	復興特区法の規制緩和措置(予算、税制措置あり)	将来の財政支出につながり財務省が拒否権プレーヤー、対象災害の限定から段階的に実現	将来の大災害が発生した際には、当該災害に特化した形で実現	東日本大震災及び将来の大災害でも実績を踏まえて、恒久化を検討する

ンクしているかを確認し、財政措置と直結している場合には「×」を、財政措置とは直結してない場合には、「〇」と記載している。

列Eは、個別の項目ごとに被災者にとってマイナスの影響を生じる可能性があるかについて、その項目の内容を説明して、その有無を述べている。「〇」が影響がなく、「×」がマイナスの影響がある項目である。この被災者にとってマイナスの影響があるかどうかは、具体的な改善策をとる上で、マイナスの影響がある場合には、そのマイナスを受けた被災者とそれ以外の被災者の間の公平性という正義性基準の判断が必要になるためである。この分析結果は、表5-13の行17の復興整備事業に係る環境影響評価手続きの迅速化の項目のみであり、(1)の①の記述と整合性がとれている。

第一に、表5-13の白色のセルのうち行4、行6、行8、行9、行16については、列Cで示すとおり、東日本大震災の際に復興特区法で規定したものの、実際には使われなかった項目であることから、今後の改善措置を検討する必要はない。

第二に、グレーのセルのうち行1から行3、行5、行7、行11については、列Cで示すとおり、実績があることから、対応必要性があり、また、列Dで示すとおり財政措置とも直結していないことから、財務省などの反対も想定で

表5-13 復興特区法で措置され恒久的対応が未措置の事項の評価

A	B	C	D	E
	東日本大震災特別区域法で措置され、恒久的対応が未措置の事項	実績（○あり、×なし）	財政措置と直結（×直結、○非直結）	被災者にとってマイナスの影響の有無（○なし、×あり）
1	地方公共団体による復興に必要な新たな規制の特例措置の意見提出	○	○	○：地方公共団体から特例措置を提案しても、被災者にマイナスの影響はない
2	用途地域に基づく建築規制の緩和	○	○	○：被災者など住民手続を省略するものではなく、被災者にマイナスの影響はない
3	応急仮設建築物として建設された店舗・工場、社会福祉施設、校舎等の存続期間の延長	○	○	○：安全、防火、衛生上の支障がないことを確認しており、被災者にマイナスの影響はない
4	一般バスの路線の新設等に係る認可等の簡素化	×		
5	公営住宅の入居資格要件の特例期間の延長、譲渡処分要件の緩和	○	○	○：公営住宅の入居資格特例の延長、譲渡処分期間の短縮には、被災者にメリットはあってもマイナスの影響はない
6	農林水産業の復興に必要な施設整備事業に係る優良農地の転用許可等	×		
7	工場立地法で定める準則による緑地等規制の緩和	○	○	○：工場新増設の際の緑地面積率等を緩和するだけで、騒音、大気汚染等の環境基準を緩和するものではなく、被災者へのマイナスの影響は小さい
8	小水力発電に係る水利権の許可手続の簡素化・迅速化	×		
9	鉄道ルートの変更に係る手続の簡素化	×		
10	確定拠出年金制度からの中途脱退の要件を緩和	○	×	○：確定拠出年金からの中途脱退の要件を緩和しても第三者へのマイナスの影響はない
11	政令省に規定する規制についての地方公共団体の申請による特例措置	○	○	○：東日本大震災の際には、訪問リハビリ事業所要件の緩和、医療従事者配置要件の緩和を実施。実態として、被災者へのマイナスの影響は小さい
12	新規立地新設企業を5年間無税とする特例措置等	○	×	○新規立地新設企業の課税特例措置は、第三者へのマイナスの影響はない。
13	被災者向け優良賃貸住宅の取得価額の特別償却又は税額控除	○	×	○被災者向け優良賃貸住宅への税制特例は、第三者へのマイナスの影響はない
14	事業税、不動産取得税又は固定資産税の課税免除又は不均一課税による減収への補填	○	×	○事業税等の分均一課税への減収補填は、被災者へのマイナスの影響はない
15	事業実施者による指定金融機関からの資金借入れに対する利子補給	○	×	○事業実施者に対する利子補給は第三者へのマイナスの影響はない
16	補助金等により取得した財産の目的外使用等に係る承認の簡素化	×		
17	復興整備事業に係る環境影響評価手続の迅速化	○	○	×：鉄道事業、土地区画整理事業に対する環境影響評価法の規定を適用除外しており、運用によっては被災者にマイナスの影響が生じる

(行1〜9は「復興推進計画」、行17は「復興整備計画」)

きず、恒久化にあたっての実現性も高い。このため、次の大災害の際には、恒久化対応を内容とする法制定を、既に、復興整備計画に関する特例措置の恒久化が位置付けられている大規模災害復興法に追加することが適当である。

　第三として、グレーのセルの項目のうち、行10、行12から行15については、列Cに示したとおり実績があり対応必要性はあると整理される。その一方で、列Dに示すとおり、財政措置と直結していることから、財務省が将来の財政負担につながると判断して財務省がいわゆる「拒否権プレーヤー」となることが想定され、実現可能性が低い。このため、次の大災害の際には、東日

5 恒久的な対応などが未措置の事項についての課題及び改善策に関する分析

本大震災の際と同様に、その大災害に特化した形で特例措置を講じる方が、実現可能性が高い。その一方で、大災害の際に毎回、災害限りの対応を繰り返すのではなく、次の大災害の際に特化した特例措置を講じる法制定を実現するために、「恒久的な特例措置を検討すべき」という規定を、次の大災害に特化した法制定の附則などに設けて、将来的に恒久的な措置が実現しやすくする工夫が考えられる。

　これによって、例えば、東日本大震災及び将来の大災害の双方で実績があった項目について、さらに、予算・税制措置と一体となった規制緩和措置を「次の次の」大災害が発生する前に、財務省など関係機関と丁寧に調整することが期待される。

　グレーのセルのうち行17の環境影響評価法の手続特例については、復興事業と環境影響評価手続のバランスをとるためのものであり、実績もある。よって対応必要性はある。しかし、鉄道事業や土地区画整理事業に対する環境影響評価法の適用除外は、環境悪化を通じて被災者への悪影響が生じる可能性があり、公平性という観点から正義性基準の議論が必要となる。このため、将来の大災害の際には、その災害に特化した法制定という漸進主義的な改善を行った上で、その後の検討の際に、環境悪化の影響などを分析して正義性基準がみたされるかどうかの検討を行うのが適切である。この場合には、行10、行12から行15と同じく、将来の大災害に特化した特例創設時に附則で検討すべき規定を置くなど、恒久化対応のためのアジェンダ設定を容易にする取組が同時に必要となる。

　なお、表5-3の行7の工場立地法準則の特例については、4-3-4(5)において、条例制定義務付けを省略し、市町村長が定める規則又は市町村長の指定によることが適切であると論じた項目である。ここでの整理は、この条例省略を行う措置を含めて、恒久的な対応として実施するという意味である。

　また、復興特区法に基づく規制緩和措置に関する改善方針は、3-3に示した表3-7の行8列Eの国会で行われた「大規模災害復興法の規制緩和内容の充実」項目への改善策ともなっている。

5-5　用地取得制度の改善

5-5-1　用地取得及び用地取得制度改善の実態

(1) 用地取得の実態

東日本大震災の復興事業の実施にあたって移転先である高台の住宅団地用地の取得問題が発生している。その実態は、日本弁護士連合会会長意見書[70]によれば以下のとおりである。

> 第2　意見の理由
> 　2　岩手県の調査によれば、2013年11月末日時点において、事業用地取得のための契約予定件数は県・市町村合計で約2万件とされているが、数代前の遺産分割未了、権利者不明及び権利者多数等の事情のために事業用地の取得が円滑に進まないことが予測される懸案件数は4000件に上り、そもそも権利者調査すら進んでいない件数は約6400件存在することが判明しており、契約予定件数の過半数が何らかの問題を抱えている可能性がある。

(2) 用地取得制度改善の実態

上記の日本弁護士連合会意見書で用地取得制度の改善が提言され、それを受けて、3-2-1で述べたとおり、用地取得制度の改善として、表2-9の行37番に記載されている復興特区法及び大規模災害復興法の改正が成立した。

その後、当時の野党であった民主党案にあった項目で、与野党協議成立案に盛り込まれなかったものが、表3-1の行1の復興特区法制定案としてまとめられ、3-2-1(1)で述べたとおり、2021年当初の第204国会まで継続審議中となっていた。この第204国会まで継続審議中となっていた復興特区法制定案の概要は、表5-14の列Aのとおりである。

---

(70)　日本弁護士「復興事業用地の確保に係る特例措置を求める意見書」(2014年3月19日) 参照。https://www.nichibenren.or.jp/library/ja/opinion/report/data/2014/opinion_140319_2.pdf (最終閲覧2021年12月20日)

5 恒久的な対応などが未措置の事項についての課題及び改善策に関する分析

表5-14 継続審議中になっていた復興特区法案及び関連する法律

		A 継続審議中の東日本大震災特別区域法	B 所有者不明土地法の地域福利増進事業	C 所有者不明土地法の都市計画事業特例
1	対象事業	復興整備事業（市街地開発事業、土地改良事業、復興一体事業、住宅地区改良事業、都市施設の整備に関する事業、小規模団地住宅施設整備事業、津波防護施設の整備に関する事業、森林法保安施設事業、液状化対策事業、造成宅地活動崩落対策事業、地籍調査事業、その他、住宅施設、水産物加工施設その他の施設整備事業）	道路、学校等（土地収用法対象事業） 被災地の住宅 被災地等の購買施設、教養文化施設	都市施設を整備する事業
2	対象となる権利	復興整備事業地区内の土地	所有者不明土地であって、建築物が存在しない土地	所有者不明土地であって、建築物が存在しない土地
3	取得できる権利	所有権又は使用権（特段の限定なし）	10年以内の使用権（裁定により延長可）	所有権又は使用権（特段の限定なし）
4	判断主体	都道府県設置の用地委員会	都道府県知事	都道府県知事
5	手続	事業者による用地委員会への裁決申請	都道府県知事に対する裁定申請	都道府県知事に対する裁定申請
		2週間縦覧と意見書提出	6ヶ月縦覧、関係者からの異議申し出等	2週間縦覧と関係者からの異議申出等
		用地委員会による手続中使用裁決	都道府県知事による裁定（収用委員会の意見を聴いて）	都道府県知事による裁定（収用委員会の意見を聴いて）
		用地委員会による権利取得裁決	損失の補償と補償金の供託	損失の補償と補償金の供託
		用地委員会へ補償の納付又は供託		
		用地委員会による補償採決		
		用地委員会による補償の払い渡し又は供託		

5-5-2 用地取得制度の改善策

(1) S評価手法からみた用地取得制度改善の整理

① 対応必要性の確認

　表5-15の列Aに示した用地取得制度改善の項目は、国会に議案が提出されたものの制度が成立していないので、実績は当然存在しない。しかし、全国に一律に適用することから正義性基準を満たしており、また、用地取得が円滑に進むことは、一般的に効率性基準に合致するとことから、4-2-2(2)に設定した基準に基づけば、対応必要性は存在する。

　この点について、表5-15の列Aでは「□」で示している。

② アジェンダ設定の可能性

　将来の大災害の発生から3年以内であれば、4-2-2(3)で設定した基準に基づ

表 5-15 S 評価手法からみた規制緩和措置の対応必要性と実現可能性

A	B		C	D	E	F	G	H	I	J	K
今後の対応必要性	決定者				対象者（臨時的措置は被災地、恒久化対応は全国）			関心の強さ（記号の数）		決定者・対象者の関心の分類	S評価手法からみた実現可能性
	中央省庁		国会	地方公共団体	利益団体（業界団体）	住民（国民）		決定者	対象者		
	所管省庁	財務省									
用地取得制度の改善	□：全国一律の制度設計であり正義性基準に即する、用地取得の円滑化につながり効率性原則にも合致する	○○	-	-	-	-	-	2	0	Ⅳ	●

（備考）列 A の□は今後の対応必要性が高いという意味である。列 K の●は S 評価手法からみて実現可能性が高いという意味である。

けば、用地取得制度の改善がアジェンダとして設定されることは可能と整理される。

③ 改善方針の推定

　用地取得制度の改善は、恒久的な制度創設となるので、表 1-1 の各主体の選好に基づけば、所管省庁は実現の方向で大きな関心を持つ。これについて表 5-15 の列 B では「○○」で示している。これに対して、お金の配分には関係ないことから、決定者のうちの財務省、国会とも、関心を持たない。これを列 C 及び列 D では「-」で示している。

　対象者のうち、地方公共団体及び住民は、お金に関係するものではなく、また、全国を対象とするものであって被災地に限定した制度ではないので、関心を持たない。これを列 E と列 G では「-」で示している。利益団体も業界の業務範囲や収益構造に影響しないので関心を持たない。これを列 F では「-」で示している。

　次に S 評価手法に基づいて実現可能性を確認する。

　S 評価手法によれば、4-2-2(1)に述べたとおり、決定者と対象者の関心の大きさを示す記号の数をそれぞれ合計して、表 2-8 のマトリックスに当てはめて、Ⅰのグループになれば実現が困難であり、その他のグループであれば実現が容易と整理される。

　用地取得制度の改善は、記号の数が、それぞれ、決定者側が所管省庁の 2（列 H 参照）、対象者側はゼロであり、Ⅳのグループに位置付けられる。よって、S 評価手法によれば、実現可能性は高いと整理される。

5 恒久的な対応などが未措置の事項についての課題及び改善策に関する分析

表5-16 復興特区法に基づく用地取得制度改善に関する改善方針のまとめ

	A 改善策の実現性	B 漸進主義的改善	C 抜本的改善
用地取得制度の改善	全体として関心が低いので本来は実現可能性大 ただし、用地委員会という新たな都道府県の組織を創設し、また、収用対象事業の拡大による財産権への侵害といった余分な論点を含んでおり、これが実現可能性を下げている可能性あり	不要な論点を削除して実現	

しかし、現実には国会に法案まで提出されているにもかかわらず実現していない。この背景として、用地委員会の創設など、各主体の議論を呼ぶ項目が含まれていることが可能性としてあげられる。その詳細は、(2)で述べる。

このため、用地取得制度として議論を呼ぶ項目を削除して本来必要な項目に絞ることによって、次の大災害の際には、法制定の実現が可能になるものと考える。

その内容は表5-16のとおりである。以下、具体的な法制定の内容について分析を進める。なお、表5-16の列B、列Cの法制定の具体的な内容は次の節で述べる。

(2) 用地取得制度の改善策の視点

(1)③で述べたとおり、用地取得制度の改善はS評価手法に基づけば、実現可能性の高い事項である。

そこで、以下、実際には実現しなかった理由を分析する。

表5-14列Aの法案を分析すると、この法案は、以下の3つの特徴的な要素からなっている。

① 収用対象事業の拡大（行1）
② 用地委員会の設置（行4）
③ 用地委員会の裁決のみで、権利取得ができ、事後的に補償金の支払い、供託（収用委員会手続の省略）（行5）

なお、表5-14の行2の「対象となる権利についての整備復興事業内の土地という要件」、行3の「取得できる権利が所有権又は使用権という要件」は、一般法である土地収用法とほぼ同等の内容であり、特段の特徴は存在しない。
　このうち、③の収用委員会手続省略部分（行5）は、表5-14の列B、列Cの行5に示しているとおり、所有者不明土地法に基づき、所有者不明土地に限定した形ではあるが、地域福利増進事業及び都市計画事業特例で実現しており[71]、法制定の案としては類似の例が存在している。
　①の収用対象事業の拡大については、そもそも表5-14列A行1の対象事業には、液状化対策事業、地籍調査事業など用地取得が必要ない事業も含まれており、法案自体が十分精査されていない可能性がある。
　②の都道府県に用地委員会を設置することについては、公平な審査という観点から政策論としてはありえるものの、新たな機関の設置を都道府県に求めることは、都道府県が財政難から行政組織のスリム化に取り組んでいる実態からみて、用地取得制度の改善とは別の観点である、都道府県自身からと、地方公共団体の行革を推進する立場の総務省からの、実現を阻止する方向での関心を招く可能性があり[72]、結果として、用地取得制度改善の実現性を引き下げている可能性が高い。
　以上の整理を踏まえると、用地取得制度の改善にあたって、実現性を高めるためは、以下の3点を満たす形で内容を修正することが案として考えられる。

　　a）現在の法案を前提にしつつ、
　　b）収用対象事業を都市計画法の都市施設に限定し、
　　c）用地委員会を新設するのではなく、現在ある都道府県の執行機関の組織（例えば、県土整備部用地課など）を活用する方向で修正する

---

[71]　復興特区法案は、表3-1の2番の記載のとおり、第186回国会（正確には2014年4月2日）に衆議院に提出され、第204国会まで継続審議中であった。一方で、所有者不明土地法は、第196回国会（2018年）に成立しており、所有者不明土地法の方が、復興特区法制定案提出よりも後に成立しているが、復興特区法案を所有者不明土地法成立後に参照する機会は当然あったはずである。

[72]　地方公共団体が抱えている状況と総務省の問題意識は、総務省「地方行政サービス改革の推進に関する留意事項について」（2015年8月28日）参照。https://www.soumu.go.jp/main_content/000374975.pdf（最終閲覧2021年12月26日）

(3) 用地取得制度の具体的な改善策

(1)の視点を踏まえて、現在の法案を修正すると、以下の項目を内容とするものになる。

①対象事業は都市計画法の都市施設の範囲内（将来の大災害の際には、一団地の津波防災拠点市街地形成施設、一団地の復興拠点市街地形成施設、一団地の住宅団地、小規模団地住宅施設が想定できる）を対象にして、

②対象となる土地は、①の事業を実施する区域内の土地とし、

③都道府県知事が収用委員会の意見を聴いて裁定することによって、

④事業者は所有権又は使用権を取得し、

⑤事業者は補償金の支払い又は供託を行う

この案であれば、各主体において大きな関心を呼ぶことなく、実現可能性を高めることが想定される。

なお、法技術的な側面からも、この修正法案の構造は、所有者不明土地法の地域福利増進事業と同じであり、この所有者不明土地法を用例としていることから、4-3-5(2)アで述べた内閣法制局の審査基準も満たしている。

5-6 津波被災地の権利制限関係

津波被災地の権利制限関係は、東日本大震災の震災直後の津波被災地での建築制限を行った建築制限特例法（表2-13行10列E）と、土地区画整理事業の仮換地指定を二段階で行う二段階仮換地指定通知（表2-13行12列E）の2つが該当する。これらの改善方針については、後述のとおり、津波被災地に限定すべきであって、津波以外の自然災害の場合には一般的に適用できないなど、共通なので、この節でまとめて論じる。

以下、それぞれについての現状と改善策について述べる。

5-6-1 建築制限特例法

(1) 建築制限特例法の実態

2011年に制定された建築制限特例法は、最長8ヶ月（2011年11月11日）まで、建築基準法第84条に基づく建築制限を延長できるものである。

この法律の運用実績としては、2011年9月11日までの制限で、宮城県7市町1854.2ha、2011年11月11日までの制限で、宮城県7市町1143.8haであ

る[(73)]。

(2) Ｓ評価手法からみた建築制限特例法の整理

① 対応必要性の確認

建築制限特例法は実績があることから、4-2-2(2)で設定した基準に照らし対応の必要性があると整理できる。しかし、後述のとおり、一定の限定した状況以外では、被災地の地権者に対する過大な制限となり正義性基準に反するおそれがある。このため、仮に正義性基準が満たされた場合という一定の条件つきで検討するという留保つきで論じる。これを表5-17の列Ａでは「□」で表しつつ、かっこ書きで「△」も記載して示している。

② アジェンダ設定の可能性

将来の大災害の発生から３年以内であれば、4-2-2(3)で設定した基準に基づけば、将来の建築制限特例法というアジェンダ設定は可能と整理できる。

③ 改善方針の推定

各主体ごとの関心を整理すると、決定者のうちの所管省庁は表1-1の基準に基づけば、恒久的な法制定なので実現する方向での大きな関心を持つ。これに対して、決定者のうちの財務省、国会ともお金に関係のない事項なので、関心を持たない。これについては、表5-17の列Ｂの「○○」、列Ｃと列Ｄの「－」で示している。

表5-17　Ｓ評価手法からみた将来の建築制限特例法の対応必要性と実現可能性

A	B	C	D	E	F	G	H	I	J	K
今後の対応必要性	決定者			対象者（臨時的措置は被災地、恒久化対応は全国）			関心の強さ（記号の数）		決定者・対象者の関心の分類	Ｓ評価手法からみた実現可能性
	中央省庁		国会	地方公共団体	利益団体（業界団体）	住民（国民）	決定者	対象者		
	所管省庁	財務省								
将来の建築制限特例法	□：東日本大震災で実績あり　△：津波以外の大災害で適用する場合の被災地権者への権利制限が大きすぎるので、正義性基準に反する可能性大	○○	－	－	－	－	－	2	0	Ⅳ	●

（備考）列Ａの□は今後の対応必要性が高いという意味で、△は対応必要性が低いという意味である。列Ｋの●はＳ評価手法からみて実現可能性が高いという意味である。

---

(73) 国土交通省住宅局資料による。

5 恒久的な対応などが未措置の事項についての課題及び改善策に関する分析

表 5-18 将来の建築制限特例法に関する改善方針のまとめ

	A 改善策の実現性	B 漸進主義的改善	C 抜本的改善
将来の建築制限特例法	全体として関心が低いので本来は実現可能	正義性基準を満たす内容の法制定を検討	

対象者のうちの地方公共団体、住民ともお金の配分に関係ない事項なので関心を持たない。また、利益団体も、自分たちの業界範囲や収益構造に影響しない事項なので関心を持たない。これを列 E から列 G まで「-」で示している。

次に、各主体における選好を踏まえた、実現可能性を分析する。

その基準は、2-2-2(3)で示したとおり、決定者、対象者の関心の強度を、それぞれの記号の数でまず集計する。

決定者は列 B の「○○」のみなので記号の数から、2 となり、列 E から列 G まで「-」なので対象者はゼロとなる。結果として、表 2-6 に当てはめると、Ⅳの分類となり、S 評価手法からみて、実現が容易と判断される。これらの分析結果については、表 5-17 の列 H から列 K で示している。

その内容は表 5-16 のとおりである。以下、具体的な法制定の内容について分析を進める。なお、表 5-18 の列 B、列 C の法制定の具体的な内容は次の節で述べる。

(3) 建築制限特例法の今後のあり方

建築制限特例法の改善策は(2)で述べたとおり、被災した地権者等に対する過大な負担にならないなど、正義性基準に合致する制度設計を議論する必要がある。

この点については、国会及び大規模災害復興法の時における内閣法制局の指摘事項があるので、その点を踏まえて述べる。

そこで、まず、建築制限特例法の制定時の審議から、内閣法制局の考え方を整理すると、表 5-19 のとおりである。

表 5-19 の行 1 の答弁のとおり、東日本大震災の被災市町村の実態を踏まえて、必要最小限として最長 8 ヶ月の建築制限の延長をみとめたものの、行 2 の答弁のとおり、これ以上の期間の延長については問題があるという考え方を内

表 5-19 国会議事録からみた建築制限特例法に対する内閣法制局の考え方

第 177 回国会　衆議院　国土交通委員会　第 10 号　平成 23 年 4 月 27 日
1	○近藤政府参考人（内閣法制局第二部長） 　また、期間につきましても、国土交通省からの御説明がございまして、<u>東日本大震災の被災市町村の今の非常に厳しい実情の中で、まちづくりの計画の策定のためにどうしても必要と見込まれる最小限の期間</u>についてだけ建築制限を可能にしたいということで、そういう各種の要件、制限の中で定めたものでございます。 　私ども、この制約の内容につきましては、いろいろ御不便をかける面はございますけれども、憲法上は、必要かつ合理的な範囲内の制約であるというふうに考えております。
2	○近藤政府参考人　今回も、現地の状況は大変ですけれども、いつまでも制限をかけることはやはり問題があるということで、市町村に頑張っていただいて最小限のところにとどめたのが六カ月、あるいはどうしようもないときには二カ月ということでございますので、そういう事情がない範囲内で<u>単に一年とか一年半とか勝手に定めるということは、やはりそれは問題がある</u>というふうに私ども考えております。

（備考）近藤政府参考人は当時の内閣法制局第二部長である。

閣法制局は示している。

　さらに、大規模災害復興法案に対する内閣法制局の審査では、審査時点で既に公開されていた法学者の論考による「土地所有権は財産権の中心的な権利である一方、社会的拘束性も強い権利であり、また、その土地の状況に応じて、文字通りの内在的制約を受ける。特例法は仮に一般法であったとすれば違憲の疑いが強い」[74]という指摘を踏まえて、大規模災害復興法に建築制限特例法を取り込むことを断念したとのことである[75]。

　この論考の趣旨を整理すると以下の2点である。

① 　財産権は社会的拘束性が強いこと（損失補償の議論の際に、規制の対象となる従前の土地利用の状況を考慮するということ[76]）

② 　社会的拘束性の議論を当てはめれば、東日本大震災により甚大な被害をうけた被災地に限定すれば合憲性が認められること

①②の内容は、東日本大震災では、津波被災地であることから、なんらかの津波対策を講じない限りは、住宅等の建築が事実上想定できない状況であった

---

(74)　小山剛「震災と財産権」ジュリスト No1427（2011）68 頁参照。
(75)　2012 年当時、内閣府防災担当の災害対策法制企画室補佐であった立岩里生太からの 2020 年 8 月 24 日発信のメールで確認している。
(76)　大橋洋一『行政法Ⅱ（第 3 版）』（有斐閣、2018）477 頁参照。

5 恒久的な対応などが未措置の事項についての課題及び改善策に関する分析

ことである。このような社会的拘束性を前提とすれば、住民手続きや条例など民主的な手続きなしに、8ヶ月の建築制限の延長を行ったとしても問題がないと解されると解される。

この論旨を前提にすると、将来の大災害の際に、津波被災地以外の場合、例えば、都市直下型の地震であれば、東日本大震災の時よりは早期に住宅等の建築が可能となることもあり得ることから、その場合には、8ヶ月の建築制限は過大と解される可能性がある。よって、第一に、津波による被災地以外を対象にして建築制限法を恒久化することは適切でない。

また、仮に津波被災地であっても、例えば、被害が軽微で再度の津波に備えるための復興計画では、東日本大震災の場合と異なり、現地での住宅等の建築を許容する場合もありえる。よって、第二に、仮に津波被災地を対象にするとしても、個々の津波被害の実態に応じて、津波被災地の建築制限をするかどうかについては、個別に判断する必要があることから、将来の津波被災地一般を想定した恒久的な法制定も適切ではない。

以上を整理すると、将来、津波による大災害が発生し、東日本大震災と同様に、住宅等の建築が相当期間事実上想定できない状況であることを個別に確認したうえで、その大災害に特化した内容の建築制限特例法を制定することによって、S評価手法による正義性基準をみたすと整理できる。

5-6-2 二段階仮換地指定通知

(1) 二段階仮換地指定通知の実態

2-4-1(3)で述べた二段階仮換地指定通知の要点は、以下の4点である。

① 第一段階の仮換地指定として、原則として、使用収益されていない土地を対象にして、現位置に仮換地を指定すること
② この仮換地指定によって土地の所有者等は使用収益ができなくなること（使用収益を開始できる日を「別に定めて通知する日」と指定通知書に記載するため）
③ 施行者は土地の所有者等の同意を得ずに工事を行うことができること
④ 工事の進捗にあわせて換地設計に合わせた仮換地指定を行うこと

この二段階仮換地指定通知が発出された背景としては、土地所有者等の同意をえて工事を行う起工承諾という手法だけでは工事が円滑にできない、という

要望が、岩手県陸前高田市から国土交通省都市局に寄せられ、それに対応する必要があったことがあげられる[77]。

その活用実績は、東日本大震災における津波被災市町村での土地区画整理事業のうち7地区である[78]。

(2) Ｓ評価手法からみた二段階仮換地指定通知の整理
① 対応必要性の確認

二段階仮換地指定は実績があることから、4-2-2(2)で設定した基準に照らし、対応の必要性があると整理できる。しかし、後述のとおり、一定の限定した状況以外では、被災地の地権者に対する過大な制限となり正義性基準に反するおそれがある。このため、仮に正義性基準が満たされた場合という一定の条件つきで検討するという留保つきで論じる。これについて、表5-20では、最初に□で実績を示した上で、その次に括弧内に△として正義性原則に反する可能性が大であることを記載している。

② アジェンダ設定の可能性

将来の大災害の発生から3年以内であれば、4-2-2(3)で設定した基準に基づ

表5-20　Ｓ評価手法からみた二段階仮換地指定通知の対応必要性と実現可能性

A	B	C	D	E	F	G	H	I	J	K
今後の対応必要性	決定者			対象者（臨時的措置は被災地、恒久化対応は全国）			関心の強さ（記号の数）		決定者・対象者の関心の分類	Ｓ評価手法からみた実現可能性
	中央省庁		国会	地方公共団体	利益団体（業界団体）	住民（国民）	決定者	対象者		
	所管省庁	財務省								
二段階仮換地指定通知	□：東日本大震災で実績あり △：津波以外の大災害で適用する場合の被災地権者への権利制限が大きすぎるので、正義性基準に反する可能性大	○○	－	－	－	－	－	2	0	Ⅳ	●

（備考）列Ａの□は今後の対応必要性が高いという意味である。列Ｋの●はＳ評価手法からみて実現可能性が高いという意味である。

---

(77) 2014年当時の国土交通省都市局市街地整備課の室長に2020年10月12日に実施したインタビューで確認している。
(78) 東日本大震災による津波被害からの市街地復興事業検証委員会第3回事務局説明資料参照。www.mlit.go.jp/toshi/content/001377246.pdf（最終閲覧2021年12月20日）

5 恒久的な対応などが未措置の事項についての課題及び改善策に関する分析

けば、二段階仮換地指定通知もアジェンダ設定は可能と整理できる。

③ 改善方針の推定

各主体ごとの関心を整理すると、決定者のうちの所管省庁は表1-1の基準に基づけば、恒久的な措置なので実現する方向での大きな関心を持つ。これに対して、決定者のうちの財務省、国会ともお金に関係のない事項なので、関心を持たない。これについては、表5-20の列Bの「〇〇」、列Cと列Dの「－」で示している。

対象者のうちの地方公共団体、住民ともお金の配分に関係ない事項なので関心を持たない。また、利益団体も、自分たちの業界範囲や収益構造に影響しない事項なので関心を持たない。これを列Eから列Gまで「－」で示している。

次に、各主体における選好を踏まえた、実現可能性を分析する。

その基準は、2-2-2(3)で示したとおり、決定者、対象者の関心の強度を、それぞれの記号の数でまず集計する。

決定者は列Bの「〇〇」のみなので記号の数から、2となり、列Eから列Gまで「－」なので対象者はゼロとなる。結果として、表2-6に当てはめると、Ⅳの分類となり、S評価手法からみて、実現が容易と判断される。これらの分析結果については、表5-20の列Hから列Kで示している。

以上の整理から、既述のとおり、被災地の地権者に過大な制約を課さないという限定条件つきで、将来の大災害の際に二段階仮換地指定通知を発出することは可能と整理できる

その内容は表5-21のとおりである。以下、具体的な通知の内容について分析を進める。なお、表5-21の列B、列Cの通知の具体的な内容は次の節で述べる。

表5-21 二段階仮換地指定通知に関する改善方針のまとめ

	A	B	C
	改善策の実現性	漸進主義的改善	抜本的改善
二段階仮換地指定通知	全体として関心が低いので本来は実現可能		正義性基準を満たす内容の通知発出を検討

(3) 二段階仮換地指定通知の今後のあり方

　二段階仮換地指定通知の論点としては、第一段階の仮換地としての使用収益の発生日を「別に定めて通知する日」にしており、結果として、従前の土地と仮換地の後（第一段階では全く同じ土地）の双方の利用収益が否定されることになる。通常の仮換地指定では、従前の土地の使用収益が停止されると同時に新しい仮換地指定された土地の使用収益が開始される。

　さらに、通常は、土地区画整理法第101条第1項の規定により、従前地も仮換地後の土地も双方とも使用収益ができなくなった場合には、「通常生ずべき損失を補償しなければならない」と規定している。

　この点の対応については、当該通知は、津波被災市街地では実際に仮換地の対象となる土地自体が現実に不能になっていることを持って、「通常生ずべき損失」は発生しないと考えている。

　以上の解釈は、「東日本大震災の津波被災地という、被災した現状のままでは住宅等の建築が極めて困難という状況」を前提にすれば、合理的な解釈と言える。

　この「被災した現状のままでは住宅等の建築が極めて困難な状況」という限定条件は、5-6-1(3)の建築制限特例法で論じたものと同一である。

　よって、S評価手法による正義性基準を満たす、将来の二段階仮換地指定通知のあり方としては、第一に、津波災害以外の自然災害に適用するものではなく、第二に、個々の津波被災地の実態を把握して住宅等の建築を制限することが過大な権利制限にならないことを確認して、その津波による大災害の被災地に限定すべきであるということになる。

5-7　財政支出関係

　財政支出関係は、復興交付金計画（表2-13 行6列E）と被災者生活再建支援金の増額（表3-7の行3、行5、行6の列C列D）の2つが該当する。これらはいずれも財政支出自体を内容としており、改善方針については、後述のとおり、S評価手法に基づく正義性基準を満たすという前提のもとで、実現可能性を考慮して、漸進主義的な改善と抜本的改善に分けて論じるなど共通なので、この節でまとめて論じる。

　以下、それぞれについての現状と改善策について述べる。

5 恒久的な対応などが未措置の事項についての課題及び改善策に関する分析

5-7-1 被災者生活再建支援金の増額

(1) 被災者生活再建支援金の実態と拡充に関する議論

東日本大震災の際の被災者生活再建支援金の支払総額は約3690億円である(79)。

被災者生活再建支援金は住宅の再建にあたっての主要な支援制度である一方で、住宅再建費用の相当部分が被災者の持ち出しになることから、その支援金の支給金額を現在の300万円から引き上げるべきとの議論は、表3-7の行3、行5、行6のC列のとおり、国会提出未成立法案、国会及び地方議会の議論で活発に行われてきている。

被災者の生活再建支援のためには支給金額が増えた方が望ましいと言えるが、限られた国及び地方の予算のなかで、どの程度を住宅再建のために公助で行い、どの程度を自助、共助で行うべきかについては、表3-3の行5における参考人の発言においても、意見が分かれている。

(2) Ｓ評価手法からみた被災者生活再建支援金の増額の整理
① 対応必要性の確認

表5-22の列Aのとおり、被災者生活再建支援金の拡充、特に支給金額の増額については、災害発生時の被災者と被災しなかった国民との間の公平の確

表5-22　Ｓ評価手法からみた被災者生活再建支援金増額の対応必要性と実現可能性

A	B	C	D	E	F	G	H	I	J	K
	決定者			対象者（臨時的措置は被災地、恒久化対応は全国）			関心の強さ（記号の数）		決定者・対象者の関心の分類	Ｓ評価手法からみた実現可能性
今後の対応必要性	中央省庁		国会	地方公共団体	利益団体（業界団体）	住民（国民）	決定者	対象者		
	所管省庁	財務省								
被災者生活再建支援金の増額　△予算等財政支出事項は、災害時及び将来世代の負担配分の議論に関係して、正義性基準を満たす結論を得ることが難しい	○○	××	○○	○○	-	○	6	3	I	×

（備考）列Aの△は今後の対応必要性が低いという意味である。列Kの×はＳ評価手法からみて実現可能性が低いという意味である。濃いグレーのセルは拒否権プレーヤーを意味する。

---

(79)「被災者生活再建支援制度の在り方に関する実務者会議」検討結果報告（2020年7月）32頁参照。http://www.bousai.go.jp/pdf/saikenshien_kekka.pdf （最終閲覧2021年12月20日）

保、さらに災害発生時の国民と将来の国民との間の負担の平性の確保など、正義性基準を満たした結論を得るのが難しい。

よって被災者生活再建支援金の拡充については、対応必要性について疑義があり、仮に、正義性基準が満たされる場合という条件付きで検討するという留保付きで以下の分析を進める。

② アジェンダ設定の可能性

将来の大災害の発生から3年以内であれば、4-2-2(3)で設定した基準に基づき、被災者生活再建支援金の増額のアジェンダ設定は容易と整理される。

一方で、各主体間の調整が難しく、将来の時点で大災害が発生し、それから3年以上経過してしまった場合においては、2-3-3(4)で述べたとおり、中規模半壊を被災者生活再建支援金の対象に追加した改正の際には、全国知事会が拡充の要望を繰り返し、総理にも直接要望するなどの活動によってアジェンダ設定を可能とした事例が参考になる。

よって、継続的な地方公共団体からの要望活動によって、将来の大災害の発生から3年が経過したのちであっても、アジェンダ設定が実現する可能性があると整理する。

③ 改善方針の推定

被災者生活再建支援金の増額は、表1-1の各主体の選好の基準を踏まえると、所管省庁にとって恒久的な法制定等なので、実現に向けて強い関心を持つ。一方で、決定者のなかでは、財政支出が増加する法制定等であることから、財務省が実現阻止の方向で強い関心を持つとともに、いわゆる「拒否権プレーヤー」になる。さらに、決定者のうちの国会は、お金を配る法制定等であることから、実現の方向で強い関心を持つ。これを表5-22では、列Bの所管省庁と列Dの国会は「○○」と、列Cの財務省は「××」と表示するとともに、「拒否権プレーヤー」であることを濃いグレーのセルで示している。

対象者側としては、地方公共団体は国会と同様にお金を地元に配る法制定なので実現の方向で大きな関心を持つ。住民もお金に関係するので、実現の方向で関心を持つ。とともに、決定者、対象者とも関心が大きく、調整に相当な時間がかかることが想定され、実現可能性が低いと整理する。これを表5-22の列Eの地方公共団体は「○○」と、列Gの住民は「○」で示している。なお、利益団体は、被災者支援金の増額自体は、自らの業界の業務範囲や収益構造に影響しないことから関心を持たない。これを列Fでは「－」と示している。

5　恒久的な対応などが未措置の事項についての課題及び改善策に関する分析

表5-23　被災者生活再建支援金の増額に関する改善方針のまとめ

	A 改善策の実現性	B 漸進主義的改善	C 抜本的改善
被災者生活再建支援金の増額	将来の予算支出増に繋がり財務省が拒否権プレーヤーであり、さらに決定者、対象者とも関心が高く、調整が難しい	対象、時期を限定して支援金増額を検討	正義性基準を満たす内容の改善を検討

　次に、各主体における選好を踏まえた、実現可能性を分析する。
　その基準は、2-2-2(3)で示したとおり、決定者、対象者の関心の強度を、それぞれの記号の数でまず集計する。
　決定者は列B列Dの「○○」と列Cの「××」があるので、合計で列Hの決定者の記号の数の合計は6、対象者側は、列Eから列Gまでの記号の合計は3なので、列Iは3となる。この結果を表2-6に当てはめるとIの分類となり、S評価手法からみて、実現が困難と判断される。これらの分析結果については、表5-22の列Hから列Kで示している。
　また、①に述べたとおり、財政支出に直結するため、各種の正義性基準からの論点も明確には整理できない。
　このため、次の大災害の際には、まず、漸進主義的改善として財務省の関心が小さくなるような改善策として、当該大災害に特化した形で支給額の増額を検討し、さらに、恒久的な措置としての抜本的な改善としては、正義性基準を満たす内容となるような改善を検討すると整理する。
　その内容を整理したものが表5-23である。以下、具体的な法制定の内容について分析を進める。なお、表5-23の列B、列Cの具体的な改善策は次の節で述べる。

(3) 被災者生活再建支援金の増額に関する改善策
　(2)で述べたとおり、現時点で、被災者生活再建支援金の増額をすることを正義性基準から論理的に整理することは困難である。
　このため、仮に、将来の大災害の際に、支援金の増額が大きな議論となり、これへの対応が必要となった場合には、論点を限定して関係者の調整を容易に

するために、その災害に特化した形で支給額の増額をするというのは検討の選択肢になると考える。

さらに、地方公共団体などからの継続的な要望によって、より抜本的な対応として被災者生活再建支援金な恒久的な増額することを検討するのであれば、同時に、大災害の際に国及び地方公共団体が支出する財政支出全体を検証して、大災害の発生時の世代及び将来の世代の財政負担を全体として軽減することができる対策の検討など、災害時の他の財政支出を含めた総合的な議論のなかで整理することが、正義性基準を満たす内容を追求する上で必要である。

5-7-2　復興交付金計画

(1) 復興交付金の実態

復興交付金は東日本大震災復興特別区域法に基づいて創設され、2020年度で廃止されるまでに、国費1兆5,612億円（事業費1兆9,307億円）が実施された[80]。

東日本大震災の津波被災地等の復興に対して実施されたもので、計画制度の形をとっているが、内容は財政支出措置そのものである。

なお、復興交付金制度は、既に述べたとおり東日本大震災に特化したものであって既に廃止されている。以下、論じるのは将来の大災害に対応して復興交付金制度を再度創設することに関してである。

(2) S評価手法からみた復興交付金計画の整理

① 対応必要性の確認

復興交付金は実績があることから、4-2-2(2)で設定した基準に照らし、対応の必要性があると整理できる。しかし、復興交付金計画は、将来の財政支出に関するもので、災害発生時の被災者と被災しなかった国民との間の公平の確保、さらに災害発生時の国民と将来の国民との間の負担の平性の確保など、正義性基準を満たした結論を得るのが極めて難しい。

よって、復興交付金計画については、対応必要性について疑義があり、仮に正義性基準が満たされる場合という一定の条件付きで検討するという留保づき

---

(80)　内閣府資料参照。https://www.cao.go.jp/sasshin/kisei-seido/meeting/2011/wg1/111213/item7_5.pdf（最終閲覧2021年12月20日）

5 恒久的な対応などが未措置の事項についての課題及び改善策に関する分析

表 5-24　S 評価手法からみた復興交付金計画制度の対応必要性と実現可能性

A	B	C	D	E	F	G	H	I	J	K
今後の対応必要性	決定者			対象者（臨時的措置は被災地、恒久化対応は全国）			関心の強さ（記号の数）		決定者・対象者の関心の分類	S 評価手法からみた実現可能性
	中央省庁		国会	地方公共団体	利益団体（業界団体）	住民（国民）	決定者	対象者		
	所管省庁	財務省								
復興交付金計画　□：東日本大震災で実績あり　△予算等財政支出事項は、災害時及び将来世代の負担配分の議論に関係して、正義性基準を満たす結論を得ることが難しい	○○	××	○○	○○	−	○	6	3	Ⅰ	×

（備考）列 A の□は対応必要性が高い、△は今後の対応必要性が低いという意味である。列 K の×は S 評価手法からみて実現可能性が低いという意味である。濃いグレーのセルは拒否権プレーヤーを意味する。

で以下の分析を進める。この点を、表 5-24 の列 A では、最初に「□」で実績があることを示した上で、その次に括弧内に「△」を記載し、さらに、正義性原則に反する可能性が大であることを記述している。

② アジェンダ設定の可能性

将来の大災害の発生から 3 年以内であれば、4-2-2(3)で設定した基準に基づき、復興交付金の創設に関するアジェンダ設定は容易と整理される。

一方で、各アクター間の調整が難しく、将来の時点で大災害が発生し、それから 3 年以上経過してしまった場合においては、アジェンダ設定が困難であることから、法制定のためのアジェンド設定には何らかの工夫が必要になる。

③ 改善方針の推定

復興交付金計画の創設は、表 1-1 の各主体の選好の基準を踏まえると、所管省庁にとって恒久的な法制定等なので、実現に向けて強い関心を持つ。一方で、決定者のなかでは、財政支出が増加する法制定等であることから、財務省が実現阻止の方向で強い関心を持つとともに、いわゆる「拒否権プレーヤー」になる。

さらに、決定者のうちの国会は、お金を配る法制定等であることから、実現の方向で強い関心を持つ。これを表 5-24 では、列 B の所管省庁と列 D の国会は「○○」と、列 C の財務省は「××」と表示するとともに、拒否権プレーヤーであることを濃いグレーのセルで示している。

対象者側としては、地方公共団体は国会と同様にお金を地元に配る法制定なので実現の方向で大きな関心を持つ。住民もお金に関係するので、実現の方向で関心を持つ。とともに、決定者、対象者とも関心が大きく、調整に相当な時間がかかることが想定され、実現可能性が低いと整理する。これを表5-24の列Eの地方公共団体は「○○」と、列Gの住民は「○」で示している。なお、利益団体は、被災者支援金の増額自体は、自らの業界の業務範囲や収益構造に影響しないことから関心を持たない。これを列Fでは「-」と示している。

　次に、各主体における選好を踏まえた、実現可能性を分析する。

　その基準は、2-2-2(3)で示したとおり、決定者、対象者の関心の強度を、それぞれの記号の数でまず集計する。

　決定者は列B列Dの「○○」と列Cの「××」があるので、合計で列Hの決定者の記号の数の合計は6、対象者側は、列Eから列Gまでの記号の合計は3なので、列Iは3となる。この結果を表2-6に当てはめるとIの分類となり、S評価手法からみて、実現が困難と判断される。これらの分析結果については、表5-24の列Hから列Kで示している。

　また、①に述べたとおり、財政支出に直結するため、各種の正義性基準からの論点も明確には整理できない。

　このため、次の大災害の際には、まず、漸進主義的改善として財務省の関心が小さくなるような改善策として、当該大災害に特化した形で支給額の増額を検討し、さらに、恒久的な措置としての抜本的な改善としては、正義性基準を満たす内容となるような改善を検討すると整理される。

　その内容を整理したものが表5-25である。以下、具体的な法制定の内容について分析を進める。なお、表5-25の列B、列Cの具体的な改善策は次の節

表5-25　復興交付金計画制度に関する改善方針のまとめ

	A 改善策の実現性	B 漸進主義的改善	C 抜本的改善
復興交付金計画	将来の予算支出増に繋がり財務省が拒否権プレーヤーであり、さらに決定者、対象者とも関心が高く、調整が難しい	対象、時期を限定して復興交付金計画制度を創設することを検討	正義性基準を満たす内容の改善を検討

5 恒久的な対応などが未措置の事項についての課題及び改善策に関する分析

で述べる。

(3) 復興交付金計画の改善策

(2)で述べたとおり、現時点で、復興交付金計画制度について、正義性基準を満たす内容を論理だけに基づいて整理することは困難である。

このため、仮に、将来の大災害の際に、復興交付金の交付が大きな議論となり、これへの対応が必要となった場合には、論点を限定して関係者の調整を容易にするために、その災害に特化した形で復興交付金計画制度を創設するというのが、検討の選択肢になる。

さらに、より抜本的な対応として、恒久的に復興交付金計画制度を創設することを検討する必要が生じた場合には、同時に、大災害の際に国及び地方公共団体が支出する財政支出全体を検証して、大災害の発生時の世代及び将来の世代の財政負担を全体として軽減することができる対策の検討など、災害時の他の財政支出を含めた総合的な議論のなかで整理することが、正義性基準を満たす内容を追求するうえで適切と考える。

5-8 災害復旧事業に対する環境影響評価法適用

(1) 災害復旧事業に対する環境影響評価法適用の実績

この項目は、3-2-2(1)の表3-3行8の議事録で、災害復旧事業に対する環境影響評価法適用のための法制定が必要という議論がされていることに対応したものである。ただし、第3章の分析によれば、国会での未成立法案、表3-3行8の議事以外では、国会会議録、地方議会の議事録でもこの論点の指摘は確認できない。

(2) S評価手法からみた災害復旧事業に対する環境影響評価法適用の整理
① 対応必要性の確認

災害復旧事業に対する環境影響評価法適用については、全災害復旧事業に対して環境影響評価法を適用するのであれば、正義性基準は満たすと整理できる。これに対して、効率性基準については、環境影響評価法を適用すると事業実施のための様々な費用がかかることが想定されることから、効率性という観点からはマイナスとなる可能性がある。

よって、災害復旧事業に対する環境影響評価法適用については、対応必要性について疑義があり、仮に効率性基準が満たされる場合という一定の条件付き

表 5-26 　S 評価手法からみた災害復旧へのアセス法適用の対応必要性と実現可能性

A	B		C	D	E	F	G	H	I	J	K
今後の対応必要性	決定者				対象者（臨時的措置は被災地、恒久化対応は全国）			関心の強さ（記号の数）		決定者・対象者の関心の分類	S 評価手法からみた実現可能性
	中央省庁			国会	地方公共団体	利益団体（業界団体）	住民（国民）	決定者	対象者		
	所管省庁	財務省									
災害復旧事業に対する環境影響評価法適用	△：全災害復旧事業に対して環境影響評価法を適用すれば正義性基準には合致する、しかし、災害復旧事業に対して環境影響評価法を適用することによって、事業実施の費用がかさむことから、効率性基準に反する可能性がある	○○（環境省）××（国土交通省、農林水産省等）	-	××	××	××	-	4	4	I	×

（備考）列 A の△は今後の対応必要性が低いという意味である。列 K の×は S 評価手法からみて実現可能性が低いという意味である。濃いグレーのセルは拒否権プレーヤーを意味する。

で検討するという留保づきで以下の分析を進める。論理的には効率性基準を満たさないことを踏まえて、表 5-26 では「△」と記載している。

② 　アジェンダ設定の可能性

　将来の大災害の発生から 3 年以内であれば、4-2-2(3)で設定した基準に基づき、復興交付金の創設に関するアジェンダ設定は容易と整理される。

　一方で、各主体間の調整が難しく、将来の時点で大災害が発生し、それから 3 年以上経過してしまった場合においては、アジェンダ設定が困難であることから、法制定のためのアジェンド設定には何らかの工夫が必要になる。

③ 　改善方針の推定

　災害復旧事業に対する環境影響評価法の適用については、表 1-1 の各主体の選好の基準を踏まえると、所管省庁である環境省にとって恒久的な法制定等なので、実現に向けて強い関心を持つ。ただし、環境影響評価法は通常の法律とは異なり、国土交通省、農林水産省など公共事業を所管する省庁からみて、手続きを増加させる内容を持っていることから、これら国土交通省等は所管省庁ではないものの例外的に実現を阻止する方向で大きな関心を持つ。この点を表 5-26 の列 B では「○○（環境省）」と「××（国土交通省、農林水産省等）」と記載している。

　財務省は、財政支出に関係しないので、関心を持たない。これを列 C では

5　恒久的な対応などが未措置の事項についての課題及び改善策に関する分析

「-」で示している。国会は、後述のとおり、業界団体が実現を阻止する方向で大きな関心を持つので、実現を阻止する方向で大きな関心を持つとともに、拒否権プレーヤーとなる。この点を表5-26の列Dでは、「××」と記載するとともに、濃いグレーのセルで示している。

対象者側としては、まず、利益団体は、公共事業を実施することについて手続きを追加することになり、業界の収益構造にマイナスの影響を持つことから、表1-1の基準に従い、実現を阻止する方向で大きな関心を持つ。これを受けて、地方公共団体も実現を阻止する方向で大きな関心を持っている。これについて、表5-26の列E及び列Fで、「××」と記載している。

住民はお金の配分に関係がないので関心を持たない。これを列Gで「-」と示している。

次に、各主体における選好を踏まえた、実現可能性を分析する。

その基準は、2-2-2(3)で示したとおり、決定者、対象者の関心の強度を、それぞれの記号の数でまず集計する。

決定者側では列Bの「○○」と列Dの「××」があるので、合計で列Hの決定者の記号の数の合計は4、対象者側は、列Eから列Gまでの記号の合計は4なので、列Iは4となる。この結果を表2-6に当てはめるとIの分類となり、S評価手法からみて、実現が困難と判断される。これらの分析結果については、表5-26の列Hから列Kで示している。

また、①に述べたとおり、災害復旧事業に対する環境影響評価法の適用は効率性基準に適合するかについて明確には整理できない。

特に、国会がいわゆる「拒否権プレーヤー」であることから、大災害が発生した場合であっても、災害復旧事業の実施に伴い環境影響評価法を適用するという法制定を実現することは調整が極めて困難と想定される。

一方で、例外的な状況として、大災害の際の災害復旧事業の実施について環境への極めて重大かつ切迫した事情が発生した場合が絶対ないとはいえないので、緊急のニーズに対応した、とりあえずの漸進主義的改善としての改善策は検討課題となりえると考える。しかし、抜本的改善の必要性については、現時点では明らかにできない。

その内容は表5-27のとおりである。以下、具体的な改善方針について分析を進める。なお、表5-27の列B、列Cの具体的な内容は次の節で述べる。

表 5-27　災害復旧事業に対する環境影響評価法適用に関する改善方針のまとめ

	A	B	C
	改善策の実現性	漸進主義的改善	抜本的改善
災害復旧事業に環境影響評価法適用	災害復旧事業を実施の業界の実現阻止の方向での強い関心、そして国会が拒否権プレーヤーとなることから、調整が難しい	環境保全のために重大かつ切迫な事情が発生した場合の対策を検討	

(3) 災害復旧事業に対する環境影響評価法適用の改善策

　現時点において、災害復旧事業に対する環境影響評価法適用をすべきかどうかについては、(2)で述べたとおり、S評価手法に基づく効率性基準に適合しない可能性があり、具体的に改善策を講じるのが望ましいとは整理できない。

　仮に、将来の大災害の際の災害復旧事業によって、環境に極めて大きな悪影響を生じるという具体的な事実に直面した場合には、迅速に対応する必要があることから、例えば、国会といういわゆる「拒否権プレーヤー」の関心が阻害要因とならにように、法制定ではなく、環境省から超法規的通知を発出して、被災地の都道府県環境部局に環境影響評価法類似の手続を災害復旧事業に対してとることを求めるといった方法が検討に値すると考える。

5-9　第5章の小括

　第5章においては、第2章で抽出した「東日本大震災の際に講じられた法制定等で恒久化対応がされていない事項」と、第3章で抽出した「東日本大震災時に議論になったにも関わらず法制定等が行われなかった事項」について、第4章で組織関係の修正に係る論点の分析を踏まえて、課題を整理した上で、S評価手法に基づき、対応必要性、アジェンダ設定可能性を確認して、事項ごとの改善方針に関する知見を得た。

　また、その設定方針に基づいて、具体的な改善策について論じた。

　具体的には、「復旧・復興期における内閣総理大臣の強い調整権限」については、S評価手法の評価に基づき、財務省の実現を阻止する方向での関心をおさえ調整を容易にするため、対象となる災害を限定した漸進主義的な改善と恒

5 恒久的な対応などが未措置の事項についての課題及び改善策に関する分析

久的な対応としての抜本的な改善という2つに分けた改善方針を明らかにした。これを踏まえて、漸進主義的な改善策としては、将来の大災害には際の復興庁と同等の組織を創設することを、抜本的な改善としての恒久的な復旧・復興対策組織を創設することを論じた。

「簡易住宅」については、Ｓ評価手法に基づけば実現可能性が高いものの、所管省庁が不明確であるとの課題を明らかにした。その上で、災害救助法に基づく応急仮設住宅と公営住宅法に基づく災害公営住宅という2つの法制度を前提にした改善方針を漸進主義的な改善として提案し、さらに、新しい予算制度の創設など現在の法律にとらわれない新しい法制度を抜本的な改善として明らかにした。これらの改善方式に基づき、具体的な法制定の案についても、漸進主義的な改善として、兼用工作物方式、接続方式に分けて具体的な法律の条文レベルでの修正案まで踏み込んだ知見を得た。同様に、抜本的改善としては新しい公物管理方式について、新しい法案の内容まで踏み込んで分析を行った。

「復興特区法の規制緩和措置」については、実績があるもののうち、予算、税制措置に一体化しているものとそれ以外を区別して、予算、税制措置と一体化していないものは、Ｓ評価手法からみて対応必要性があり、また、各主体の関心が小さく実現可能性が高く、一度に恒久的な改善を行うことを方針として明らかにした。予算、税制措置と一体化している特例については、財政負担を伴うことから正義性基準に一般的に合致するとはいえず対応必要性について課題があること、さらに、財務省がいわゆる「拒否権プレーヤー」になることから、仮に、正義性基準が満たされるとしても、対象、時期を限定して財務省の関心を小さくする漸進主義的な改善と、抜本的な改善とに分けて行うべきという改善方針を明らかにした。

「用地取得制度の改善」については、Ｓ評価手法に基づけば対応必要性はあり、また、実現可能性も高いことを明らかにした。その上で、現在の未成立法案のうち法制定を困難にしている部分として用地委員会という仕組みがあることを明らかにして、用地委員会の部分を削除して実現可能性が高くなる法案についての知見を得た。

「建築制限特例法」と「二段階仮換地指定通知」については、いずれも、東日本大震災の津波被災地という、当分の間住宅等の建築が期待できなかった状況を前提にしているという知見を得た。

その上で、将来の大災害の際にも、第一に、津波による被災地であること、

第二に、津波の被災地であっても被災の状況からみて東日本大震災の際の同様に当分の間住宅等の建築が期待できない状況であることの２点を個別に確認することが必要であることを明らかにした。具体的な対応策としては、建築制限特例法は、将来の大災害の発生時にこの２つの要件を確認した上で、法制定をすることが、二段階仮換地指定通知はこの２つの要件を確認した上で通知を発出することが将来の大災害が、ともに適切であることを明らかにした。

　「被災者生活再建支援金の増額」と「復興交付金計画」については、Ｓ評価手法からみて、正義性基準を満たす結論を得るのが困難であり対応必要性に疑義があること、さらに、財務省がいわゆる「拒否権プレーヤー」となることを示したうえで、将来の大災害の際に、その災害に特化した形での対応を検討すること漸進主義的改善として明らかした。さらに、抜本的改善として、正義性基準などについて災害時の他の財政支出を含めた総合的な議論をすることが適当であるとした。

　災害復旧事業の環境影響評価法適用については、Ｓ評価手法からみて、効率性基準に合致するかについての議論があり、また、利益団体の実現阻止の方向で大きな関心を持つことなどから、法制定の実現可能性が低いと整理した。その上で、将来の大災害時に環境に悪影響があるという切迫した事態が発生した場合には、超法規的通知の発出が実現可能性のある選択肢であるという知見を得た。

6 結　論

6-1　これまでに論述した未措置事項の課題及び改善策のまとめ

6-1-1　東日本大震災時及びその後の法制定等の包括的実態把握

　本書で第一の目的とした項目は、1-1において述べたとおり、国会議事録、地方議会議事録などを用いて、東日本大震災に対応した法制定等、さらに、その後の将来の大災害に備えた恒久的な対応としての法制定等を包括的に把握することであった。

　これについては、2-5に示した表2-13と、3-3に示した表3-7で示すとおり、包括的かつ正確に把握することができた。

　以下、表2-13と表3-7を理解の便のため再掲する。

6-1-2　S評価手法に基づく実態把握結果の評価

　本書で第二の目的とした項目は、独自の評価手法の設定に基づいた法制定等の実態把握結果の評価であった。これについては、以下に述べるとおり、独自の評価手法として設定したS評価手法による実態評価と、S評価手法による推定と実態とが食い違った事項における特殊事情を明らかにした。

(1) S評価手法による実態評価の全体像

　東日本大震災の際及びその後の恒久的な対応としての法制定等について、S評価手法に基づく評価を行った。第2章、第3章において述べているが、それを、再度、整理したものが、表6-1、表6-2、表6-3の列AからGである。

(2) S評価手法による実態への説明能力

　第2章及び第3章において、個別の項目ごとにS評価手法による推定結果と実際の法制定等との成立・未成立の結果から、その説明能力を説明してきている。

　これを再掲しているのが、表6-1、表6-2、表6-3の列Eである。

　このうち、「○」と記載されている項目が、決定者・対象者の関心の分類か

(参考)「表2-13 東日本大震災時の法制定等及びそれ以降の恒久化対応」の再掲

	A	B		C	D		E	F
	緊急事態期			応急期			復旧・復興期	
	臨時的措置	恒久的な対応		臨時的措置	恒久的な対応		臨時的措置	恒久的な対応
1	内閣府通知データで掲載されいる超法規的通知の発出		1	2011年災害弔慰金法改正(災害援護資金の金利引き下げ)	2018年災害弔慰金法改正(条例で金利引き下げ可能規定の創設)	1	復興基本法	2013年大規模災害復興法
2		2013年災対法改正(医療施設特例、墓埋法特例等)	2		2013年災対法改正(避難所環境整備の基本原則)	2	復興庁設置法	
3		2015年廃棄物処理法改正(廃棄物処理施設の手続簡素化)	3		2013年災害救助法改正(応援都道府県への国の立替)	3	復興特区法(推進計画のうち水産業復興特区)	2018年漁業法改正(法定の既存組合等の優先順位の削除)
4	外国人医師に対する医師法特例通知の発出		4		2018年災害救助法改正(救助実施市規定創設)	4	復興特区法(推進計画のうち水産業復興特区以外)	
5	補助国道を国が道路啓開することを認める通知発出	2020年の道路法改正(国の道路啓開代行規定)	5		2011年災害弔慰金法改正(遺族に兄弟姉妹追加、差し押さえ禁止規定創設)	5	復興特区法(整備計画)	2013年大規模災害復興法(環境影響法特例を除く)
6		2013年災対法改正(避難所、応急仮設住宅に対する消防法の特例)	6		2011年災害弔慰金法改正(市町村の保証債務放棄可能に)	6	復興特区法(交付金計画)	
7		2013年災対法改正(国による都道府県の応急措置の代行)	7		2011年被災者生活再建支援金改正(差し押さえ禁止規定創設)	7	災害復旧工事代行法	2013年大規模災害復興法
8		2013年港湾法改正(国土交通大臣による緊急確保航路内の物件収用)	8		2020年被災者生活再建支援法改正(中規模半壊を対象化)	8	廃棄物処理代行法	2015年災対法及び廃棄物処理法改正(国による処理代行)
9		2014年海岸法改正(災害時における海岸管理者による土地使用、物件収用)	9		2021年自然災害義援金に係る差押禁止等に関する法律制定	9	津波地域づくりに関する法律(一団地の津波防災拠点市街地形成施設)	2013年大規模災害復興法(一団地の復興拠点市街地形成施設)
10		2016年海上交通安全法改正(災害時における海上保安庁長官による船舶の航行制限等)	10		2016年漁業損害等保障法改正(全国単位の保険組合設立可能)	10	建築制限特例法	
11		2014年災対法改正(災害時における道路管理者による車両の移動)	11			11	土地改良法の特例	2017年土地改良法改正(除塩事業を復旧事業の対象化)
			12			12	二段階仮換地指定通知(2014.1.30)	
						13		2013年大規模災害復興法(都市計画代行)
						14		2013年大規模な災害の被災地における借地借家に関する特別措置法(被災地短期借地権の創設)
						15		2013年被災区分所有建物の再建等に関する特別措置法改正(滅失売却制度の創設)

(備考)列Aと列B、列Cと列D、列Eと列Fは、それぞれの行ごとに横にみて同じ項目を扱っている。ただし、これを越えて、列A列Bと列C列D、さらに列E列Fの相互には横に見て行ごとの関連性はない。

6 結　論

(参考)「表 3-7　東日本大震災時に議論になった法制定に関する事項」の再掲

A	B		C	D		E	F
緊急事態期			応急期			復旧・復興期	
議会要望	法制定		議会要望	法制定		議会要望	法制定等
1	国会の議論（国の直轄代行）	道路法等改正	1	地方議会の議論（災害救助法の政令市への権限委譲）	災害救助法改正	1	国会の議論（5戸以上の小規模団地の収用権等）	復興特区法等改正
2	地方議会の議論（内閣総理大臣の調整権限（緊急事態期・応急期））	災害対策基本法改正	2	地方議会の議論（災害弔慰金の支払い対象拡大）	災害弔慰金法改正	2	地方議会の議論（5戸以上の小規模団地の収用権等）	復興特区法等改正
3	地方議会の議論（内閣総理大臣の調整権限（復旧・復興期））		3	国会未成立法案（被災者生活再建支援金の拡充）		3	地方議会の議論（復興特区法）	復興特区法制定
			4	国会未成立法案（災害弔慰金の支給に国の基準創設）		4	地方議会（防災集団移転用地等への農地売却による農業者返金基金の継続）	農業者年金基金からの通知発出
			5	国会の議論（被災者生活再建支援金の拡充）		5	国会の未成立法案（用地委員会による簡易な手続による権利取得）	
			6	地方議会の議論（被災者生活再建支援金の拡充）		6	国会の議論（用地委員会による簡易な手続による権利取得）	
						7	国会の議論（20年程度の寿命の簡易住宅の供給）	
						8	国会の議論（大規模災害復興法の規制緩和内容の充実）	
						9	国会の議論（災害復旧事業に環境影響評価法適用）	
						10	地方議会の議論（用地委員会による用地取得）	

（備考）列 A と列 B、列 C と列 D、列 E と列 F は、それぞれの行ごとに横にみて同じ項目を扱っている。ただし、これを越えて、列 A 列 B と列 C 列 D、さらに列 E 列 F の相互には横に見て行ごとの関連性はない。

らいって II から IV の分類に属しており、かつ、拒否権プレーヤーが存在しないことから S 評価手法においては、実現容易と評価され、現実にも実現した項目であり、40項目中28項目（7割）が、これに該当する。

これに対して、決定者・対象者の関心の分類からいって I の分類に属する、又は、「拒否権プレーヤー」が存在するため、S 評価手法による推定では実現が困難としているにもかかわらず、実現しているものが3項目存在する。これは表6-2の行4、行8と表6-3の行2であり、それぞれの表の列 E で「×↑」と表示している。

215

さらに、決定者・対象者の関心の分類からいってⅡからⅣの分類に属しており、かつ、「拒否権プレーヤー」が存在しないことから、Ｓ評価手法では実現可能と評価しているにもかかわらず、現実には、実現していない項目が８項目存在する。これは、表6-1の行4、行6、行7、表6-2の行13、表6-3の行8、行9、行14、行16であり、それぞれの表の列Ｅで「×↓」で表示している。
　この結果をみると、Ｓ評価手法による推定では、実現困難としたもので実現したものは３項目と限定的であるのに対して、実現可能としたにもかかわらず実現しなかったものが９項目であり、この結果から、Ｓ評価手法による推定は、実現のための最低限の条件、必要条件の性格に近いと整理できる。
　さらに、Ｓ評価手法によっては、実現が困難とされたにもかかわらず、実際は実現した項目について、その実現に貢献した可能性のある特殊事情を抽出することは、今後、実現が難しい項目を実現につなげていくための重要な情報となるとともに、逆に、Ｓ評価手法によって実現可能と推定したにもかかわらず、実際には実現しなかった項目の特殊事情は、今後法制定等の実現に向けて解決すべき課題として有益な情報になっている。
　なお、「アジェンダ設定の可能性」については、表6-2、表6-3、表6-4を通じて、その実績との関係をみると、法制定について国会提出が発災後３年以内であればすべてが実現し、３年よりあとであっても、１つの例外（表6-3行14の用地委員会による用地取得）以外はすべて実現している。このため、アジェンダ設定の可能性は、実際の実現可能性を評価する指標としては用いることはできない。しかし、今後の改善方針を論じる上で、法制定等の検討が大災害が発生してから３年より後になった場合には、それぞれの項目で把握された特段の工夫がいるという観点を提示するものとして意味がある。このため、「アジェンダ設定の可能性」はＳ評価手法の参考資料として分析に活用する。
　以下、Ｓ評価手法による推定とは異なった結果となった項目に着目して、特殊事情を確認していく。

(3) Ｓ評価手法の推定結果と実績が異なった事項の特殊事情
　最初に、Ｓ評価手法による推定では実現が困難としているにもかかわらず、実現しているものが３項目（表6-2の行4、行8、表6-3の行2の項目）について、実現につながった特殊事情を再度確認する。

6 結　論

① 実現可能性が低いと推定されたにもかかわらず実現した項目の特殊事情

第一に、表6-2行4の災害援護資金の条例委任を内容とする法制定は、2-3-3(4)で述べたとおり、地方分権の枠組に位置付けることで、2018年改正という東日本大震災から7年を経過した時点にもかかわらずアジェンダ設定を容易にするとともいに、各主体が関心が高く本来は調整が困難であるにもかかわらず調整を容易にした結果、S評価手法では実現が困難と推定する内容にもかかわらず、実現した可能性が高い。

このように、大災害対応とは別の政策目的に位置付けるというのが、実現可能性を高める1つの方法である。

なお、表6-1行5の道路啓開代行特例は、本節の実現可能性が低いと想定された事項ではないものの、2-2-3(4)①で述べたとおり、道路民間開放という災害対応とは別の政策目的の法制定の中に災害時の道路啓開特例を入れ込んで、法制定の最初のステップであるアジェンダ設定を可能にした例となっており、他の政策目的に関連した事例として参考になる。

第二に、表6-2行8の被災者生活再建支援金の対象に中規模半壊を追加した改正である。これは2-3-3(4)で述べたとおり、全国知事会が継続的に要望を国に対して行い、直接、内閣総理大臣に要望を伝えるなどの対応が、実現につながった可能性がある。

このタイプのように、地方公共団体などが継続的に要望活動を続けることも実現可能性を高める1つの方法である。

なお、表6-2行6の政令指定都市を災害救助の実施主体とすることを可能とする法制定については、各主体との調整は容易であるものの法制定が2018年と東日本大震災から7年後になっている。これについても、2-3-3(4)①で述べたとおり、仙台市長の国への持続的な要望によってアジェンダ設定を可能にした例となっている。

第三は、表6-3行2の復興特区法である。これは、2-4-3(4)に述べたとおり、まず、復興基本法を制定し、そのなかで特区制度を作る方針のみを規定し、その後にさらに各アクターと調整を行って、復興特区法を制定するという2回、政策サイクルが回ったことが実現につながったと考えられる。

この、1回目の方針を定める規定を法制定で制定し、それを契機として、次の法制定につなげる、方針先行型というのも実現可能性を高める1つの方法と推定される。

以上のとおり、S評価方法による推定結果よりも、各アクター相互の調整を円滑にして法制定の実現可能性を高める特殊事情として、
　第一に、中央省庁など政策決定主体が実施可能な対応として、
　　a）災害対応以外の他の政策目的への位置付け
　　b）方針のみを内容とする法制定を最初に行い、その次に具体的な法制定を行う、方針先行型法制定
の2つが確認できた。
　第二に、法制定等の対象者となる側の対応として、
　　c）地方公共団体（全国知事会など地方団体を含む）などによる持続的な要望活動
が確認できる。

② **実現可能性が高いと推定されたにもかかわらず実現しなかった項目の特殊事情**

　次に、S評価手法によって推定した結果、実現可能性が高いとされたにもかかわらず、実際には実現していない項目（表6-1の行4、行6、行7、表6-2の行13、表6-3の行8、行9、行14、行16、行19）の8項目について述べる。
　第一に、所管省庁の数から分析すると、表6-1の行6、表6-3の行8、行9、行16の4つの事項について、所管省庁が複数である。特に、表6-1の行6と表6-3の行16の事項は、対応する所管省庁が複数だけでなく、そもそも、不明確であった事実が、通知文本体[81]及び国会会議録[82]から確認できる。
　一方で、実質的に複数の所管省庁に関係する特例事項を設けていても法制定等が実現した項目（表6-3の行2、行7）もあることから、単に所管省庁が複数だけであれば実現できないわけではないものの、主体性を発揮する省庁が不明などの理由が追加的に存在すると調整が困難になると考えられる。
　第二に、表6-3行19の内閣総理大臣の調整権限強化（復旧・復興期）について、5-2-2(2)③で述べたとおり、内閣府など総合調整官庁が法制定をすることから所管省庁は1つであるものの、調整権限の強化によって、他の中央省庁は権限が実質的に縮小するので、実際、複数の省庁が所管しているのと同等に他

---

(81) 4-3-5(2)で複数省庁が通知文の主体となっていることを明らかにした。これは所管省庁が明確でなかった可能性を示す。
(82) 5-3-1(3)で具体的に内閣府防災担当と国土交通省の関係者がそれぞれ答弁したことを明らかにした。これは担当省庁が明確でなかった証左でもある。

の中央省庁は実現を阻止する方向で大きな関心を持つことになり、結果として調整が難しいと想定される。また、財務省が、予算調整権を内閣総理大臣が持つことに対して懸念を示す可能性もある。

　この点に関しては、2011年10月に中央省庁間で調整されて内閣提出された復興庁設置法案について、十分な内閣総理大臣権限が規定されていないことが議論となり、議員修正された事実からも確認できる。具体的には、内閣提出の復興庁設置法案では単に内閣総理大臣が他の省庁への意見を提出できることになっていたことに加えて、意見を受けた省庁はその意見を尊重する義務があると法文に追加したこと、さらに、復興庁に予算一括要求権、計上権という権限を法文に明記した。このことからみても、中央省庁レベルで内閣総理大臣の調整権限を強化することが困難なことがわかる。この項目は「潜在的複数省庁事項」ともいえる。

　第三に、表6-2の行13については、災害関連死の判定基準を明確化すること自体には意見の違いは生じにくいものの、災害関連死の判定は重要かつ微妙な判断となり、また、異論がある遺族からの訴訟も予想される。このため、その判定基準の策定責任を国と地方公共団体のどちらが責任を持つべきか、ということが論点になりうる。この点については、表4-23行6で引用したとおり、国会での議論において、「災害関連死の判定基準について、より柔軟に認定すべき」との質問に対して、東日本大震災当時の災害弔慰金法所管の大臣である厚生労働大臣が、「市町村に指導してまいりたい」として、「国の問題でない」という趣旨の答弁をした点からも確認できる。このように内容自体は問題ないが自らは責任をたくなくないというタイプの事項は、S評価手法による推定結果では関係者の関心が小さく実現可能性が高いと推定されても、調整が難航することが想定される。これは、いわば「消極的権限争議事項」[83]ということができる。

　第四は、表6-3行13の事項で、県に用地委員会を設置することを内容に含んでいてそれによって本来の用地取得制度と関係ない部分での反発をまねいた

---

(83)　消極的権限争議とは法律学上の用語である。権限争議の定義としては、「国家・公共団体の機関相互の権限の争いをいう。互いに権限を主張する積極的権限争議と、いずれも権限がないと主張する消極的権限争議の2種類がある。」とされる。(日本大百科全書(ニッポニカ)、JapanKnowledge、https://japanknowledge.com、(最終閲覧2023年12月24日))

可能性のある事項である。表6-13行14の用地取得制度の改善は用地委員会の内容に含んでおらず、これは成立していることからも、用地委員会という新しい組織提案は、S評価手法の推定結果では実現可能性が高いとされたにもかかわらず、実現を難しくする要因となった可能性がある。これは、いわば本来は必ずしも必要のないものを含んでいて、それが反発をまねいた項目である。

なお、表6-1の行4、行7の災害時の民間医療施設、薬局等の設置円滑化などのための医療法、薬機法の特例については、具体的に実現を阻止する可能性のある事実関係を確認できなかった。

以上のとおり、S評価方法による推定結果では実現可能でありながら実際には実現を難しくする特殊事情としては、

  a) 所管省庁が複数であり、さらに、所管省庁が不明確である場合
  b) 所管省庁は1つでありながら、影響を受けると考える省庁が複数ある場合（「潜在的複数省庁事項」）
  c) 内容については異論がないものの、国と地方公共団体など各アクターが自ら責任をとることを避ける場合（「消極的権限争議事項」）
  d) 本来の趣旨では必ずしも必須でない内容を追加してそれが反発を生じさせたもの

の4つが確認できた。

以上のとおり、第2章、第3章で把握した東日本大震災時及びその後の法制定等の実態について、S評価手法による評価を加えることによって、その実現した事項及び実現していない事項を構造化して分析することができた。

これを踏まえて、第4章、第5章では、S評価手法による評価を踏まえて、改善方針を設定し、それに基づいて具体的な改善策を論じている。以下、改善策の具体的な内容について、まとめて論じる。

6-1-3　S評価手法を踏まえた改善策

本書の第三の目的とした項目は、恒久化対応がなされていない法制定等と、東日本大震災の際に議論されたものの法制定等が行われていない事項について、実態に対する評価で用いた独自の評価手法を活用して、対応必要性、アジェンダ設定の可能性を確認し、改善方針を設定すること、さらにその改善方針に基づいて具体的な改善策を論じることであった。これについては、以下のとおり、S評価手法による改善策の全体像を明らかにした上で、特に、S評価

6 結論

表6-1　S評価手法に基づく推定結果と改善策（緊急事態期）

	A	B	C	D	E	F	G	H	I	J
	実態把握結果						改善策			
	アジェンダ設定	拒否権プレーヤーの有無	決定・対象者の関心の分類	成立未成立	S評価手法の説明能力	個別事情	対応必要性	S評価手法からみた実現可能性	漸進主義的改善	抜本的改善
1 超法規的通知の発出	□		Ⅳ	○	○		□	●	超法規的通知に訴訟に負けないための要件又は類推適用する条文の明記	
2 埋葬法特例	□		Ⅳ	○	○					
3 医療施設設置特例（地方公共団体設置病院）	□		Ⅳ	○	○					
4 医療施設設置特例（民間設置病院）			Ⅳ	×	×↓		□	●	災対法を改正して、地方公共団体設置の医療施設の特例と同様の特例を規定する	
5 道路啓開代行特例	△		Ⅳ	○	○					
6 損壊家屋等の撤去特例			Ⅳ	×	×↓	所管省庁が不明確	□	●	災対法の問題＝内閣府防災担当の所掌と整理し、必要な災対法改正を行う	
7 薬機法特例			Ⅳ	×	×↓		□	●	医療施設の特例と同様の特例を災対法に規定する	
8 外国人医師特例		●	Ⅰ	×	○		□	×	時期、対象などを戦争同等などに限定して、業界団体の実現阻止の関心を小さくして法制定を行う	戦争同等以外の災害に対しても拡充する。
9 内閣総理大臣の調整権限強化（緊急事態期・応急期）	□		Ⅳ							
10 新しい国の代行制度			Ⅳ				□		緊急事態期での代行制度には法改正の時間的余裕がないので代行を超法規的通知で実施	発災後3年以内に法制度に位置付け

（備考）列Aの□はアジェンダ設定が□は東日本大震災の発災後3年以内で提案されたこと、△は3年よりのちに提案されたこと、空欄はアジェンタ設定がされていないこと、すなわち国会提出が行われていないことを意味する。列Bの●は拒否権プレーヤーがいることを、空欄は拒否権プレーヤーがいないことを意味する。列Cの記載は、表1-4の区分を意味する。列Dの○は法制定等が成立したことを、×は未成立なこと、空欄は政策立案の検討段階までいっていないことを意味する。列Eの○はS評価手法の推計を成立・未成立が同じことを、×↓はS評価手法であれば成立と推測したのに対して、実際には未成立であることを、○↑はS評価手法であれば未成立と推計したにもかかわらず、実際には成立したこと、空欄は政策立案の検討までいっていないことから説明能力の評価対象外であることを意味する。列Gの□は対応必要性が高いことを、△は対応必要性がないまたは低いことを意味している。列Hの●はS評価手法からみた実現可能性が高いことを、×は実現可能性が低いことを意味している。以上の備考は表6-2、6-3で同じ。

手法によるステップごとの推定結果を明らかにした。

(1) S評価手法を踏まえた改善策の全体像

　東日本大震災の際及びその後の恒久的な対応としての法制定等に関し、臨時的措置がなされたものの恒久化対応がされていない事項、さらに、国会又は地

表6-2 S評価手法に基づく推定結果と改善策（応急期）

		A	B	C	D	E	F	G	H	I	J
			実態把握結果						改善策		
		アジェンダ設定	拒否権プレーヤーの有無	決定者・対象者の関心の分類	成立未成立	S評価法の説明能力	個別事情	対応必要性	S評価手法からみた実現可能性	漸進主義的改善	抜本的改善
1	災害弔慰金改正（支払い対象に兄弟姉妹追加）	□		II	○	○					
2	被災者生活再建支援金改正等（差し押さえ禁止）	□		II	○	○					
3	災害援護資金の金利引き下げ（東日本大震災のみ）	□		II	○	○					
4	災害援護資金の金利を条例委任	△		I	○	×↑	地方分権改革入れ込み				
5	災害救助法改正（国の立替弁済）	□		IV	○	○					
6	災害救助法改正（救助実施市）	△		IV	○	○					
7	災害弔慰金改正（市町村の保証債務放棄）	△		III	○	○					
8	被災者生活再建支援金改正（中規模半壊を対象）	△	●	I	○	×↑	持続的な知事会要望				
9	漁船損害等保険改正	□		IV	○	○					
10	自然災害義援金の差し押さえ禁止	□		II	○	○					
11	被災者生活再建支援金の増額	△	●	I	×	○		△	×	将来の大災害の際にその災害に特化した形で支給額の増額を検討	他の大災害の際の財政支出を含めた議論のなかで整理を検討
12	災害弔慰金の条例制定手続省略			IV				□	●	条例制定義務付けを削除し、基本的枠組は法律で規定、条例で上乗せを可能とする	
13	災害弔慰金の参酌基準	△		III	×	×↓	国と地方の消極的権限争議	□	●	災害弔慰金の条例制定手続省略改正と一体的に参酌基準創設	

6 結論

表6-3 S評価手法に基づく推定結果と改善策（復旧・復興期）

		A	B	C	D	E	F	G	H	I	J
			実態把握結果					改善策			
		アジェンダ設定	拒否権プレーヤーの有無	決定者・対象者の関心の分類	成立未成立	S評価手法の説明能力	個別事情	対応必要性	S評価手法からみた実現可能性	漸進主義的改善	抜本的改善
1	復興基本法	□		II	○	○				行7の大規模災害復興法に同じ	
2	復興特区法	□		I	○	×↑	復興基本法で特区をつくることを先に規定			行7の大規模災害復興法、行8、9の規制緩和措置と同じ	
3	復興庁設置法	□		II	○	○				行18の内閣総理大臣の調整権限と同じ	
4	全国適用の復興特区法		●	I	×					行7の大規模災害復興法、行8、9の規制緩和措置と同じ	
5	被災地短期借地権	□		IV							
6	被災地区分所有権	□		IV							
7	大規模災害復興法（復興事業制度）	□		IV							
8	予算、税制措置がない規制緩和措置			IV	×	×↓		□	●	大規模災害復興法に規制緩和措置を追加する	
9	復興整備事業に対するアセス法特例			IV	×	×↓		△	×	将来の大災害に特化した形で実現することを検討する	将来の大災害の際の環境への影響を踏まえて検討
10	予算、税制措置がついた規制緩和措置		●	I	○	○		△	×	将来の大災害が発生した際に予算、税制の伴う規制緩和措置を、当該災害に特化した形で実現することを検討する	大災害の際の他の財政支出を含めて議論のなかで整理を検討
11	復興交付金計画		●	I	○	○		△	×	将来の大災害が発生した際に当該災害に特化した形で実現することを検討する	大災害の際の他の財政支出を含めて議論のなかで整理を検討
12	建築制限特例法			IV	○	○		△	●	将来の津波による大災害の際に建築制限特例法を制定	
13	二段階仮換地指定通知	△		IV	○	○		△	●	将来の津波による大災害の際に二段階仮換地通知を発出	
14	用地委員会による用地取得	△		IV	×	×↓	用地委員会という新しい県の組織創設がネック	□	●	収用対象事業を都市施設に限定し、かつ、用地委員会を都道府県知事に変更して実現する。	
15	5戸以上の小規模団地に収用権等	△		IV							
16	20年寿命の簡易住宅			IV	×	×↓	内閣防災と国土交通省との間の所管が不明確	□	●	現行法を前提として兼用工作物方式、接続方式のための必要な法改正を実施	新しい公物管理法を制定して簡易住宅を位置付け、同時に新しい予算制度を創設

17	災害復旧事業への環境影響評価法適用	●	I	×	○		△	×	国会が拒否権プレーヤーなので、緊急に対応する必要がある場合には、環境省からの超法規的通知で対応することを検討
18	防災集団移転の農業者年金基金継続	□	IV		○				
19	内閣総理大臣の調整権限強化（復旧・復興時）		III	×	×↓	予算調整権まで含むと財務省が拒否権プレーヤー	□	●	将来の大災害が発生した際に、現行復興庁同等の予算一括計上権及び箇所付け権限をその災害に特化して創設	持続的な組織として、復旧・復興対策を所管する復興省庁を創設し、予算一括計上権、箇所付け権などの強い調整権限を創設
20	工場立地法の条例制定手続省略		IV				□	●	条例でなく市町村の規則又は指定での面積率等の指定規定を導入

方議会において法制定が議論された事項について、Ｓ評価手法を踏まえた改善策を、第 4 章、第 5 章において述べているが、それを、再度、整理したものが、表 6-1、表 6-2、表 6-3 の列 I、列 J である。

　なお、表 6-1、表 6-2、表 6-3 の列 G から J 列にまとめて斜線が引かれている項目は、臨時的措置について、既に恒久的な対応がなされた事項（表 6-1 の行 2、行 3、表 6-2 の行 3、行 4、表 6-3 の行 7 が該当）、または当初から、臨時的措置ではなくて恒久的な対応が講じられている事項（表 6-1 の行 9、表 6-2 の行 1、行 2、行 5、行 6、行 7、行 9、行 10、表 6-3 の行 5、行 6、行 15 が該当）を意味している。

(2) Ｓ評価手法による改善方針の推定と改善策の内容

　Ｓ評価手法に基づいて改善策を論じるステップについては、4-2-2(2)4 に述べたとおりであり、このステップに従って、第 4 章、第 5 章において、臨時的措置に止まっていて恒久的な対応が行われていない事項、国会又は地方議会で議論されたもののの未実現な事項の改善方針の推定と具体的な改善策を論じてきた。これを整理してまとめて述べると以下のとおりである。

① 対応必要性の確認

　対応必要性としては、表 6-1、表 6-2、表 6-3 の列 G のとおりである。

　東日本大震災の際に被災地で活用された実績のある事項は、基本的には対応必要性があるとして「□」で表示した。

　予算、税措置と一体化している事項（表 6-2 の行 11、表 6-3 の行 10、行 11）については、現在及び将来の財政支出を伴うことから、現時点でみれば被災者と税負担を行う他の国民、将来まで視点を広げれば、現世代と将来世代の負担

6 結　論

の分担など、公平性、すなわち正義性基準が一概に満たされるとはいえないと整理している。また、表6-3行9の復興整備事業に対する環境影響評価法特例は、環境影響評価法の適用除外によってマイナスの影響を受ける被災者と事業によってメリットを受ける被災者の間の正義性基準に基づく調整が必要となる。

　このため、これらの項目については仮に正義性基準が満たされた場合の検討課題という留保付きという限定で分析を進めている。

　表6-3行12、行13の津波被災地の権利制限に関する事項は、将来の災害時に具体的に建築行為が期待されない実態であることを確認しないと、正義性基準が満たされるかが判断できないので、留保つきと整理した。表6-3行16の災害復旧事業に環境影響評価法を適用することについても、災害復旧事業に対して追加手続きが必要となり効率性基準を満たさない可能性が否定できないので、この点も留保付きとした。

　なお、上記の対応必要性の確認は、実績の把握と正義性基準、効率性基準の形式的な当てはめで対応必要性を確認したものであるが、本書の分析の結果、4-4-2(1)で記述した、災害弔慰金法に基づく条例制定義務付け特例と、5-3-2(1)で記述した簡易住宅について、個別のデータに基づいて、より具体的な対応必要性が確認できている。

② アジェンダ設定の可能性

　改善方針を実現するためのアジェンダ設定は、将来の大災害が発生した際に抜本的な対応をする場合には容易と整理している。

　これに対して、漸進主義的な改善の次に抜本的な対応をする場合には、大災害が発生してから時間が経過しており、アジェンダ設定が困難になっている可能性が高い。

　これについては、表6-2の行4（災害援護資金の金利を条例委任）と行8（被災者生活再建支援金改正（中規模半壊を対象））の2つの「アジェンダ設定が困難な3年経過後にもかかわらずアジェンダ設定ができた事項」として確認でき、「災害対応以外の他の政策目的への位置付け」と「地方公共団体（全国知事会など地方団体を含む）の持続的な要望活動」の2つの方法が、大災害から時間経過後のアジェンダ設定を容易にした特殊事情として確認できている。

　また、表6-3行2の復興特区法自体は、2011年という東日本大震災から3年以内の成立で、アジェンダ設定が容易な時期に成立している。しかし、この

際に用いられた方針先行型法制定、すなわち、最初の漸進主義的改善のための法制定の際に、法律の附則で、将来、抜本的改善をすることを内容とする規定を置き、次の抜本的改善のための法制定を行う際のアジェンダ設定を容易したことが確認できる。

以上の特殊事情を踏まえると、「災害対応以外の他の政策目的への位置付け」「地方公共団体（全国知事会などの地方団体を含む）の持続的な要望活動」「方針先行型法制定」の3点が、大災害から時間が経過しアジェンダ設定が困難な時点において、アジェンダ設定を容易にするための手法として抽出することができる。これは、アジェンダ設定を実現するための貴重な知見と考える。

③ 改善方針の推定と改善策の検討

改善方針については、表6-1、表6-2、表6-3の列Hで記載しているS評価手法に基づく実現可能性を踏まえて、原則として、「実現可能性が高いと推定された項目については、将来の大災害の際に抜本的な改善までをまとめて行う案」を、「実現可能性が低いと推定された項目については、漸進主義的な改善と抜本的な改善の2段階に分けて改善する案」を、それぞれ示している。

その上で、そもそも、正義性基準などに合致しないおそれがあり、対応をとること自体に留保をつけている事項については、検討課題として、改善策を提示している

以下、それぞれの改善策のタイプ別に分けると以下のとおりである。

  a) 将来の大災害の際に、恒久的な対応まで、まとめて一度に行うとしたもの（表6-1の行1、行4、行6、行7、表6-2の行12、行13、表6-3の行8、行14、行20）

  b) 将来の大災害の際にまず漸進主義的な改善を行い、その後に抜本的な改善の2段階に分けて行うとしたもの（表6-1の行8、行10、表6-3の行16、行19）

  c) 正義性基準又は効率性基準が仮に満たされた場合における改善策を検討するもの（表6-2の行11、表6-3の行9から行12、行17）

この分類と、東日本大震災との実績と比較してみると、a)に分類された9項目については、東日本大震災の際には表6-1行1の超法規的通知発出以外は実現していないものの、将来の大災害の際には実現可能性も高い内容と推定されたことから、行1の超法規的通知の発出は具体的な運用改善策を、その他の項目についても、抜本的な改善策を示している。

6 結論

　これに対して、b)に分類された項目は、いずれも東日本大震災の際に、国会等で議論されたものの臨時的措置ですら実現していないものであることから、漸進主義的改善策自体が東日本大震災時での対応よりは一歩進んだ内容となっており、さらにこれに加えて、抜本的改善策を明らかにした。

　c)に分類された項目は、東日本大震災の際に臨時的措置を講じたものと、国会等で議論されたものの臨時的措置ですら講じられなかった項目に分かれる。前者の臨時的措置が講じられた4項目（表6-2行9、行11、行12、行13）については、検討課題として示した漸進主義的改善策の内容がほぼ東日本大震災の際の臨時的措置と同様であるが、将来の大災害の際に対応必要性を確認するためのポイントを明らかにした点に改善点がある。

　また、これらの4項目について抜本的改善策として明らかにした内容は実績にはない新しい提案である。これに対して、臨時的措置ですら実現していない項目（表6-2行8の被災者生活再建支援金の増額、表6-3行17の災害復旧事業への環境影響評価法適用）については、検討課題として、漸進主義的改善策、抜本的改善策を示したこと自体が新しい内容となっている。

　さらに、b)に分類された項目については、漸進主義的な改善策については、対象などを限定して各主体との調整が容易となるような内容になっているのに対して、その後に実施される抜本的な改善策は、各主体が実現を阻止する方向、実現を進める方向、いずれかに大きな関心を持つ内容となっている。この抜本的な改善策を実現するためには、6-1-2(3)で抽出した、「災害対応以外の他の政策目的への位置付け」「方針のみを内容とする法制定を最初に行い、その次に具体的な法制定を行う、方針先行型法制定」「地方公共団体（全国知事会など地方団体を含む）などによる持続的な要望活動」という、過去において実現が難しかった項目を実際には実現につなげた特殊事情を参考にした対応が必要となる。

　具体的には、3つの特殊事情のうち、「他の政策目的への位置付け」「地方公共団体等の持続的な要望活動」は、b)に分類された項目（表6-1の行8、行10、表6-3の行16、行19の4項目）の全てに適用可能である。

　これに対して、「方針先行型法制定」については、b)の項目のうち、表6-1行10の「新しい国の代行制度」は、緊急事態に生じた新しい政策ニーズに対応するため、漸進主義的改善が超法規的通知であり法制定でないので、方針を先行的に定める場合には法制定が前提になるので適用できない。しかし、その

他の3項目（表6-1行8の外国人医師特例、表6-3行16の20年寿命の簡易住宅、行19の内閣総理大臣の調整権限強化（復旧・復興期）は、いずれも漸進主義的改善策自体が法制定であることから適用が可能である。

具体的には、漸進主義的改善策である法制定の際に、他の法律でも実例があるとおり[84]、「政府は、一定期間内に恒久的な対応を講ずるものとする」、又は「講ずることを検討する」という趣旨の規定を附則におき、この方針規定を契機にして、恒久的な対応を実現していく形で、実現していくという内容が考えられる。

また、c)に分類された、正義性基準・効率性基準が一般的に満たされるとは確認できない事項についても、表6-2行11（被災者生活再建支援金の増額）、表6-3行10（予算、税制措置がついた規制緩和措置）、行11（復興交付金計画）は、漸進主義的改善と抜本的改善の2段階の改善が想定される。この場合の2段階目の改善にあたっては、b)で述べた「他の政策目的への位置付け」「地方公共団体等の持続的な要望活動」に加え「方針先行型法制定」の全てが当てはまるものである。

6-1-4　S評価手法に基づく改善策の時期・主体などに着目したまとめ

本書の第四の目的とした項目は、将来の大災害に備えて円滑な改善策の実施

---

[84] 例えば、平成23年度における子ども手当の支給等に関する特別措置法附則第2条では、「第二条　政府は、平成二十四年度以降の恒久的な子どものための金銭の給付の制度について、この法律に規定する子ども手当の額等を基に、児童手当法に所要の改正を行うことを基本として、法制上の措置を講ずるものとする。その際、全国的連合組織（地方自治法第二百六十三条の三第一項に規定する全国的連合組織で同項の規定による届出をしたものをいう）の代表者その他の関係者と十分に協議を行い、当該措置についてこれらの者の理解を得るよう努めるものとする。2　前項の法制上の措置を講ずるに当たっては、当該給付を受けようとする者の所得の額が一定の基準を超える場合に当該給付を制限する措置について、当該基準について検討を加えた上で、平成二十四年六月分以降の給付から適用することとし、併せて当該制限を受ける者に対する税制上又は財政上の措置等について検討を加え、所要の措置を講ずるものとする。線は筆者が追加）」と規定されている。また、恒久的な措置について述べたものではないものの、所有者不明土地法附則第2項で「政府は、この法律の施行後三年を経過した場合において、この法律の施行の状況について検討を加え、必要があると認めるときは、その結果に基づいて必要な措置を講ずるものとする。」と規定されており、この規定に基づいて施行後3年経過時改正を目指して、2022年2月4日に所有者不明土地法改正案が閣議決定されている。

が可能となるよう、独自の評価手法に基づいて論じた改善策について、「いつ」「誰が」「どのように」その改善策を実施するのか、という観点から整理することであった。

この点については、以下のとおり、S評価手法に基づく改善策を「いつ」「誰が」「どのように」改善策を実施するのか、という点を、以下の述べるとおり、明らかにした。

これによって、将来の大災害の際に、様々な決定主体が迅速かつ適切に法制定等を実現することが可能になる。また、将来の大災害の際には、本書において、東日本大震災の法制定等の実態から課題として把握した未実現事項だけでなく、新たな課題が発生することが当然想定される。これらの現時点で想定できない事項に対する改善策としても、以下の構造化された知見は有効である。

(1)「いつ」改善策を実施するのか？

本書では、法制定等に取り組むための政策アジェンダに載せる段階、すなわちアジェンダ設定の段階を重視しつつ、既に行われた法制定等の実態分析及び将来の大災害に対応した法制定等の改善方針を論じた。それぞれの項目ごとに第3章から第5章では分析してきたが、これを法制定等に取り組む時点ごとに再整理してみる。

まず、実態分析からは、図6-1左側の図のとおり、東日本大震災の際には、発災から3年間に、緊急事態期の超法規的通知と臨時的措置としての法制定、さらに、恒久的対応としての法制定が実施されていることを確認している。

この実態分析を踏まえて、図6-1右側の図のとおり、改善策としては、まず、緊急事態期に超法規的通知を発出するとともに、法制定等の調整の難易に従って、漸進主義的な改善策を先行して後から抜本的な改善策を実施する場合と最初から恒久的対応としての改善策を講じる場合に分けて、改善策を論じているた。

この場合にも、いずれも最初の3年間で何らかの改善策を講じるという案を提示している。

さらに、漸進主義的な改善策を最初の3年間でとったものの、3年間を経過した後の抜本的な改善策を実現しようとする場合、あるいは漸進主義的な改善策と抜本的な改善策が一体となったものを3年経過後に実現しようとする場合には、アジェンダ設定が困難となっている状況を突破する必要がある。

そのために有益な手法として、東日本大震災の実態からみて、6-1-2(3)で分析したとおり、第一に、中央省庁など政策決定主体が実施可能な対応として、

 a）災害対応以外の他の政策目的への位置付け
 b）方針のみを内容とする法制定を最初に行い、その次に具体的な法制定を行う、方針決定先行型の法制定の２つを明らかにした。さらに、法制定等の対象者となる側の対応として、
 c）地方公共団体（全国知事会など地方団体を含む）などによる持続的な要望活動

を明らかにした。

また、本書では、東日本大震災での実態分析を踏まえて、将来の大災害に対する改善策方針を推定するという手法を用いたことから、アジェンダ設定としては大災害発生「後」のプロセスを評価した。

しかし、実務的には、将来の大災害が発生する「前」に、法制定等の対応措置を講じることも当然の課題になる。この観点では、既述の将来の大災害発生後３年経過以降で、通常、アジェンダ設定が困難である時点でのアジェンダ設定を容易にする方法として抽出した３つの手法（上記のa）b）c）参照）は、大災害が発生する「前」という通常アジェンダ設定が困難な時点で、アジェンダ設定を可能とする手法としても有効である。

以上の問題意識から、図1-5右側の図には、大災害が将来発生する前に「前倒しの取組」として、本書で推定した漸進主義的な改善策、又は、最初から恒久的な対応として行う改善策を実施することがありえると仮定し、破線の矢印及び破線の四角で前倒しの取組を記載している。

この前倒しについては、具体的には、表6-1、表6-2、表6-3において、対応必要性が確認され、さらに、一度に抜本的改善策を行う内容となっている項目（表6-1行4、行6、行7、表6-2行12、行13、表6-3行8、行14、行20）が対象になる。これに対して、対応必要性が確認されているものの、調整が困難であることから、将来の大災害の際に限定して最初に漸進主義的改善策を行うことが内容となっている項目（表6-1行8、行10、表6-3行19）は、前倒し段階で一度に将来の大災害に対応した抜本的な改善策を実施することが困難であると想定される。

なお、この例外として、表6-3行16の20年寿命の簡易住宅の項目は、漸進主義的改善策が将来の大災害の際に特化した内容ではないことから、この漸進

6 結論

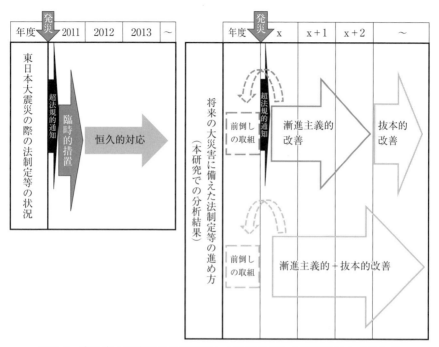

図6-1 東日本大震災での法制定等と本書で分析した改善策のタイミング

主義的改善策を前倒しして実施することは可能である。

以上のとおり、将来の大災害の前に「前倒し」して実施することが可能な項目は、原則として、対応必要性が事前に確認でき、さらに、S評価手法での実現可能性が容易であって一度に抜本的改善策を講じることができる項目が原則として対象になる。

さらに、第2章の東日本大震災及びそれ以降の法制定等の実態分析で明らかになったとおり、大災害発生に対応した法制定の時間的余裕から見ると、復旧・復興期が最も余裕あり、次に応急期となる。復旧・復興期及び応急期では、第2章で確認したとおり、法制定等が臨時的措置又は恒久的な対応のばらつきはあるものの法制定が実現しているのに対して、緊急事態期対応の法制定は時間的な余裕がなく極めて困難である。この観点からは、上記の前倒しが可能な項目のうち、緊急事態期に対応したものは、平時において「前倒し」で実現することの必要性が高い。本書で明らかにした緊急事態期で対応すべき事項は表6-1の行4、行6、行7であり、これらの項目は特に、将来の大災害の前

231

に法制定を実施することが特に求められる。

この緊急事態期対応の前倒し取組によって漸進主義的又は抜本的な改善としての法制定が将来の大災害の前に実施されれば、将来の大災害時に超法規的通知の発出が必要な事項であっても、超法規的通知という特例的かつ行政が紛争に巻き込まれるリスクがゼロではない措置を実施する必要がなくなり、行政主体、被災者双方にとってメリットがある。

(2)「誰が」改善策を実施するのか？

東日本大震災の法制定等のうち、超法規的通知は中央省庁が発出しており、法制定についても、中央省庁による内閣提出法案が大部分である[85]。議員立法で成立した法制定は、表6-2の行2、行10と表6-3の行1、行15の4本のみである。

理論的には、法制定は中央省庁と国会の双方で提案が可能であるが、この実態のとおり、中央省庁主導で法制定が行われるのが実態である。また、表6-3行2の復興特区法に含まれていた復興交付金計画や予算措置がついた規制緩和措置は、予算編成権が内閣にあること（憲法第73条第1項第5号及び財政法第21条参照）から、事実上は中央省庁主導で法制定を行わざるを得ないのが実態である[86]。

このため、最初に、中央省庁が改善策を中心的な役割として実施することを前提にして、中央省庁が改善策の主体として行う場合に関して、本書で明らかになった点を最初に述べ、次に、中央省庁以外の者が改善策の主体となる場合について述べる。

① 中央省庁が改善策の主体となる場合

6-1-2(3)②で述べたとおり、所管省庁が複数である場合、あるいは1つであっても所管省庁以外の省庁が法制定等に伴って悪影響を受けると考える場合には、省庁間の意見調整が難航することが想定され、結果として、法制定等の実現可能性を下げる可能性があることが明らかになっている。

---

[85] 表6-3行2の復興特区法及び行3の復興庁設置法は国会で修正案が成立しており、国会の主体的対応が一部行われた。しかし、これらの法律の基本的枠組みは政府提案のままである。

[86] 理論的には、議員提案で法制定を行うとともに、予算案の修正を国会で行うことは可能であるものの、既に提出されている予算案について、その一部を修正することは実務上極めて困難である。

6　結　論

　これに対する対応の方法としては、もともとの省庁の権限は国家行政組織法及び各省庁設置法で規定されており、所管する省庁の数は法制定の内容によって自動的に決まることから、関係する所管省庁の数自体を減らすことは困難である。よって、複数の省庁が所管することを前提にしつつ、表6-3行19の項目で示されている、内閣総理大臣の調整権限を強化することが、省庁間の意見調整を円滑に進める一つの案として考えられる。

　特に、表6-1の行6（損壊家屋等の撤去特例）、表6-2行13（災害弔慰金の参酌基準）、表6-3の行16（20年寿命の簡易住宅）のように、所管省庁が不明確であり、または、責任の押し付け合い（消極的権限争議）になっている事項については、内閣総理大臣の強力な調整が必要となる。

　また、内閣府防災担当が東日本大震災の際に実際に行った法制定についてみると、緊急事態期は表6-1の行2、行3、行9の3項目、応急期では表6-2の行1、行3、行4、行5、行6、行7、行8の7項目と、合計で10項目を国会に提案したのに対して、復旧・復興期では、行7にとどまっている。これは、内閣府防災担当が、緊急事態期及び応急期では計4人の参事官体制なのに対して、復旧・復興期担当の参事官は1名で、復旧・復興期の体制が相対的には不十分であること[87]が影響した可能性がある。

　よって、そもそも中央省庁間や国会などで調整して実際に法制定を実現するためには、主体的に調整を行う担当省庁側の体制が充実していることが必要となる可能性が高い。

　この観点からは、必要な担当省庁の組織を充実するためにも、表6-3行19の内閣総理大臣の調整権限強化の項目に関係して、抜本的な改善として示している「持続的な組織として復旧・復興対策を所管する省庁を創設する」という、手薄の復旧・復興対策を専任で担当する組織をつくることが、特に重要である。

② 中央省庁以外の者が改善策の主体となる場合

　中央省庁以外の者が改善策の主体となる場合は様々な場合が想定できる。

　特に、5-2-2(2)③で述べた内閣総理大臣の調整権限の強化のように、現状では中央省庁側に改善対応を図る組織自体が存在しない場合などは、中央省庁以

---

[87]　内閣府防災担当の参事官体制については、以下のURL参照。https://www.cao.go.jp/about/meibo.html（最終閲覧2021年12月12日）

外の者が改善策の主体となる必要性が大きい。

既に述べたとおり、東日本大震災以降の法制定に関しては、大部分が内閣提出法案で占められていた。また、具体的に議員立法として法制定が行われた事例においても、国会内で完結して、実施するのではなく、地方公共団体や全国的な公共的団体との連携や支援を踏まえて、実現していることが、本書の第2章、第3章で把握した実態から把握できた。

例えば、表6-3行15の「5戸以上の小規模団地に収用権等」の項目では、3-2-3(1)で分析した岩手県の要望、5-5-1(2)で述べた日本弁護士会連合会の意見書などが契機となって、国会の議論となり、議員立法提出までつながったことが確認できている。

以上の事例を参考にすると、中央省庁以外の者が改善策の主体となる場合には、最終的には国会を動かすことになるが、まず契機としては、地方公共団体（地方6団体を含む）及び日本弁護士会連合会のような全国的かつ公共的な団体が主体的に動くことが重要となる。

なお、6-1-3(3)で分析したとおり、用地取得制度の改善について、日本弁護士会連合会が主導した、用地委員会という地方公共団体に独自の委員会設置を前提にした部分については、S評価手法によれば本来は実現可能性が高いものの、「本来の趣旨では必須でない事項を追加していたため調整が困難になった」可能性がある。

この実例を踏まえると、関係する各主体との調整が容易になるよう、議員立法作業の段階で、中央省庁の担当官と中央省庁以外の者、例えば日本弁護士会連合会などとの間で実現可能性に関する意見交換をすることが有効である。このような対応を実現するためには、中央省庁側でも、議員立法の途中段階においても、必要な法制定実現のために円滑な意見交換をするという姿勢を持つことが同時に必要となると考える。

(3)「どのように」改善策を実施するのか？

本書においては、法制定等に関与する各主体の関心の大きさなどによって、その法制定等の実現可能性の大きさを推定している。その結果として、対応必要性がある事項についても、調整を容易にするためにまず漸進主義的な改善策をとった上で、(2)に述べたとおり、アジェンダ設定を工夫して、抜本的な改善策としての法制定を行うという2段階の法制定等を想定している。

6 結　論

推定の結果の分類は、6-1-3(2)③で３つに分けた形で整理した。このうち「a) 将来の大災害の際に、恒久的な対応までまとめて行うとしたもの」と推定された事項は、
① 東日本大震災の際に実績があった、または、実績がない場合でも正義性基準、効率性基準が一般的に充足されると評価された事項であって、
② Ｓ評価手法で実現可能性が高いと評価された項目
である。

これに対して、「b) 将来の大災害の際にまず漸進主義的な改善を行い、その後に抜本的な改善の２段階に分けて行うとしたもの」と推定された事項は、
① 東日本大震災の際に実績あったか、実績がない場合でも正義性基準、効率性基準を一般的に充足されると評価された事項であって、
② Ｓ評価手法では実現可能性が低いと評価された項目又は実現性が高いと評価されたものの主体間の調整が必要となるもの
であり、漸進的改善によって、まず、実現性の高い法制定を実現したうえで、抜本的な対応を行うという案になっている。

最後の「c) 改善策を検討するもの」の事項は、
① 正義性基準又は効率性基準について、充足しない可能性があると評価された事項であって、
② Ｓ評価手法で実現可能性が低いと評価された項目
である。①の基準についての議論が整理されないことから、現時点では、検討する案という条件つきで改善策を論じている。

以上の対応必要性及びＳ評価手法による３分類自体は、東日本大震災の際の未実現事項だけでなく、将来の大災害時に発生する新たな法制定のニーズに対しても、適用して、適切な法制定を実現することが可能となる。

また、6-1-2(3)②で述べた、Ｓ評価手法による推定に反して実現した事項から導かれた「他の政策目的への位置付け」「地方公共団体などによる持続的要望活動」「方針先行型法制定」の３つの内容は、b)の事項のうち、２段階目の実現のために有効である。

また、c)の事項についても、正義性基準等の検討の結果、対応必要性が具体的に確認された後には、漸進主義的な改善策と抜本的改善策に分けて実現することが適切な内容であれば、２段階目の抜本的改善策の実現の際には、この３つの個別事項は活用可能である。

以上の3つの特殊事情を活用して2段階目の抜本的改善を実現するという視点は、いわば、法制定のための調整を容易にするという、いわば外部環境を整える手法である。これに加えて、そもそも、当初の漸進主義的改善から抜本的改善につなげるために、法制定の内容自体の改善を図ることが必要となる。

　例えば、「漸進主義的改善の段階で時期・対象を限定して法制定を行った実績や効果を包括的に把握して、それを踏まえた抜本的改善策としての法制定とすること」、さらに、「財政支出を伴うため、c)の検討課題にとどまった事項（表6-2行11、表6-3行10、行11）については、それぞれの抜本的改善の内容で既に記載したとおり、他の災害対応を合わせた災害対応全体の財政支出のなかでその必要性、有効性などを説明できる内容とすること」などが想定される。

　さらに、(1)で既に述べた、将来の大災害に「前倒し」して法制定を行う場合には、「方針先行型法制定」が平時に方針のみを先行して法制定を実現することは非現実的なことから適用が難しいが、その他の2つ、即ち「他の政策目的への位置付け」と「地方公共団体などによる持続的要望活動」は、「前倒し」の法制定実現に適用可能である。

　なお、2段階目の抜本的改善としての法制定等と「前倒し」による法制定等に共通して、「他の政策目的の位置付け」には、表6-2行4の災害援護資金の条例委任の事例のとおり、「災害対応として整備する事項を別の政策目的にも位置付ける手法」と、表6-1行5の道路啓開代行特例のように、道路啓開代行権限を国土交通大臣に付与する特例を、歩行者利便増進道路制度の創設という公的空間の民間開放という政策目的の法制定に入れ込んだように、「全く別の政策目的で行われる法制定に災害対応部分を入れ込む手法」がありえる。特に後者は、平時において最も重要とされる政策目的に、いわば「紛れ込ませる」という手法であり、実際に活用する可能性が高いと想定されるので、重要である。

　最後に、a)に分類された、対応必要性及びS評価手法による実現可能性が高い事項であっても、S評価方法による推定結果では実現可能と推定されたにもかかわらず、実現を難しくした特殊事情として把握した4つ事項のうち、「所管省庁が複数又は不明確である場合」「潜在的複数省庁事項」「消極的権限争議事項」の3つの事項に該当する状況が生じると、実現に至らない可能性が高い。このような状況の発生を抑えるためには、内閣総理大臣による強い調整権限を発揮するなど、所管省庁に関係する問題を解決するための積極的な省庁

間等調整を進めることが必要となる。

　また、「本来の趣旨では必ずしも必要でない内容を追加してそれが反発を生じさせたもの」に該当しそうな場合には、法案の本質的な部分とそれ以外の区分などの知見を有する中央省庁の職との早めに連携するなど、実務的な対応を行うことが必要となる。

　このS評価手法では実現可能と推定されたにもかかわらず実現しなかった場合の4つの特殊事情は、a) 以外であっても、b) c) の法制定等を実現する段階では、留意することが必要な事項である。

　以上のとおり、第4章、第5章で分析した、「臨時的措置に止まっていて恒久化対応がされていない事項」及び「国会又は地方議会で議論されたものの未実現な事項」について、将来の大災害に備えて、「いつ」「誰が」「どのように」に改善策を講じるかという、改善策の構造を明らかにすることができた。

　この点について、表6-1、表6-2、表6-3でS評価手法に基づいて、改善策を示している事項について、本節で分析した「いつ」「誰が」「どのように」という観点から、再整理したものが表6-4である。

　最後に、本書で実施した、課題及び改善策の分析を通じて明らかになった、改善策の立案を実際に行うための、前提となる条件整備と、所管省庁の担当職員が将来の大災害の際に適切な対応をするための平時の備えという、第5章までの分析結果を、現実の対応につなげるための留意点を明らかにする。

6-2　将来の大災害に備えた改善方針立案を的確に行うための条件整備

　本書では、超法規的通知を含む内閣府通知データが現時点においても、通知文の項目のみではあるものの、内閣府から公表されており、さらに、東日本大震災の発災直後に関係者によって、通知文本体が収集され、さらに、日本災害復興学会のアーカイブで公表されるという、事後的な分析にとって幸運な環境にあった。

　しかし、現時点では超法規的通知自体は省庁のホームページから削除されている。また、東日本大震災の際に発出された、超法規的通知以外の通知類についても、その時点での記者発表資料などを個別に確認して収集したものの、省庁で分かりやすい形ではホームページでは公表されていない。

　さらに、東日本大震災で議論になったにもかかわらず対応されなかった措置

表6-4 「いつ」「誰が」「どのように」の観点からの改善策の再整理

			A いつ	B 誰が	C どのように
1	緊急事態期	超法規的通知の発出	緊急事態期 前倒し困難（超法規的通知は平時に発出できないため）	中央省庁のみ	一度に抜本的改善
2		医療施設設置特例（民間設置病院）	緊急事態期 前倒しが特に望ましい	原則中央省庁	一度に抜本的改善 前倒し時には特殊事情活用
3		損壊家屋等の撤去特例	緊急事態期 前倒しが特に望ましい	原則中央省庁 内閣総理大臣による強力な調整が必要	一度に抜本的改善 前倒し時には特殊事情活用
4		薬機法特例	緊急事態期 前倒しが特に望ましい	原則中央省庁	一度に抜本的改善 前倒し時には特殊事情活用
5		外国人医師特例	緊急事態期	原則中央省庁	2段階実施 2段階目は特殊事情の活用
6		新しい国の代行制度	緊急事態期	一回目は中央省庁のみ 2回目は原則中央省庁	2段階実施 2段階目は素早くやればアジェンダ設定容易（遅れれば特殊事情の活用）
7	応急期	被災者生活再建支援金の増額	1回目は応急期 2回目は平時	中央省庁のみ（予算があるため）	まず、将来の大災害時に対象・地域限定で増額検討 その後、特殊事情を活用して、恒久的な対応を議論
8		災害弔慰金の条例制定手続省略	応急期	原則は中央省庁	一度に抜本的改善 前倒し時には特殊事情活用
9		災害弔慰金の参酌基準	応急期	原則中央省庁 内閣総理大臣による強力な調整	一度に抜本的改善 前倒し時には特殊事情活用
10	復旧・復興期	予算、税制措置がない規制緩和措置	復旧・復興期	中央省庁のみ（予算があるため）	一度に抜本的改善 前倒し時には特殊事情活用
11		復興整備事業に対するアセス法特例	復旧・復興期 2回目は平時	原則中央省庁	まず、将来の大災害時に対象・地域を限定して検討 第2回目は特殊事情を活用して検討
12		予算、税制措置がついた規制緩和措置	一回目は応急期 2回目は平時	中央省庁のみ（予算があるため）	まず、将来の大災害時に対象・地域限定で創設検討 その後、特殊事情を活用して、恒久的な対応を議論
13		復興交付金計画	一回目は応急期 2回目は平時	中央省庁のみ（予算があるため）	まず、将来の大災害時に対象・地域限定で創設検討 その後、特殊事情を活用して、恒久的な対応を議論
14		建築制限法	復旧・復興期	原則中央省庁	個別に災害のつど判断
15		二段階仮換地指定通知	復旧・復興期	中央省庁のみ	個別に災害のつど判断
16		用地委員会による用地取得	復旧・復興期	議員提案事項、ただし、実現可能性を高めるための中央省庁との早期の調整	一度に抜本的改善（必要な改善を行得前提） 前倒し時には特殊事情活用
17		20年寿命の簡易住宅	復旧・復興期	原則中央省庁 2回目は中央省庁（予算があるため） 内閣総理大臣による強力な調整が必要	1回目は調整の容易な制度実現 2回目はより抜本的な制度実現 前倒し時には特殊事情活用
18		災害復旧事業への環境影響評価法適用	復旧・復興期	中央省庁のみ（超法規的通知で対応する）	将来の大災害の実態に応じて対応
19		内閣総理大臣の調整権限強化（復旧・復興期）	復旧・復興期	原則中央省庁 内閣総理大臣に強力な調整	まず、将来の大災害時に対象・地域を限定して検討 第2回目は特殊事情を活用して検討
20		工場立地法の条例制定手続省略	復旧・復興期	原則は中央省庁	一度に抜本的改善 前倒し時には特殊事情活用

（備考）列Bの中央省庁のみとは、中央省庁以外が主体となりえないこと、中央省庁のみ（予算があるため）は、法制定と同時に予算修正が必要となり実態として、中央省庁が主体となることを、原則中央省庁とは、内閣提出法案、議員提出法案の双方が可能であるが、中央省庁が行う可能性が高いことを示している。列Cの「前倒し時には特殊事情を活用」の特殊事情とは、6-1-2（3）②で列記した3つの特殊事情のうち、「他の政策目的への位置付け」「地方公共団体などによる持続的要望活動」を、その他の列Cの「特殊事情」は6-1-2（3）②の3つの特殊事情を意味する。

を収集するための行った、国会未成立法案、国会会議録及び津波被災地市町村地方議会議事録のうち、地方議会議事録はデータベース未整備の市町もあるなど、収集分析を完全に網羅的には実施できなかった。

今後の大災害に備えた改善方針を的確に分析して、具体的に行うためには、以下の3点が重要である。

第一に、東日本大震災で講じられた法制定及び超法規的通知及びそれに関連する国会及び地方議会の議事録などを、正確にデータとして残し、かつ、公表していくということが極めて重要である。

第二に、超法規的通知は代表例であるが、所管省庁の職員が、平時の発想では対応できないものであっても、大災害の際の現場のニーズに応じて臨時的に対応した行為について、国として、事後的に法的、道義的な責任を職員に問わないことを明示することが重要である。これによって、所管省庁の担当職員が安心して当時の対応を公表できるようになる。

第三に、復興庁、国土交通省による東日本大震災の復興施設等の検証結果[88]は、所管省庁が整備した法制定を前提にして、その法制定の実際の運用を分析することに止まっている。しかし、これらの検証結果では触れられていない点でありながら、法制定自体が適切だったのか、不足した法制定がなかったのかどうかという点、さらに、法制定の時間的余裕のないときに発出した超法規的通知の適否への分析は、次の災害の際に法制定自体を改善するために不可欠である。

このため、所管省庁においては、これらの既存の検証作業に加えて、東日本大震災の際に所管省庁が行った法制定自体及び法制定が間に合わない際に対応した超法規的通知についての検証作業を実施することが必要である。

6-3 将来の大災害の際に適切な対応をするための平時からの備え

本書では、東日本大震災の際の臨時的対応に止まっている事項及び東日本大震災で議論になったにもかかわらず法制定が未措置な事項について、課題や改善策を論じている。

これらの論点は、次の大災害の際には、かならず対応の有無及び対応の内容

---

[88] 国土交通省「東日本大震災による津波被害からの市街地復興事業検証委員会とりまとめ案」（2012年3月4日時点）、復興庁東日本大震災の復興施策の総括に関するワーキンググループ「東日本大震災の復興施策の総括」（2020年10月23日）参照。

が現場及び所管省庁で問われることになる。これらについては、所管省庁の担当職員の意識に止めておくことが必要である。

このためには、第一に、大災害対応の訓練において、緊急事態対応の物理的事実行為の訓練だけでなく、緊急事態期、応急期、復旧・復興期を想定して、所管省庁の担当職員がそれぞれ実施すべき事項を確認するための訓練を実施することが重要と考える。同時に、政府業務継続計画で超法規的通知が位置付けられていない現状を改善し、法制定等の対応について位置付けていくことも検討対象になる。

第二に、東日本大震災以降、新聞報道などが急激に低調になっている現時点[89]では、東日本大震災の教訓のみを理由として、恒久的な対応としての法制定を実施することは困難なことが想定される。そのような場合であっても、6-1-4(2)で述べたとおり、他の政策アジェンダへの位置付けなどアジェンダ設定を工夫して、他のアジェンダで行われる法制定作業のなかに、将来の大災害が発生するまえに、改善策となる法制定を盛り込むことは可能である。この対応が可能となるためには、所管省庁の担当職員が継続して改善策のための法制定を意識しておくことが重要である。

第三に、東日本大震災の際に災害対応として行った法制定や本書で分析した未措置事項のなかには、例えば、4-2で分析した国による代行制度が、平時でも人的資源の乏しい町村の都市計画を助けるための法制定に援用できないか、など、平時の法制定にも援用できる貴重な先例となる場合がある。

東日本大震災から時間が経過し、中央省庁の職員も災害対策でなく平時の様々な政策課題への対処に集中しがちである。仮に、中央省庁職員が平時の政策課題に対応しようとする場合にも、東日本大震災時及びそれ以降に行われた法制定等について、平時の政策には関係ないと即断することなく、それらの災害対応の法制定等をよく理解した上で、平時向けの法制定等に役立つ部分を見つけ出して積極的に平時の政策に展開することが重要である。

---

(89) 佐々木晶二「東日本大震災での臨時的措置の恒久化状況とその背景に」(土地総研リサーチ・メモ 2020 年 8 月 31 日) 3 頁参照。https://www.lij.jp/news/research_memo/20200831_4.pdf (最終閲覧 2023 年 12 月 24 日)

参 考 文 献

※掲載順は本文の内容にそったもの

1. 第 1 章関係

- 「衆議院議員長妻昭君提出憲法と超法規的措置等に関する質問に対する答弁書」（2013 年 5 月 7 日衆議院送付）
- 平井宜雄『法政策学（第 2 版）』（有斐閣、1995）
- 阿部泰隆『行政法システム（上）』（有斐閣、1992）
- 阿部泰隆『大災害対策法制における発想の転換』（信山社、2021）
- 宇佐美誠「正義と利益 - 法政策学の 2 つの礎石」新世代法政策学研究 Vol.10 （2011）、15 頁 -40 頁
- 原田大樹「立法者制御の法理論 - 政策決定の「質」向上のための一試論」新世代政策学研究 Vol.7（2010）109 頁 -147 頁
- 足立幸男『公共政策学入門』（有斐閣、1994）
- 大山耕輔監修『公共政策の歴史と理論』（ミネルヴァ書房、2013）
- 秋吉貴雄『入門公共政策学』（中央公論新社、2019）
- 秋吉貴雄ほか『公共政策学の基礎』（有斐閣、2020）
- 石橋章市朗ほか『公共政策学』（ミネルヴァ書房、2018）
- 宮川公男『政策科学入門（第 2 版）』（東洋経済新報社、2002）
- 堀井秀之『社会技術論』（東京大学出版会、2012）
- 佐藤慶一『政策情報論』（共立出版、2019）
- 草野厚『政策過程分析入門（第 2 版）』（東京大学出版会、2012）
- リンドブロムほか『政策形成の過程』（東京大学出版会、2004）
- 大嶽秀夫『戦後政治と政治学』（東京大学出版会、1994）
- 北山俊哉ほか『はじめて出会う政治学（第 3 版）』（有斐閣、2009）
- 白鳥令編『政策決定の理論』（東海大学出版会、1990）
- 真渕勝『大蔵省統制の政治経済学』（中央公論社、1994）
- 真渕勝『官僚』（東京大学出版会、2010）
- 真渕勝『行政学（新版）』（有斐閣、2020）
- 丸尾直美ほか『経済政策』（法学書院、1981）
- 奥野信宏『公共経済学（第 3 版）』（岩波書店、2008）
- 林正義ほか『公共経済学』（有斐閣、2010）
- 三好祐輔『法と紛争解決の実証分析』（大阪大学出版会、2013）
- 仲林真子『財政学と公共経済学のはじめの一歩（改訂版）』（八千代出版、2019）

- 大橋弘編『EBPM の経済学』（東京大学出版会、2020）
- 五百旗頭真監修『大震災復興過程の政策比較分析』（ミネルヴァ書房、2016）
- 辻中豊編集『大震災に学ぶ社会科学第 1 巻　政治過程と政策』（東洋経済新報社 2016）
- 齊藤誠ほか編『非常時対応の社会科学』（有斐閣、2016）
- 西村清彦監修『地域再生システム』（東京大学出版会、2007）
- 総務省行政評価局政策評価課「規制に係る政策評価の事務参考マニュアル」（2017.7）
- 藤谷武史「＜多元分散的制御＞とは何か？－法（政策）学への貢献の可能性－」新世代法政策学研究 Vol.20（2013）、113 頁-170 頁
- 大西淳也、福本渉「PDCA についての論点整理」PRI Discussion Paper Series（No.16A-09）, 1 頁-33 頁
- 山中茂樹「復興リベラリズムに裏打ちされた災害対応を ── 逆回り災害サイクルからの発想」災害復興研究第 3 号（2011）、1 頁-10 頁
- 大矢根淳「3.11・1F 災害後に原発防災レジリエンス醸成の道筋を考える」地域社会学会年報第 27 集（2015）、27 頁-44 頁
- 田中正人「「災害サイクル」における不平等の拡大とリスク分配の逆進性」追手門学院大学地域創造学部紀要第 4 巻（2019）、21 頁-45 頁
- 砂原庸介「地方政府の政策決定における政治的要因 ── 制度的観点からの分析」財政研究 2006、1 頁-18 頁
- 政策評価各府省連絡会議了承「政策評価に関する標準的ガイドライン」（2001 年 1 月 15 日）
- 礒崎初仁「自治体立法法務の課題」ジュリスト No1380（2009）、85 頁-92 頁
- 阿部泰隆『国家補償論』（有斐閣、1988）
- 林敏彦「災害ユートピアが消えた後」学術の動向（2013）、65 頁-67 頁
- 中野次雄編著『判例とその読み方（三訂版）』（有斐閣、2009）
- 金築誠志「判例について」中央ロー・ジャーナル第 12 巻第 4 号（2016）、3 頁-37 頁
- 宇賀克也ほか『対話で学ぶ行政法』（有斐閣、2003）
- 仲野武志「内閣法制局の印象と公法学の課題」北大法学論叢 61（6）（2011）、183 頁-199 頁、
- 「季刊まちづくり」34 号（2012 年）
- 関西大学社会安全学部編『東日本大震災復興 5 年目の検証』（ミネルヴァ書房、2016）
- 東日本大震災合同調査報告書編集委員会『東日本大震災合同調査報告書建築編 11 建築法制都市計画』

- 都市計画学会「都市計画」(Vol.70, No2,349 号)
- 五百旗頭真他監修『総合検証東日本大震災からの復興』(岩波書店、2021)
- 国土交通省「東日本大震災による津波被害からの市街地復興事業検証委員会とりまとめ」(2021 年 3 月 31 日時点)
- 復興庁東日本大震災の復興施策の総括に関するワーキンググループ「東日本大震災の復興施策の総括」(2020 年 10 月 23 日)
- 生田長人・周藤利一「防災の法制度に関する立法政策的研究その 1」国土交通政策研究所「国土交通政策研究」第 114 号 (2014)
- 生田長人・周藤利一「防災の法制度に関する立法政策的研究その 2」国土交通政策研究所「国土交通政策研究」第 114-2 号 (2015)
- 安本典夫「東日本大震災復興特区法の検討課題」名城 61-4 (2012)、143 頁 -176 頁
- 岩崎忠「東日本大震災復興基本法の制定過程」自治総研通巻 394 号 (2011)、48 頁 -62 頁
- 岡本正『災害復興法学の体系』(勁草書房、2018)
- 岡本正『災害復興法学Ⅰ』(慶應義塾大学出版会、2014)
- 岡本正『災害復興法学Ⅱ』(慶應義塾大学出版会、2018)
- 畑中允宏ほか「新聞社説・国会議事録に基づく言論のイデオロギー別分類」言語処理学会第 15 回年次大会発表論文集 (2009)、408 頁 -411 頁
- 鈴木庸夫「震災緩和と法治主義」(自治総研通巻 436 号、2015)、53 頁 -83 頁
- 鈴木庸夫編著『大規模震災と行政活動』(日本評論社、2015)
- 室崎益輝ほか『先例・通知に学ぶ大規模災害への自主的対応術』(第一法規、2019)

2. 第 2 章関係

- 夏山英樹・藤井聡「東日本大震災における「くしの歯作戦」についての物語描写研究」土木計画学研究・講演集、CD-ROM45 (2012)、1 頁 -7 頁
- 「被災者生活再建支援制度の在り方に関する実務者会議」検討結果報告 (2020 年 7 月)

3. 第 4 章関係

- 夏山英樹・藤井聡「東日本大震災における「くしの歯作戦」についての物語描写研究」土木計画学研究・講演集、CD-ROM、45、(2012)、1 頁 -7 頁
- 尋木真也「東日本大震災における支援する外国人、支援を受ける外国人」早稲田大学社会安全政策研究所紀要 (4)、87 巻 112 号 (2011)、87 頁 -112 頁
- 内田貴『民法Ⅱ　第 2 版　債権各論』(東京大学出版会、2009)

- 『法律学用語辞典（第 5 版）』（有斐閣、2020）
- 大橋洋一『行政法Ⅰ』（有斐閣、2019）
- 大橋真由美「災害対策基本法上の応急措置に伴う船舶の損壊行為に対する国家賠償請求」法学セミナー No.698（2013）、131 頁
- 『逐条解説　災害対策基本法（第三次改訂版）』（ぎょうせい、2016）
- 武田文男ほか「巨大災害に対する法制の見直しに関する課題についての研究」GRIPSDiscussionPaper16-06（2016）、1 頁 -20 頁
- 宇佐美淳「ローカル・ガバナンスにおける自治体議会の政策サイクルの構築に関する考察」（自治体学 Vol.31-22018.3）、65 頁 -72 頁
- 内閣府政策統括官（防災担当）「大規模災害からの復興に関する法律について」（2013 年 6 月 21 日）
- 松本英昭『逐条地方自治法第 9 次改訂版』（学陽書房、2017）
- 岩本浩史「長の専決処分」鳥取県立大学総合政策論叢第 21 号（2011）、29 頁 -41 頁
- 岩崎忠「2012 年地方自治法改正の制定過程と論点」自治総研通巻 411 号（2013）、79 頁 -98 頁
- 佐藤隆『自然災害に対する個人救済制度』（中央法規出版、1987 年）
- 内閣府政策統括官（防災担当）「地域の自主性及び自立性を高めるための改革の推進を図るための関係法律の整備に関する法律による災害弔慰金の支給等に関する法律の一部改正等の施行について」（2019 年 1 月 30 日）

4. 第 5 章関係

- 一般社団法人熊本県建築住宅センター「熊本地震仮設住宅はじめて物語」（2019）
- 内閣府「被災者の住まい確保策に関する委員の意見整理」（2014.8）
- 内閣府の「大規模災害時における被災者の住まいの確保策に関する検討会論点整理」（2017.8）
- 国土交通省道路局路政課「道路法令 Q ＆ A 兼用工作物協定について」道路セミナー（2020. 1）、1 頁 -7 頁
- 内閣府政策統括官（防災担当）「災害救助事務取扱要領」（2021 年 6 月）
- 日本弁護士「復興事業用地の確保に係る特例措置を求める意見書」（2014 年 3 月 19 日）
- 総務省「地方行政サービス改革の推進に関する留意事項について」（2015 年 8 月 28 日）
- 小山剛「震災と財産権」ジュリスト No1427（2011）、65 頁 -71 頁
- 大橋洋一『行政法Ⅱ（第 3 版）』（有斐閣、2018）
- 東日本大震災による津波被害からの市街地復興事業検証委員会第 3 回事務局説

明資料（2020 年 11 月 26 日）
- 「被災者生活再建支援制度の在り方に関する実務者会議」検討結果報告（2020 年 7 月）

著者論文リスト

1. 査読済み公表済み論文
    a. 佐々木晶二「応急仮設住宅と災害公営住宅との連携のための法制度上の提案について」日本災害復興学会論文集 No.12 (2019)、11 頁 -20 頁
    b. 佐々木晶二「震災緩和通知に関する法的検討」日本災害復興学会論文集 No.16 (2020)、14 頁 -23 頁
    c. 佐々木晶二「東日本大震災の応急・復旧・復興過程における条例制定に関する分析」日本災害復興学会論文集 No.19 (2021)、20 頁 -29 頁
2. 査読のない発表論文
    a. 佐々木晶二「最新の防災・復興法制について」土地総合研究 2020 年夏号、33 頁 -44 頁
    b. 佐々木晶二「東日本大震災の際に復旧・復興対策のために発出された通知の分析」土地総研リサーチ・メモ、2020 年 10 月 30 日
    c. 佐々木晶二「東日本大震災以降に議論されたものの未改正の復興法制について」土地総研リサーチ・メモ、2021 年 2 月 26 日
3. 単著
    a. 佐々木晶二『政策課題別都市計画制度徹底活用法』（ぎょうせい、2015）
    b. 佐々木晶二『最新防災・復興法制』（第一法規、2017）
    c. 佐々木晶二『改訂版　都市計画のキホン』（ぎょうせい、2023）
4. 共著
    a. 佐々木晶二「第 1 章大規模災害時の通知の意義と活用」室崎益輝ほか著『先例・通知に学ぶ大規模災害への自主的対応術』（第一法規、2019）

〈著者紹介〉

佐々木 晶二（ささき　しょうじ）

一般財団法人土地総合研究所専務理事、公益財団法人都市計画協会審議役、博士（社会工学）
1982年東京大学法学部卒業、建設省入省、岐阜県都市計画課長、都市局都市計画課長補佐、内閣官房都市再生本部事務局企画官、兵庫県まちづくり復興担当部長、都市局都市総務課長、内閣府官房審議官（防災担当）、国土交通政策研究所長を経て、2017年7月退官、2021年4月筑波大学社会工学プログラム博士課程入学、2022年3月博士課程修了、社会工学博士授与
主な著書『都市計画制度徹底活用法』（ぎょうせい、2015年）、『最新防災・復興法制』（第一法規、2017年）、『都市計画のキホン　改訂版』（ぎょうせい、2023年）

学術選書
270
行政法

災害立法政策論

2025（令和7）年3月28日　第1版第1刷発行
28296-01012：P256　￥6000E 012-040-010

著　者　佐々木　晶二
発行者　今井　貴・稲葉文子
発行所　株式会社　信　山　社

〒113-0033 東京都文京区本郷 6-2-9-102
Tel 03-3818-1019　Fax 03-3818-0344
info@shinzansha.co.jp
笠間才木支店　〒309-1611 茨城県笠間市笠間 515-3
Tel 0296-71-9081　Fax 0296-71-9082
笠間来栖支店　〒309-1625 茨城県笠間市来栖 2345-1
Tel 0296-71-0215　Fax 0296-72-5410
出版契約 No.2025-28296-01012　Printed in Japan

ⓒ佐々木晶二, 2025　印刷・製本：藤原印刷
ISBN978-4-7972-8296-2 C3532　分類 323.900 行政法

行政法研究　1〜59号（続刊）　行政法研究会 編
大災害対策法制における発想の転換　阿部泰隆 著
災害行政法（第2版）　村中洋介 著
そのときど〜する？ 災害避難支援　村中洋介 著
コロナ禍の経験から何を学ぶか
　　　宇野重規・重田園江・渡辺靖／NIRA総合研究開発機構 編著
パンデミックと行政法　木村俊介 著
行政裁量と衡量原則（増補第2版）　阿部泰隆 著
気候変動期の行政法　山田　洋 著
即時強制と現代行政法理論　須藤陽子 著
行政救済法（第3版）　神橋一彦 著
住民参加とローカル・ガバナンスを考える
　　　宮森征司・金炅徳 編
原子力法の構造と専門知制御　友岡史仁 著
公営企業 ─ 自治体経営管理実務　友岡史仁 編著
環境リスクと行政の不作為　清水晶紀 著
電力自由化と法 ─ 競争と多様な政策の実現　佐藤佳邦 著
経済安全保障と対内直接投資　渡井理佳子 著
戦後農地制度史　奥原正明 著

信山社